Auf den Infografik-Seiten

werden Themen mit anschaulichen Grafiken näher erläutert.

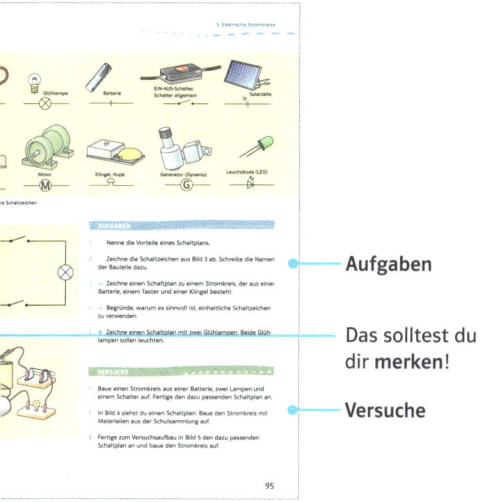

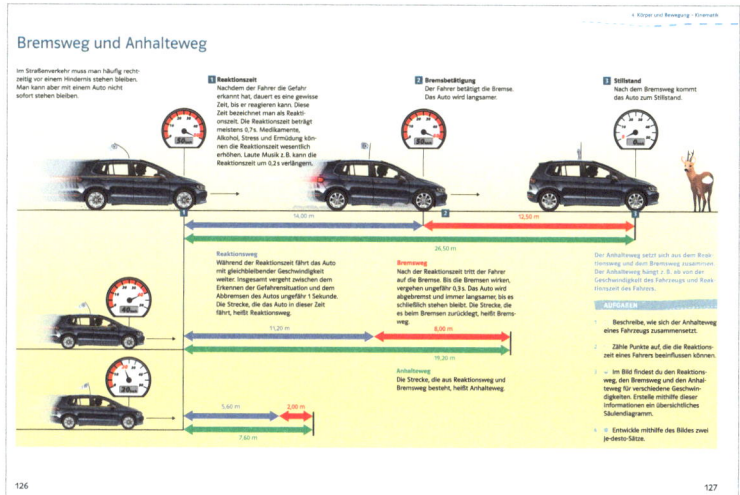

Aufgaben

Das solltest du dir **merken**!

Versuche

Symbole im Buch

1 Schülerversuch: Auch die Schülerversuche darfst du nur auf Anweisung der Lehrkraft durchführen. Die allgemeinen Hinweise zur Vermeidung von Unfällen beim Experimentieren müssen bekannt sein.

1ᴸ Lehrerversuch

! Gefahrenhinweis: Hier müssen besondere Vorsichtsmaßnahmen getroffen werden.

Super!

Wenn du noch Fragen hast, dann schau auf dieser Seite nach.

▷ B 2 Bildverweis

► Verweis auf ein Basiskonzept oder eine andere Seite

Aufgaben:
○ einfach
◔ mittel
● schwer

PRISMA Physik 7|8

Baden-Württemberg

Marion Barmeier
Heinz Joachim Ciprina
Axel Donges
Mathias Kommert
Anke Méndez
Roland Ritter
Oliver Wegner

Ernst Klett Verlag
Stuttgart · Leipzig

Inhalt

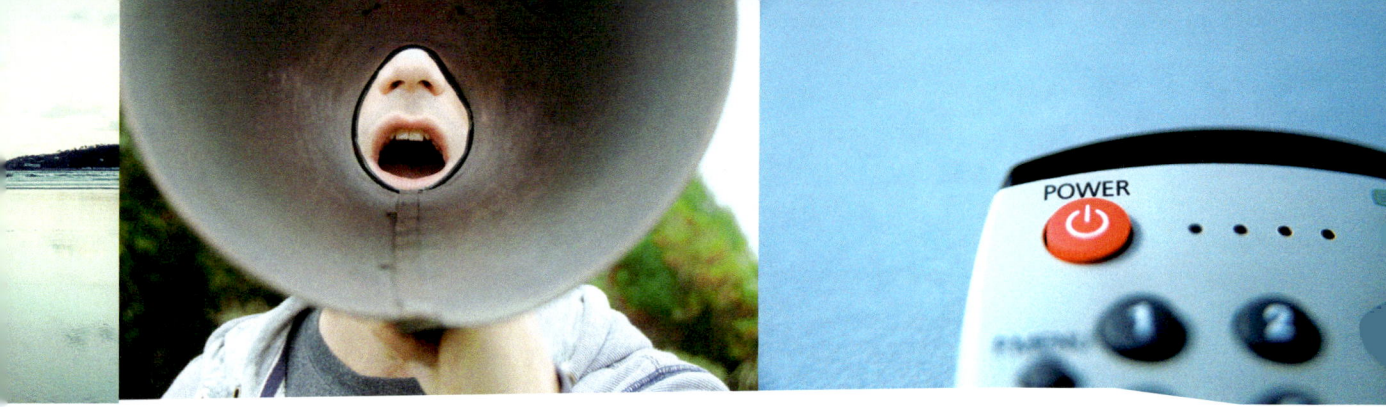

1 Magnetismus

- **Welche Stoffe zieht ein Magnet an?**

- **Kann man Magnete selbst herstellen?**

- **Wieso können Magnete schweben?**

- **Wie funktioniert ein Kompass?**

- **Woher kommt das Magnetfeld der Erde?**

Versuche mit Magneten

1 Magnetische Eigenschaften von Stoffen

Material

Magnet, verschiedene Prüfstücke (z. B. aus Eisen, Aluminium, Kupfer, Nickel, Messing, Kunststoff, Holz, Glas u. a.), verschiedene Cent-Münzen

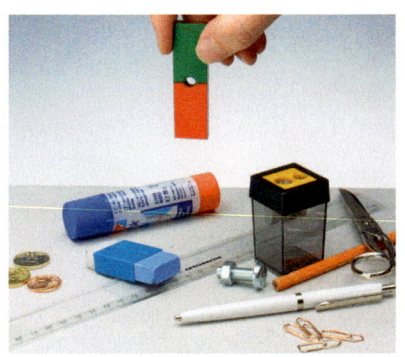

1 Prüfstücke aus der Schule

Versuchsanleitung

a) Lies dir die Versuchsanleitung durch. Bereite eine Tabelle für die Dokumentation der Versuche b bis d vor.

b) Wähle fünf Prüfstücke aus verschiedenen Stoffen (▷ B 1). Versuche vorherzusagen, welche Stoffe von einem Magneten angezogen werden.

c) Überprüfe deine Vermutung mit einem Magneten.

d) Untersuche, welche Cent-Münzen von einem Magneten angezogen werden.

e) Recherchiere, aus welchen Materialien die Münzen bestehen. Versuche, damit deine Ergebnisse zu begründen.

2 Die Fernwirkung

Material

Eisenstab, 2 Rundhölzer (oder runde Stifte), Stabmagnet, Lineal

Versuchsanleitung

a) Lege den Eisenstab auf die beiden Rundhölzer (▷ B 2).

b) Nähere den Magneten dem Eisenstab. Notiere, ab welcher Entfernung der Eisenstab angezogen wird. Führe 5 Messungen durch.

c) Drehe den Magneten um. Prüfe, ob einer der beiden Pole eine stärkere Wirkung zeigt.

d) Formuliere die Ergebnisse deiner Versuche.

3 Weiterleiten der Magnetkraft

Material

Magnet, mehrere kleine Nägel

Versuchsanleitung

a) Hänge einen Nagel an einen Stabmagneten (▷ B 3).

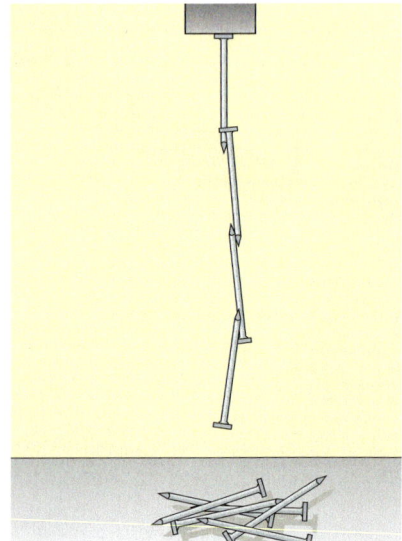

3 Weiterleiten der Magnetwirkung

b) Hänge an das Ende des Nagels einen weiteren Nagel und an diesen nochmals einen Nagel usw. Teste, wie viele Nägel du aneinanderreihen kannst.

4 Kann man die magnetische Wirkung abschirmen?

Material

Magnet, Eisennagel, Gegenstände aus verschiedenen Stoffen (z. B. Pappe, Holz, Aluminiumfolie, Eisenplatte)

Versuchsanleitung

a) Halte die verschiedenen Gegenstände zwischen Magnet und Nagel. Prüfe die Magnetwirkung.

b) Notiere deine Beobachtungen.

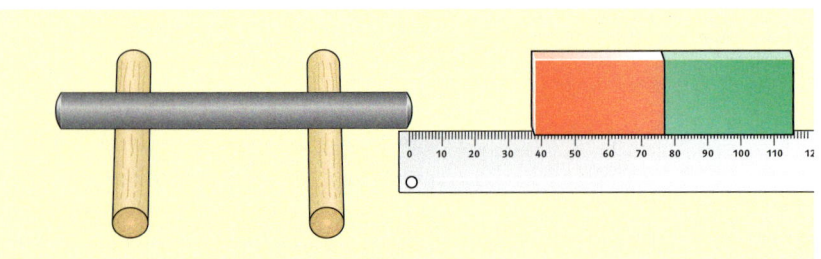

2 Fernwirkung

Die magnetische Wirkung

Magnete gibt es in unterschiedlichen Formen, Größen und Stärken (▷ B1). Du findest Magnete überall im Alltag: beispielsweise an der Pinnwand, an Schranktüren, in Taschenverschlüssen oder als Magnet-Figur. Manchmal sind Magnete auch nicht auf den ersten Blick erkennbar. So befinden sich Magnete auch in Kopfhörern, in Lautsprechern und auf Geldkarten.

Die magnetische Anziehung

Du kannst einen Magneten nicht an einer bestimmten Farbe oder Form erkennen. Magnete sind an ihrer Wirkung erkennbar.

Du weißt, dass Magnete andere Körper anziehen können. Die magnetische Anziehung tritt jedoch nicht bei allen Gegenständen auf. Entscheidend ist das Material (der Stoff) des Gegenstands.
Gegenstände, die Eisen enthalten, werden von einem Magneten angezogen. Außer Eisen haben auch noch die Stoffe Nickel und Cobalt diese Eigenschaft.
Stoffe, die von einem Magneten angezogen werden, nennt man **ferromagnetische Stoffe**.
Die meisten Metalle, wie z. B. Aluminium, sind nicht ferromagnetisch. Sie werden daher nicht von einem Magneten angezogen.

Die magnetische Fernwirkung

Eine magnetische Anziehung zwischen einem Magneten und z. B. einem Eisennagel lässt sich schon feststellen, bevor sich die beiden berühren. Je kleiner die Entfernung ist, desto stärker ist die magnetische Wirkung.

Kann man Magnete abschirmen?

Wenn du eine Glasscheibe zwischen einen Magneten und einen Eisennagel hältst, dann wird der Nagel trotzdem angezogen.

Ein Eisenblech schirmt dagegen die magnetische Kraft ab.

1 Magnete überall im Alltag

Die magnetische Wirkung kann durch ferromagnetische Stoffe abgeschirmt werden. Durch andere Stoffe wirkt die Magnetkraft hindurch.

Magnete und Gegenstände, die Eisen, Nickel oder Cobalt enthalten, ziehen sich gegenseitig an. Eisen, Nickel und Cobalt sind ferromagnetische Stoffe.

AUFGABEN

1 ○ Nenne Stoffe, die ein Magnet anzieht.

2 ◐ Fasse die Eigenschaften von Magneten zusammen.

3 ● Begründe, warum die folgende Aussage nicht eindeutig ist: Ein Magnet zieht Scheren an.

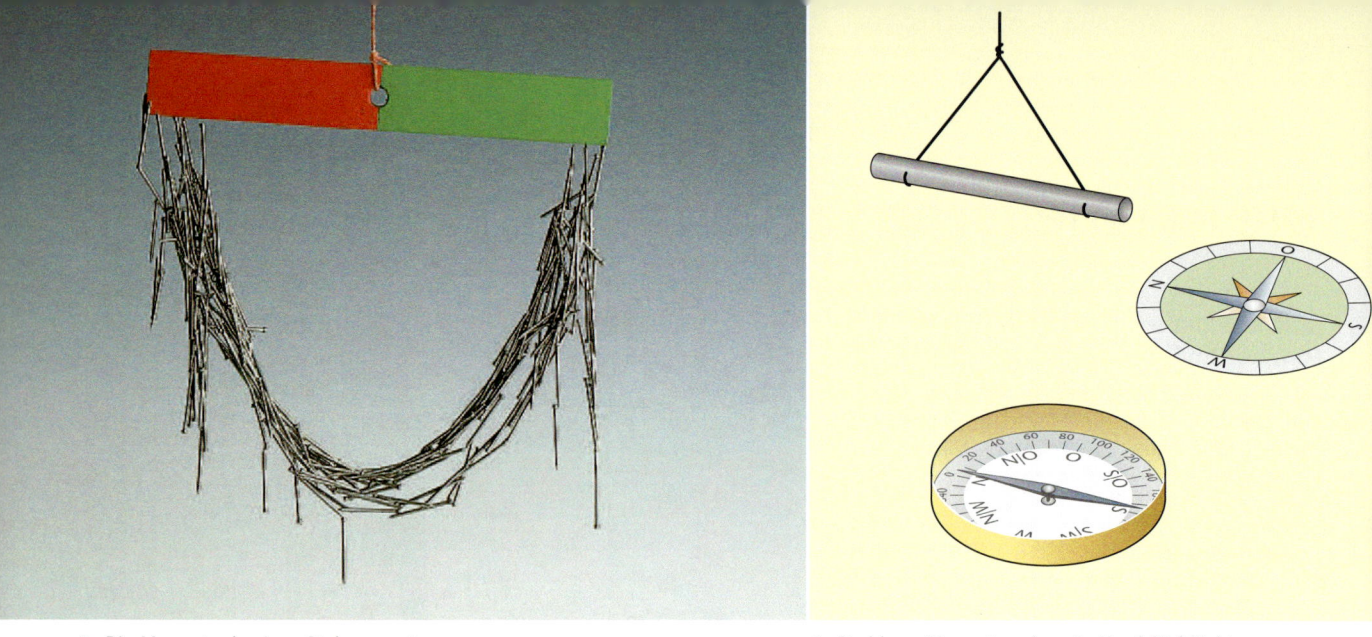

1 Die Magnetpole eines Stabmagneten

2 Drehbare Magnete zeigen in Nord-Süd-Richtung.

Die Magnetpole

Magnetpole im Doppelpack
Jeder Magnet hat zwei Bereiche, in denen
die magnetische Kraft besonders groß ist.
Diese Bereiche werden als **Magnetpole** bezeichnet. Jeder Magnet hat einen magnetischen **Nordpol** und einen magnetischen
Südpol.

Bei einem Stabmagneten befinden sich
die Pole an seinen beiden Enden (▷ B 1). In
der Mitte des Stabmagneten wirkt keine
magnetische Kraft.

Auch ohne farbige Markierung kannst du
herausfinden, welcher Pol der Nordpol
und welcher der Südpol ist (▷ B 2). Wenn
du einen Magneten an einem Faden frei
aufhängst, dann richtet sich der Magnet immer gleich aus. Ein Magnetpol
zeigt in die nördliche Himmelsrichtung.
Dieser Pol des Magneten heißt deshalb
Nordpol. Der andere Pol zeigt in südliche
Himmelsrichtung. Das ist der Südpol. Du
kannst also mit einem frei aufgehängten
Magneten bestimmen, wo Norden ist. Die

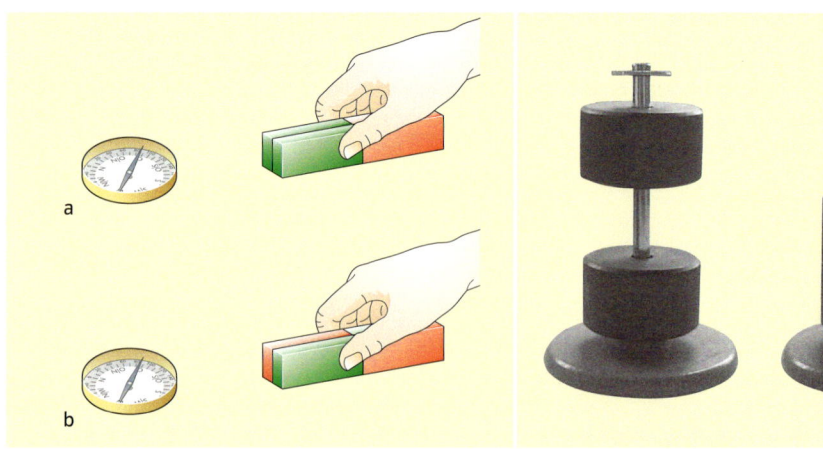

3 Wie wirken zwei Magnete zusammen (▷ V 4)?

4 Ein schwebender Magnet

Kompassnadel ist ein kleiner Stabmagnet, der sich frei drehen kann. Sie richtet sich daher in Nord-Süd-Richtung aus (▷ B 2). Ganz gleich, wo du dich in Europa befindest: Die Pole der Magnetnadel drehen sich immer in Nord-Süd-Richtung.

Ein Kompass funktioniert genau nach diesem Prinzip. Mit einem Kompass kann man z. B. mitten auf dem Meer leicht feststellen, in welcher Richtung es nach Norden geht.

Die Magnete, die du in der Schule verwendest, sind oft farbig markiert. Die Nordpol-Seite ist meistens rot, die Südpol-Seite ist meistens grün lackiert.

Ein Magnet wird geteilt ...
Wenn du einen Magneten teilst, dann wird jedes Teilstück wieder zu einem vollständigen Magneten mit einem Nord- und einem Südpol. Einen einzelnen Nordpol oder einen einzelnen Südpol kannst du nicht herstellen.

Die magnetischen Polgesetze
Zwischen zwei Magneten können anziehende und abstoßende Kräfte auftreten. Das hängt davon ab, welche Magnetpole sich gegenüberliegen.
Bringt man zwei gleichnamige Magnetpole (z. B. zwei Nordpole) zusammen, dann stoßen sie sich ab. Zwei ungleichnamige Magnetpole (Nordpol und Südpol) ziehen einander an.

Zusammenwirken von Magneten
Wenn du zwei Magnete zusammenlegst, kommt es nicht unbedingt zu einer stärkeren Magnetwirkung (▷ B 3). Das kannst du im Versuch 4 überprüfen.
Die magnetische Wirkung wird stärker, wenn zwei Magnete gleich ausgerichtet sind und gleiche Pole aneinander liegen. Liegen zwei ungleichnamige Pole zusammen, dann wird die magnetische Wirkung geschwächt.

Jeder Magnet hat einen Nordpol und einen Südpol. Zwischen zwei Magneten wirken magnetische Kräfte: Ungleichnamige Magnetpole ziehen sich an. Gleichnamige Magnetpole stoßen sich ab.

AUFGABEN

1 ○ Benenne die Pole eines Magneten.

2 ○ Gib die magnetischen Polgesetze mit eigenen Worten wieder.

3 ◐ Beschreibe, wo die Anziehungskraft eines Magneten am stärksten ist.

4 ◐ Erstelle aus den Informationen dieser Doppelseite ein Quiz. Schreibe fünf Fragen dazu auf. Gib jeweils mehrere Antwortmöglichkeiten an, von denen eine richtig ist.

5 ● Begründe, warum der Magnet im Bild 4 schwebt.

6 ● Zwei Stäbe sehen völlig gleich aus. Einer von beiden ist ein Stabmagnet. Der andere Stab ist aus Eisen. Finde ohne Hilfsmittel heraus, welcher Stab der Magnet ist.

VERSUCHE

1 Halte einen Stabmagneten in eine Kiste mit Eisennägeln. Bestimme, wo die größte magnetische Kraft wirkt. Wo spürst du keine magnetische Wirkung? Verdeutliche deine Beobachtungen in einer Skizze.

2 Markiere eine Seite eines Magneten. Hänge den Magneten frei drehbar auf (▷ B 2). Beobachte, wie er sich ausrichtet. Stoße den Magneten an. Beobachte wieder.

3 Nutze zwei farbig gekennzeichnete Stabmagnete. Untersuche die Kraftwirkungen zwischen den Polen der zwei Magnete. Fasse deine Beobachtungen zusammen.

4 a) Bringe einen Magneten in die Nähe einer Kompassnadel. Bestimme den Abstand, ab dem sich die Kompassnadel zu bewegen beginnt.
b) Untersuche, ob sich die magnetische Wirkung verändert, wenn zwei Magnete zusammenwirken. Prüfe die im Bild 3 gezeigten Fälle.
Fasse deine Ergebnisse zusammen.

Magnete herstellen

1 Material zu Versuch 1

1 Einen Magneten herstellen
Material
Blumendraht aus Eisen, Kneifzange, Stabmagnet, Kompass, Klebepunkt, Kupferdraht

Versuchsanleitung
a) Trenne vom Blumendraht mit der Kneifzange ein etwa 20 cm langes Stück ab.
b) Magnetisiere das lange Drahtstück: Streiche mehrmals mit dem Nordpol des Stabmagneten in gleicher Richtung über den Draht (▷ B 2).
c) Finde mit dem Kompass heraus, wo sich die Magnetpole des magnetisierten Drahtes befinden. Markiere den Nordpol mit einem Klebepunkt.
d) Versuche, auf gleiche Weise einen Kupferdraht zu magnetisieren.

2 Einen Magneten teilen
Material
Stabmagnet, Eisendraht (ca. 20 cm lang), Kneifzange, Kompass

Versuchsanleitung
a) Magnetisiere den Eisendraht möglichst kräftig. Gehe so vor wie im Versuch 1.
b) Teile den magnetisierten Draht mit der Kneifzange in der Mitte.
c) Überprüfe, ob beide Drahtstücke eine magnetische Wirkung zeigen.
d) Untersuche mit dem Kompass, ob jedes Drahtstück wieder ein vollständiger Magnet mit jeweils zwei Polen ist.
e) Teile eine Drahthälfte in mehrere kleine Stücke. Wiederhole den Versuchsteil d.

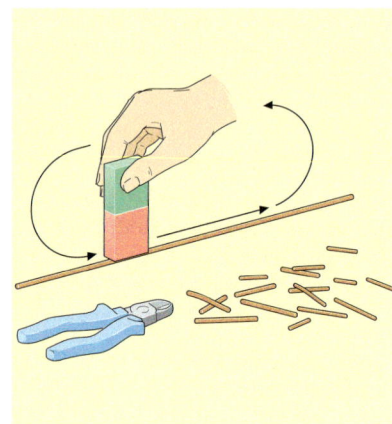

2 Magnetisieren eines Eisendrahts

f) Fasse deine Beobachtungen zusammen. Beantworte dabei folgende Frage: Gelingt es, nur Nordpole oder nur Südpole herzustellen?

3 Entmagnetisieren
Material
Stabmagnet, 2 Eisendrähte (jeder ca. 20 cm lang), Kneifzange, Kompass

Versuchsanleitung
a) Magnetisiere zuerst den Eisendraht (▷ V 1). Prüfe die magnetische Wirkung des Drahts.
b) Entmagnetisiere nun den Draht: Bringe einen Magnet nah an den magnetisierten Eisendraht. Bewege den Magnet mehrfach ungeordnet in verschiedene Richtungen.
c) Überprüfe danach mit einem Kompass, ob der Draht noch magnetisiert ist.
d) Magnetisiere einen zweiten Eisendraht wie in Versuchsteil a.
e) Untersuche, wie du auch ohne Magnet den Draht entmagnetisieren kannst.

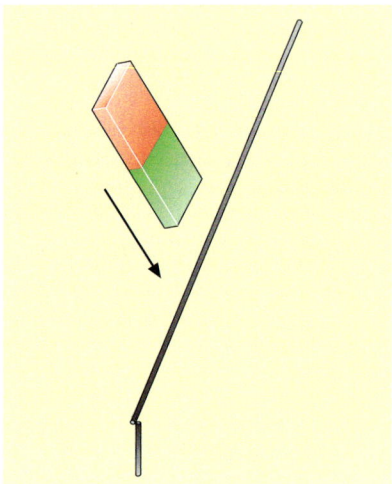

3 Der Draht wird entmagnetisiert.

Magnetisieren – Entmagnetisieren

Dauermagnete

Die meisten Magnete, die wir im Alltag verwenden, sind Dauermagnete. Solche Magnete zeigen ständig eine magnetische Wirkung und behalten diese dauerhaft.

Magnetisieren

Mithilfe eines Dauermagneten kannst du Körper aus Eisen oder anderen ferromagnetischen Stoffen zu einem Magneten machen (magnetisieren).

Um beispielsweise einen Eisendraht zu magnetisieren, musst du mit einem Pol des Dauermagneten immer wieder in gleicher Richtung über den Draht streichen.

Der Eisendraht wird unter dem Einfluss des Magneten magnetisch. An den Enden des Drahts entstehen die Pole des neuen Magneten (▷ B 1).

Entmagnetisieren

Ein Magnet kann seine magnetischen Eigenschaften verlieren. Der Magnet wird entmagnetisiert. Das kann beispielsweise dann geschehen, wenn der Magnet starker Hitze oder Erschütterungen ausgesetzt war. Auch unter dem Einfluss anderer starker Magnete kann ein Magnet entmagnetisiert werden.

Informationen auf Magnetstreifen

Magnetkarten werden in vielen Bereichen eingesetzt (▷ B 2). In Hotels dienen Magnetkarten als Zimmerschlüssel. Im Parkhaus wird die Parkzeit über eine Karte abgerechnet.

Die Karten haben auf der Rückseite einen Magnetstreifen. Dieser enthält viele unterschiedlich magnetisierte Bereiche. Darauf sind die Informationen gespeichert. Achte darauf, dass du keine Magnete in die Nähe von solchen Karten bringst.

AUFGABEN

1 ◖ Erläutere, was Magnetisieren und was Entmagnetisieren bedeutet.

2 ◖ Dauermagnete können bei unsachgemäßer Behandlung ebenfalls Schaden nehmen. Erkläre, was du beim Umgang mit den Magneten in der Schule beachten musst.

3 ● Begründe, warum der kleine Magnetverschluss einer Tasche die Informationen auf einer Magnetkarte löschen kann.

1 Ein Eisendraht lässt sich magnetisieren.

2 Karte mit Magnetstreifen

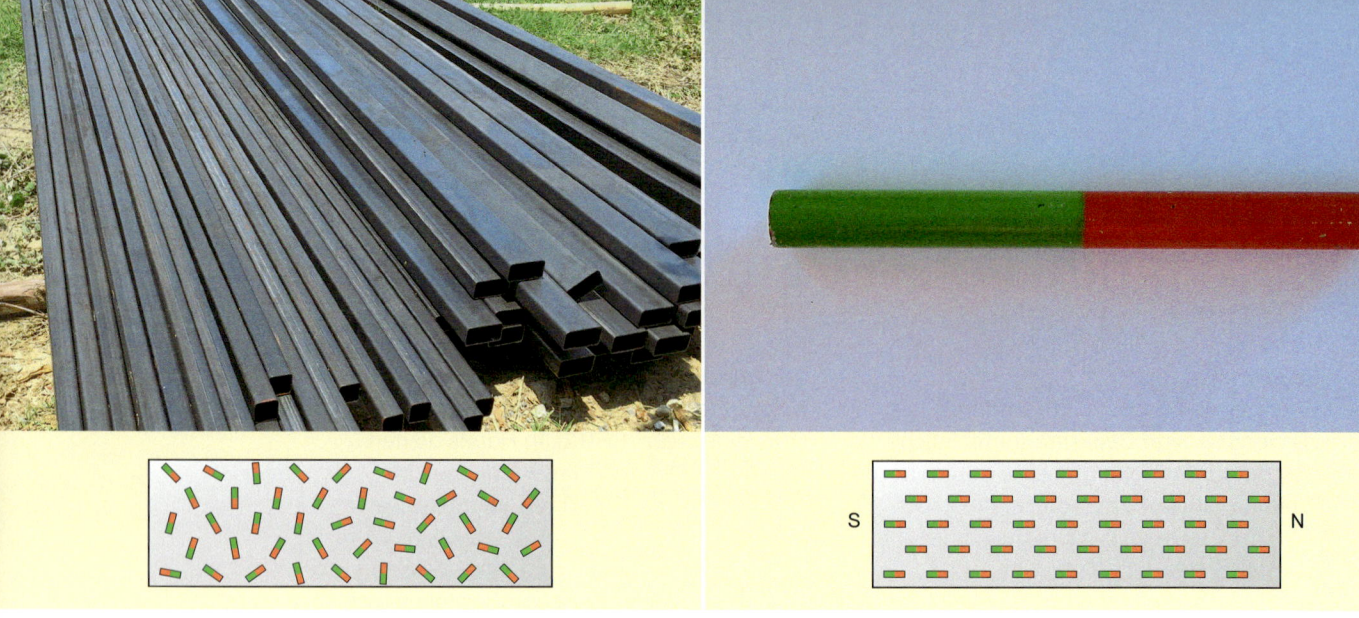

1 Elementarmagnete in einem nicht magnetisierten Eisenstab

2 Elementarmagnete in einem Magnet

Das Modell der Elementarmagnete

Menschen erleben täglich viele Naturerscheinungen. Wissenschaftler beobachten nicht nur die Phänomene, sondern versuchen, die Naturerscheinungen zu verstehen und zu erklären. Unsere Umwelt ist allerdings sehr komplex. Die Wissenschaftler müssen sich daher auf die wichtigen Eigenschaften konzentrieren. Sie verwenden **Modelle**.

Was ist ein Modell?
Modelle stellen die Wirklichkeit vereinfacht dar. Dabei werden wichtige Eigenschaften hervorgehoben. Unwichtige Details können weggelassen werden.

Ein Modell kann ein nachgebauter Gegenstand sein. So ist beispielsweise der Globus ein verkleinertes Modell unserer Erdkugel. Darauf sind Länder, Ozeane und Kontinente abgebildet.
Ein Modell kann aber auch eine gedankliche Vorstellung sein. Du kannst beispielsweise nicht in einen Magneten hineinsehen. Mithilfe des Modells der Elementarmagneten kannst du Beobachtungen erklären und magnetische Erscheinungen besser verstehen.

Elementarmagnete – ein Modell für den Magnetismus
Wenn du einen Magneten teilst, dann erhältst du zwei neue Magnete (▷ B 3). Nimm an, du könntest den Magneten in immer kleinere Magnete teilen. Irgendwann ist der Magnet so klein, dass er nicht mehr teilbar ist. Dieser kleinste Magnet wird als **Elementarmagnet** bezeichnet. Jeder Elementarmagnet hat einen Nord- und einen Südpol.
Man stellt sich vor, dass alle Magnete und alle magnetisierbaren Stoffe (z. B. Eisen) aus vielen Elementarmagneten bestehen (▷ B 2).

Unordnung im Eisen – Ordnung im Magnet
Ob ein Körper ein Magnet ist oder nicht, hängt von der Anordnung der vielen Elementarmagnete ab.

Das Bild 1 zeigt, wie man sich die Elementarmagnete in einem nicht magnetischen Eisenstück vorstellt. Die Elementarmagnete liegen völlig ungeordnet. Weil sie so durcheinander liegen, heben sich ihre magnetischen Wirkungen gegenseitig auf. Deshalb ist das Eisenstück kein Magnet.

In einem Dauermagnet sind die Elementarmagnete einheitlich in gleicher Richtung geordnet (▷ B 2). Alle Südpole weisen in die eine Richtung, alle Nordpole in die andere. Deshalb zeigt ein Magnet nach außen eine deutliche magnetische Wirkung.

Eisen wird magnetisiert

Wenn du mit einem Dauermagnet über ein Stück Eisen streichst, dann ordnen sich die Elementarmagnete in gleicher Richtung aus. Das Eisenstück wird magnetisiert.

Du kannst nun sicherlich erklären, was passiert, wenn man ein magnetisiertes Stück Eisen stark erschüttert: Die Elementarmagnete geraten wieder in Unordnung. Das Eisen verliert zunehmend seine magnetische Wirkung.

Einzelne Magnetpole gibt es nicht

Magnetpole treten immer paarweise auf. Mit dem Modell der Elementarmagnete kannst du erklären, warum auch ein geteilter Magnet immer einen Nordpol und einen Südpol hat.
Das Bild 4 zeigt, dass die Ausrichtung der Elementarmagnete auch nach der Teilung erhalten bleibt. In jedem Teilstück zeigen weiterhin alle Nordpole in eine Richtung, alle Südpole in die andere. An der Bruchstelle bildet sich deshalb ein neuer Nordpol und ein neuer Südpol.

Magnete und magnetisierbare Stoffe bestehen aus Elementarmagneten. Elementarmagnete sind kleinste, nicht mehr teilbare Magnete.
In nicht magnetischen Körpern liegen die Elementarmagnete ungeordnet. In Magneten sind die Elementarmagnete geordnet.

AUFGABEN

1 ○ Beschreibe, was ein Modell ist.

2 ○ Erläutere das Modell der Elementarmagnete.

3 Ein Eisendraht wird magnetisiert.
◔ a) Beschreibe, wie du dabei vorgehst.
◔ b) Erkläre, warum sich die Elementarmagnete beim Magnetisieren ausrichten.
◔ c) Du schlägst mit einem Hammer auf das magnetisierte Eisen. Der Eisendraht ist nun kein Magnet mehr. Erkläre dies mithilfe der Elementarmagnete.

4 ◔ Suche dir einen Textabschnitt aus. Schreibe ihn ab, baue aber einige Fehler ein. Gib den Text einer Mitschülerin oder einem Mitschüler. Sie oder er muss die Fehler finden und verbessern.

5 ● Ein Eisenstück wird sowohl vom Nordpol als auch vom Südpol eines Magneten angezogen. Erkläre dies mit dem Modell der Elementarmagnete.

6 ● Erkläre mit dem Modell der Elementarmagnete, warum sich zwei nicht magnetisierte Eisendrähte nicht gegenseitig anziehen.

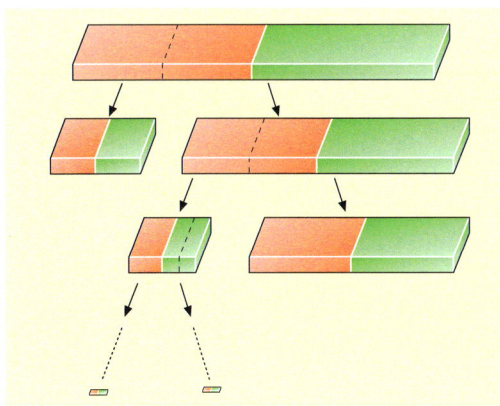

3 Magnete lassen sich teilen.

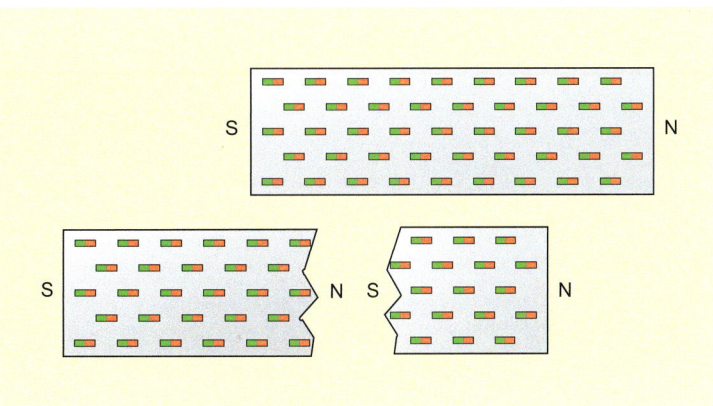

4 Magnetpole kommen immer paarweise vor.

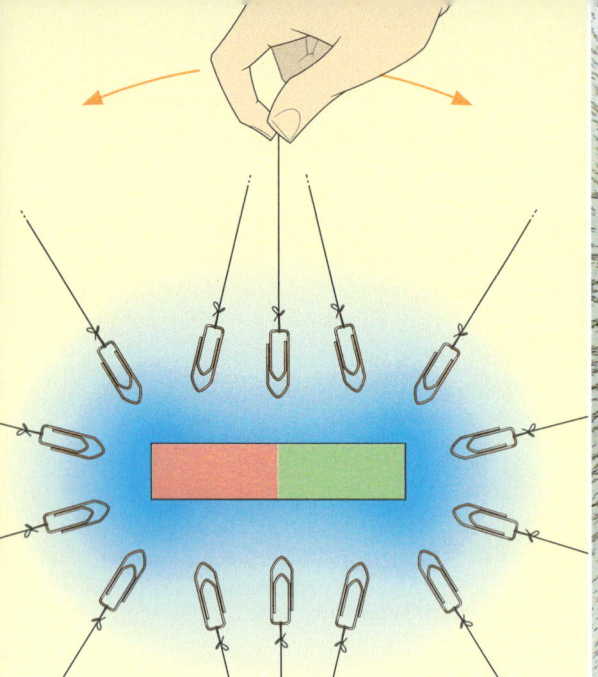

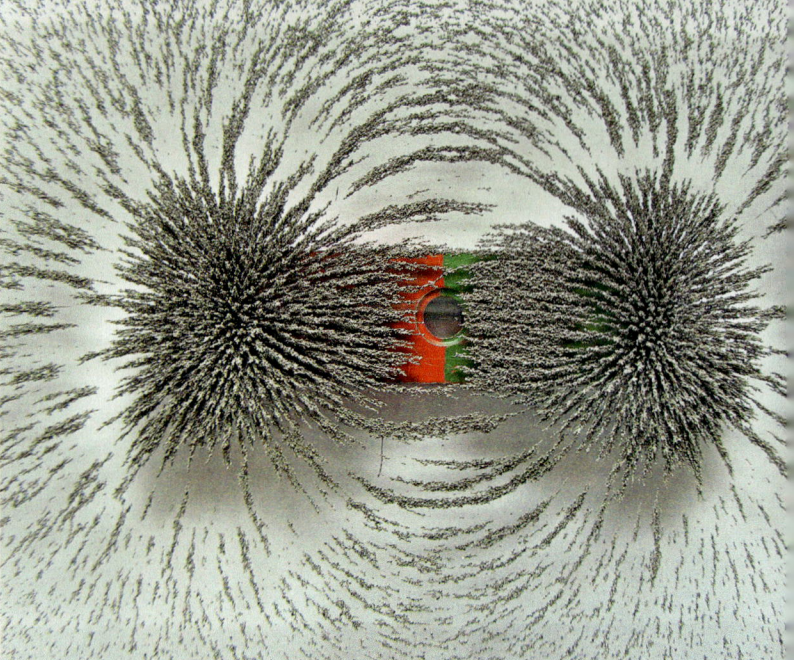

1 Jeder Magnet ist von einem Magnetfeld umgeben.　**2** Eisenspäne im Magnetfeld

Das magnetische Feld

Wenn du eine Büroklammer einem Magneten von verschiedenen Seiten näherst, spürst du die magnetische Wirkung rings um den Magneten (▷ B1, V1). Der Magnet und die Büroklammer ziehen sich gegenseitig an, obwohl sie sich nicht berühren. Je weiter die Büroklammer vom Magneten entfernt ist, desto schwächer ist die Magnetkraft. Wenn du anstelle der Büroklammer Eisenspäne verwendest, dann kannst du die magnetische Wirkung in noch größeren Entfernungen nachweisen.

Das magnetische Feld
Jeder Magnet ist von einem **magnetischen Feld** umgeben. So bezeichnet man den Raum um Magnete, in dem die magnetischen Kräfte wirken (▷ B1). Das magnetische Feld kannst du nicht sehen. Du erkennst es an seiner Wirkung auf andere Magnete oder auf Gegenstände, die ferromagnetische Stoffe enthalten.

Eisenspäne im Magnetfeld
Wenn du feine Eisenspäne in ein magnetisches Feld bringst, kannst du das magnetische Feld sichtbar machen (▷ B2). Unter dem Einfluss der Magnetkraft richten sich die Eisenspäne im magnetischen Feld aus. Jeder Eisenspan wird magnetisiert und selbst zu einem kleinen Magneten. Die Eisenspäne ordnen sich hintereinander in Ketten an. Diese führen im Bogen von Pol zu Pol. Entlang dieser Linien wirkt die magnetische Kraft. Am dichtesten liegen die Eisenspäne im Bereich der **Magnetpole**. Dort ist die magnetische Kraft am größten.

Genauso wie die Eisenspäne richten sich auch kleine Magnetnadeln im Magnetfeld aus (▷ B3). Sie zeigen an, in welche Richtung die Magnetkraft an einer bestimmten Stelle wirkt.

Magnetische Feldlinien
Wenn du die Ketten der Eisenspäne gedanklich nachzeichnest, erhältst du **magnetische Feldlinien**.

Magnetische Feldlinien sind ein Modell. Damit kann das magnetische Feld veranschaulicht werden. In einem Feldlinienbild werden viele magnetische Feldlinien gezeichnet (▷ B 4).

Das Feldlinienbild eines Stabmagneten

Die Bilder 2, 3 und 4 zeigen das Magnetfeld eines Stabmagneten. Die magnetischen Feldlinien verlaufen außen vom Nordpol zum Südpol. Du kannst jedoch nicht sehen, dass die Feldlinien im Innern des Magneten weiter laufen. Magnetische Feldlinien haben keinen Anfang und kein Ende. Sie sind geschlossene Linien. Sie schneiden sich nicht.

Am Verlauf der Feldlinien kannst du erkennen, welche Form das Magnetfeld hat. Die Feldlinien zeigen z.B., in welche Richtung sich eine Büroklammer im Magnetfeld bewegt. Es wird auch deutlich, wo die magnetische Wirkung am stärksten ist. Je dichter die Feldlinien beieinander liegen, desto größer ist die Magnetkraft an dieser Stelle.

Jeder Magnet ist von einem magnetischen Feld umgeben. In diesem Raum wirken magnetische Kräfte. Magnetische Feldlinien veranschaulichen das magnetische Feld.

AUFGABEN

1 ○ Wie nennt man den Wirkungsbereich um einen Magneten? Nenne den Fachbegriff.

2 ○ Beschreibe, woran man ein magnetisches Feld erkennt.

3 ◒ Vergleiche Bild 2 und Bild 3. Beschreibe die Gemeinsamkeiten.

4 ◒ Erkläre, was man unter magnetischen Feldlinien versteht. Gib ihre Eigenschaften an.

5 ● Analysiere und beschreibe, welche Informationen du dem Feldlinienbild im Bild 4 entnehmen kannst.

6 ● Wie stellst du dir das Feldlinienbild von zwei Magneten vor, die sich anziehen? Zeichne und beschreibe den Verlauf der Feldlinien.

VERSUCHE

1 Untersuche mit einer Büroklammer, die an einem Faden befestigt ist, den Wirkungsbereich eines Magneten (▷ B 1).

2 Lege einen Stabmagneten in eine große flache Schale Wasser. Setze eine kleine Magnetnadel auf eine Korkscheibe und lege sie an verschiedenen Stellen auf das Wasser. Beobachte, wohin sich die Nadeln bewegen. Beschreibe und skizziere den Weg der Nadel.

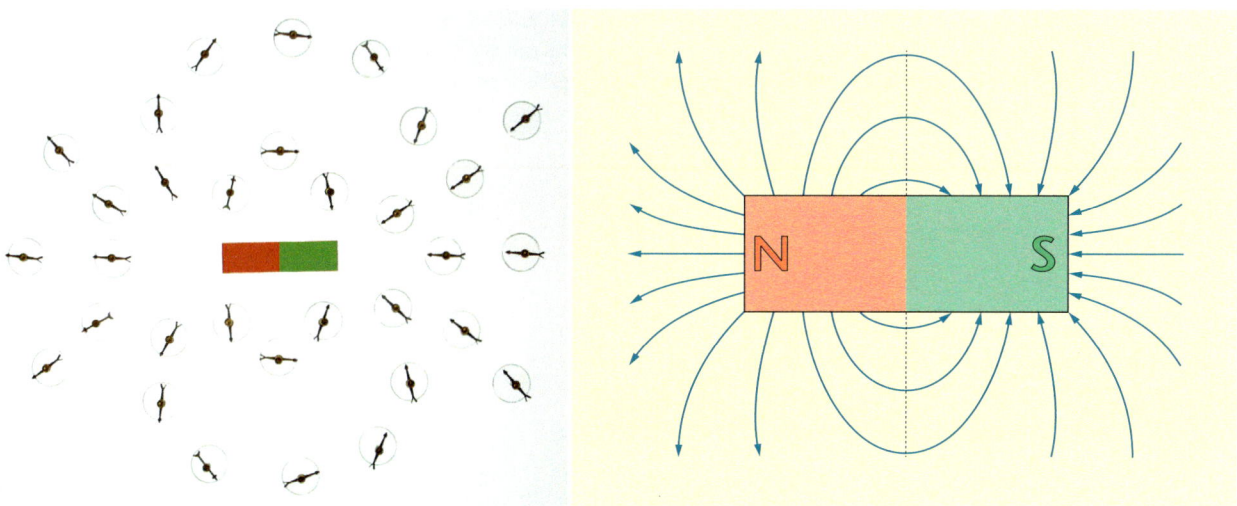

3 Magnetnadeln im Magnetfeld

4 Feldlinienbild eines Stabmagneten

Magnetfelder erkunden

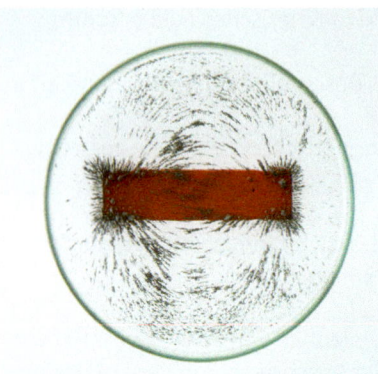

1 Ölbild Stabmagnet

1 Eisenspäne im Magnetfeld
Material
Blatt weißes Papier, Stabmagnet, Glasschale, Speiseöl, Eisenspäne, Hufeisenmagnet

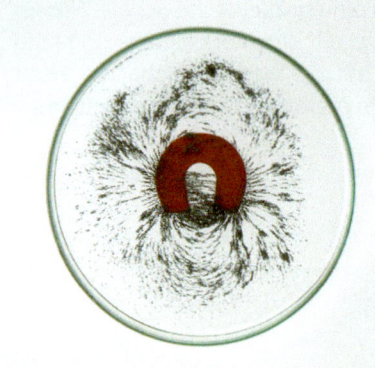

2 Ölbild Hufeisenmagnet

Versuchsanleitung
a) Lege den Magneten auf das Papier.
b) Fülle etwas Speiseöl in die Glasschale. Der Boden sollte geradeso bedeckt sein.
c) Stelle die Schale vorsichtig auf den Magneten (▷ B 1).
d) Streue gleichmäßig einige Eisenspäne darüber.

e) Klopfe mit einem Stift mehrmals vorsichtig an die Glasschale und beobachte die Eisenspäne.
f) Skizziere das Feldlinienbild in dein Heft oder in deinen Ordner.
g) Wiederhole die Versuchsteile a bis f mit einem Hufeisenmagneten (▷ B 2).
h) Vergleiche beide Zeichnungen. Beschreibe Gemeinsamkeiten und Unterschiede.

2 Zwei Magnetfelder treffen sich
Material
2 Stabmagnete, farbige Klebepunkte, Blatt Papier, Glasscheibe, Eisenspäne

Versuchsanleitung
a) Falls du einfarbige Magnete verwendest, musst du zuerst die Magnetpole markieren, z.B. mit roten und grünen Klebepunkten.
b) Lege zwei Stabmagnete mit den Nordpolen zueinander auf das Papier (Abstand ca. 5 cm).
c) Lege die Glasscheibe darüber.
d) Streue Eisenspäne darauf.
e) Klopfe mit einem Stift mehrmals vorsichtig an die Glasscheibe. Beobachte, wie sich die Eisenspäne ordnen.

f) Zeichne das Feldlinienbild ab.
g) Wiederhole die Versuchsteile b bis f für den Fall, wenn sich zwei ungleichmanige Pole gegenüberliegen.
h) Versuche, die Magnetfeldmuster mithilfe der Polgesetze zu erklären.

3 Kunstwerke aus Eisenpulver
Material
2 Magnete beliebiger Form, 2 Bücher, Blatt weißes Papier, Eisenpulver, Kamera

Versuchsanleitung
a) Setze die Magnete so auf den Tisch, dass sich die Pole gegenüberliegen.
b) Lege über die Magnete ein Blatt Papier, das an jeder Seite durch ein Buch gestützt wird (▷ B 3).
c) Streue Eisenpulver darüber.
d) Wiederhole die Versuchsteile a bis c mit verschiedenen Magnetformen und Anordnungen.
e) Fotografiere das schönste Bild.

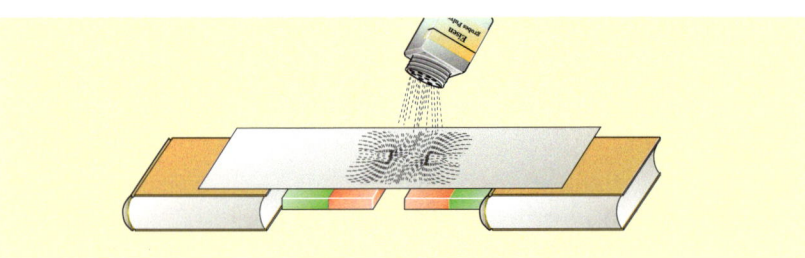

3 Zu Versuch 3

Magnetfelder treffen sich

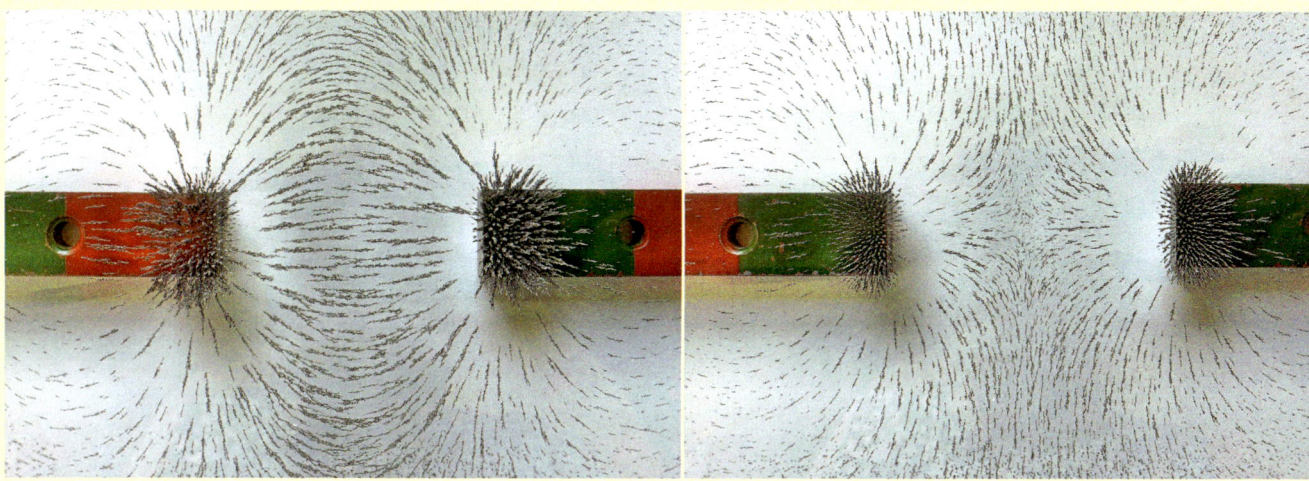

1 Magnetfeld zweier ungleichnamiger Pole

2 Magnetfeld zweier gleichnamiger Pole

Zwei Magnete können sich gegenseitig anziehen oder abstoßen. Dieses Verhalten von Magneten erkennt man auch am Magnetfeld.

Das Magnetfeld von zwei ungleichnamigen Polen

Im Bild 1 liegen sich der Nordpol des einen Magneten und der Südpol des zweiten Magneten gegenüber. Die beiden Magnete ziehen sich an.

Wenn du über die zwei Magnete Eisenspäne streust, dann siehst du die Feldlinien der beiden Magnete. Du erkennst auch gut die Struktur des gemeinsamen Magnetfelds: Viele Feldlinien verlaufen vom Nordpol des linken Magneten zum Südpol des rechten Magneten. Die Stellen mit dicht aneinander liegenden Feldlinien zeigen an, wo die Magnetkraft besonders stark ist.

Das Magnetfeld von zwei gleichnamigen Polen

Im Bild 2 liegen sich dagegen gleichnamige Magnetpole gegenüber. Die Feldlinien weichen sich aus – die Magnete stoßen sich ab.

AUFGABEN

1 ⊖ Beschreibe, was man alles an einem Feldlinienbild erkennt.

2 ⊖ Vergleiche und erkläre die Bilder 1 und 2. Zeichne die Feldlinienbilder.

3 ● Beschreibe Bild 3. Formuliere einen Satz zur Stärke der magnetischen Wirkung. Erkläre mithilfe der Feldlinienbilder.

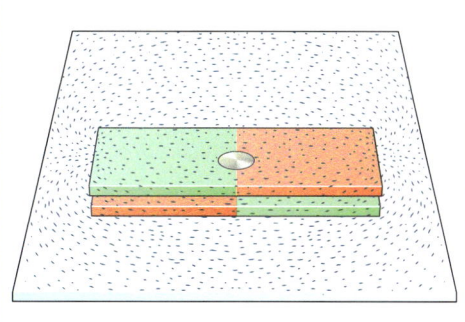

3 Hier liegen zwei Magnete übereinander (Südpol auf Nordpol, Nordpol auf Südpol).

1 Magnetkompass und Kompass-App

Der Kompass

Orientierung im Gelände

Viele Menschen machen gerne Radtouren oder abenteuerliche Wandertouren. Den richtigen Weg zu finden, ist dabei nicht immer einfach. Besonders wenn man im freien Gelände unterwegs ist, sollte man sich gut im Gelände auskennen. Ein guter Orientierungssinn ist dabei auch hilfreich.

Viele Menschen verlassen sich dabei auf Navigationsgeräte. Solche Geräte bestimmen die Route mithilfe einer digitalen Karte und dem GPS (Global Positioning System). Der GPS-Chip im Navigationsgerät erhält von mehreren Satelliten ein Signal und berechnet daraus die Position. Smartphones nutzen zur Bestimmung der Position ebenfalls GPS, aber auch WLAN, Mobilfunknetze und verschiedene Sensoren.

Doch wie kannst du dich orientieren, wenn das GPS ausfällt, das Handy keinen Empfang hat oder der Akku leer ist?
In diesem Fall hilft ein einfaches Gerät, das vor ungefähr 1500 Jahren erfunden wurde. Es handelt sich dabei um den **Kompass**.

Der Kompass

Mit einem Kompass kannst du bei Tag und Nacht und auch bei schlechtem Wetter die Himmelsrichtung bestimmen. Der Kompass benötigt kein GPS und keinen Mobilfunk. Ein Kompass funktioniert aufgrund des Magnetfelds der Erde.
Er besteht aus einer Magnetnadel und einem Gehäuse. Die Magnetnadel ist leicht drehbar über einer Kompassrose im Gehäuse gelagert (▷ B 2). Die Magnetnadel richtet sich nach dem Magnetfeld der Erde aus. Die Nordspitze der Kompassnadel ist markiert und zeigt in nördliche Himmelsrichtung. Auf der Kompassrose kannst du die Himmelsrichtungen ablesen. Das Gehäuse des Kompasses besteht aus Kunststoff oder einem Metall, das nicht magnetisierbar ist.

So bestimmst du die Himmelsrichtung

Halte den Kompass waagrecht auf der flachen Hand. Lass die Magnetnadel zur Ruhe kommen. Drehe dich mit dem Kompass so, bis die Nordspitze der Kompassnadel über der Nord-Markierung der Kompassrose liegt. Lies die Himmelsrichtung ab.

Eine Kompass-App im Smartphone

Smartphones enthalten viele Sensoren. Dazu gehören z. B. Magnetfeldsensoren, Neigungssensoren oder Beschleunigungssensoren.

Durch eine Kombination von vielen Sensoren kann die Himmelsrichtung bestimmt werden. Dies wird bei einer Kompass-App angewendet. Um eine bessere Genauigkeit zu erreichen, wird die Positionsbestimmung oft zusätzlich mit GPS kombiniert.

Wer erfand den Kompass?

Vermutlich waren Chinesen die ersten Menschen, die den Magnetismus zur Orientierung benutzten. Sie hängten einen Magneteisenstein (Magnetit ▷ B 3) an einem Faden auf, sodass er sich frei drehen konnte. Der Stein richtete sich stets in Nord-Süd-Richtung aus.

Im 13. Jahrhundert entwickelten italienische Seeleute eine genauere Anzeige. Sie magnetisierten eine Eisennadel, steckten sie durch ein Stück Kork und setzten das Ganze in eine Schale Wasser (▷ B 4). Solch einen einfachen Kompass nutzte vermutlich auch Christoph Kolumbus (1451 – 1506), als er 1492 Amerika entdeckte.

Im Laufe der Jahrhunderte wurde der Kompass verbessert. Die Magnetnadel wurde auf eine Scheibe gesetzt, auf der die Himmelsrichtungen eingezeichnet waren. So konnten beliebige Richtungen genau bestimmt werden.

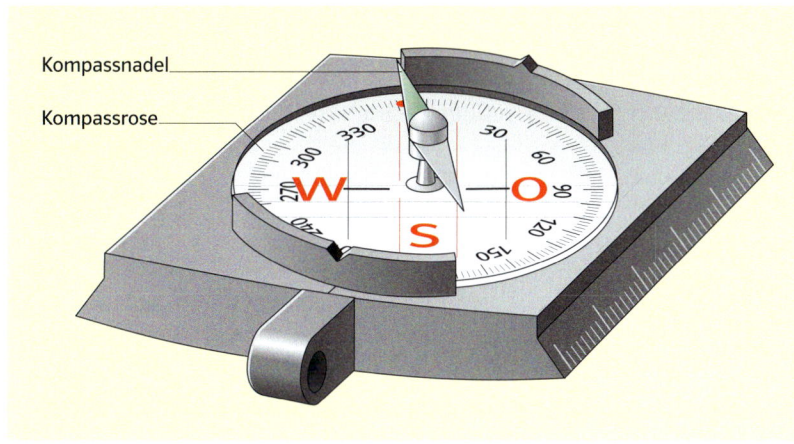

Kompassnadel

Kompassrose

2 Aufbau eines Kompasses

Der Kompass ist ein Gerät zur Bestimmung der Himmelsrichtung. Die Kompassnadel ist ein Magnet. Die Kompassnadel zeigt immer in Nord-Süd-Richtung.

AUFGABEN

1 ○ Nenne die Teile, aus denen ein Kompass besteht.

2 ○ Beschreibe, wie du dich mithilfe eines Kompasses orientieren kannst.

3 ◓ Begründe, warum du dich bei der Orientierung nicht immer auf dein Smartphone verlassen kannst.

4 ● Begründe, warum das Gehäuse eines Kompasses nicht aus Eisen oder Nickel bestehen darf.

3 Magnetit

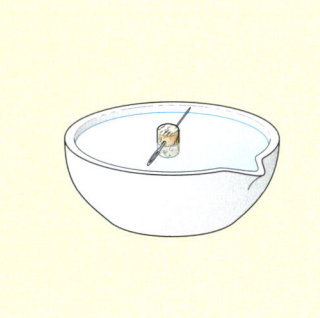

4 Ein einfacher Kompass

5 Schiffskompass

Das Magnetfeld der Erde

Unsere Erde ist ein riesiger Magnet. Das Magnetfeld ist wichtig für uns. Es dient nicht nur seit Jahrhunderten zur Navigation mit dem Kompass, sondern schützt uns auch vor der Teilchenstrahlung aus dem Weltall.

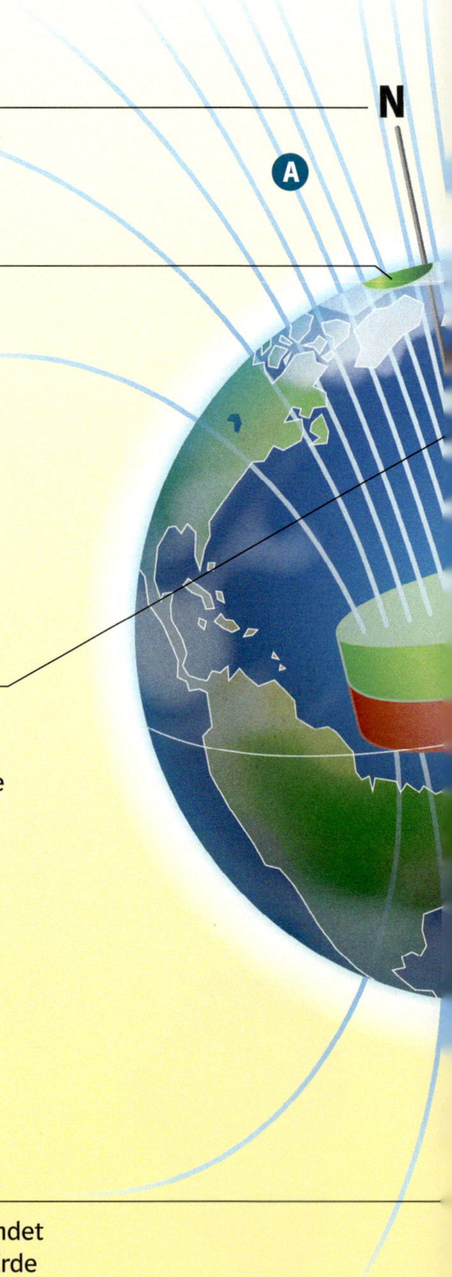

Geographischer Nordpol
Der geographische Nordpol liegt im Nordpolarmeer.

N

A

Magnetischer Südpol
Der magnetische Südpol der Erde ist einige Hundert Kilometer vom geographischen Nordpol entfernt.

Die Erdachse
Die Erde dreht sich in 24 Stunden einmal um ihre eigene Achse. Die geographischen Pole befinden sich dort, wo diese gedachte Achse an der Erdoberfläche austritt.

Geographischer Südpol
Der geographische Südpol befindet sich auf der Südhalbkugel der Erde in der Antarktis.

A Erdmagnetfeld

Unsere Erde ist ein Magnet. Deshalb hat die Erde genauso wie jeder andere Magnet zwei magnetische Pole und ein Magnetfeld. Es besteht rings um die Erde und reicht weit in das Weltall hinaus.

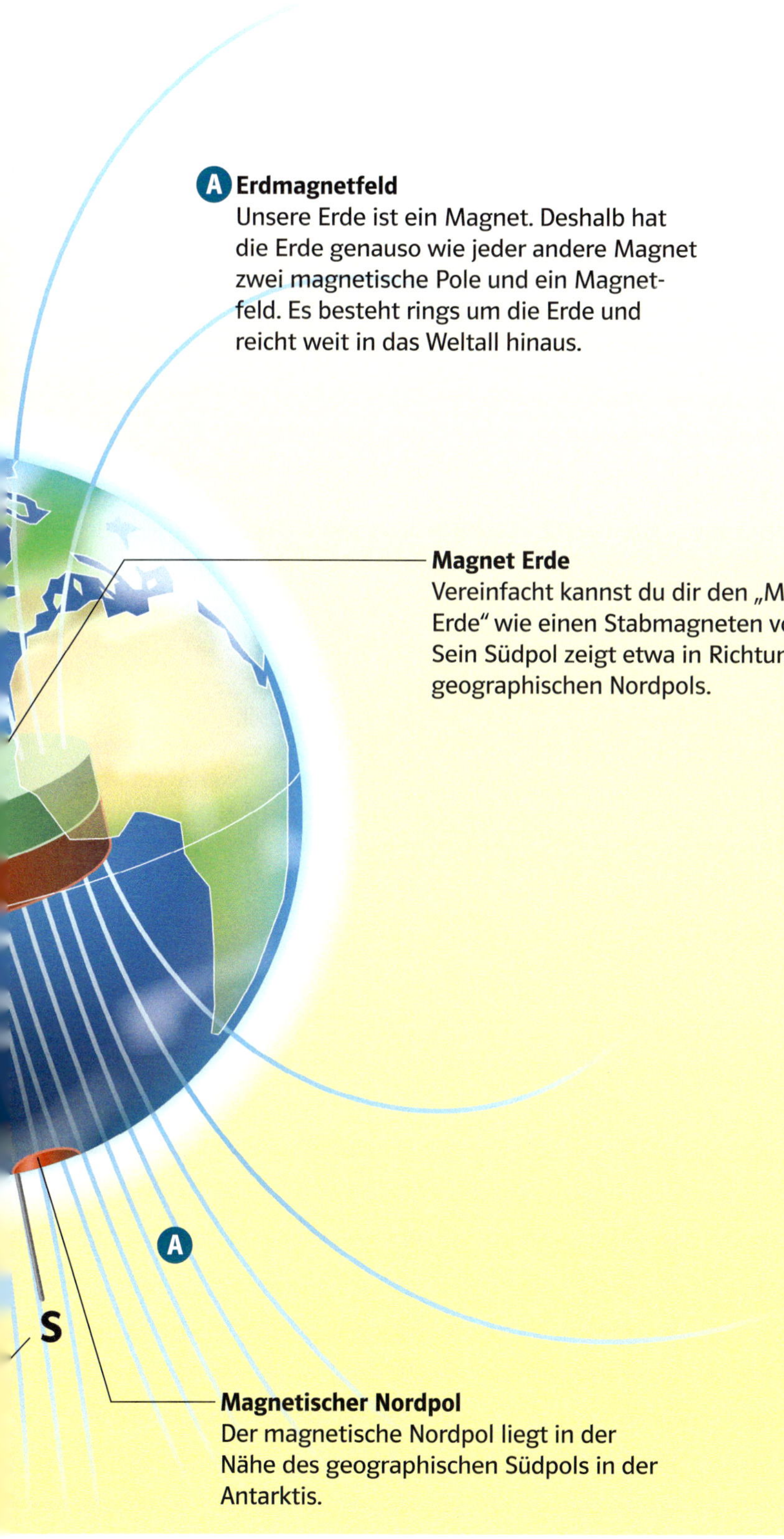

Magnet Erde

Vereinfacht kannst du dir den „Magnet Erde" wie einen Stabmagneten vorstellen. Sein Südpol zeigt etwa in Richtung des geographischen Nordpols.

Die Erde ist von einem Magnetfeld umgeben. Der magnetische Nordpol liegt auf der Südhalbkugel der Erde. Der magnetische Südpol liegt auf der Nordhalbkugel.

AUFGABEN

1 ○ Beschreibe, wodurch eine Kompassnadel ausgerichtet wird.

2 ○ Ordne die folgenden Begriffe der Nordhalbkugel oder der Südhalbkugel zu: magnetischer Nordpol, geographischer Nordpol, magnetischer Südpol, geographischer Südpol.

3 ○ Beschreibe das Bild auf dieser Seite mit eigenen Worten.

S

A

Magnetischer Nordpol

Der magnetische Nordpol liegt in der Nähe des geographischen Südpols in der Antarktis.

Ursache des Erdmagnetismus

Woher kommt das Magnetfeld der Erde?

Des Rätsels Lösung liegt im Aufbau der Erde. Erst innerhalb der letzten hundert Jahre wurde geklärt, wie das Erdinnere aussieht.

Im Wesentlichen besteht unsere Erde aus der äußeren Erdkruste, dem Erdmantel und dem Erdkern (▷ B 1).

Im Erdkern gibt es zwei unterschiedliche Schichten: Der äußere Erdkern besteht hauptsächlich aus flüssigem, heißem Eisengestein. Es umfließt mit einer Geschwindigkeit von etwa 20 km pro Jahr den inneren Erdkern. Der innere Kern ist fest und besteht vor allem aus Eisen und Nickel. Die Strömung wird durch den Temperaturunterschied zwischen dem Erdkern und dem Erdmantel aufrechterhalten.

Das Magnetfeld der Erde wird durch diese riesigen Ströme des flüssigen Eisens im äußeren Erdkern erzeugt.

Steine können erzählen

Durch Untersuchungen der Gesteine erfahren Forscher viel über die Erdgeschichte. Manche Gesteine, die vor Millionen Jahren entstanden sind, haben die Richtung und die Stärke des Erdmagnetfelds jener Zeit gewissermaßen „gespeichert".

Ein Beispiel: Damals haben sich magnetische Mineralien in flüssiger Lava ausgerichtet. Die Lava erstarrte, und damit erstarrte auch die Ausrichtung der magnetischen Mineralien. Wenn Wissenschaftler dieses Lavagestein heute untersuchen, können sie daraus ableiten, wie das Magnetfeld damals aussah.

Die Magnetpole der Erde wandern

Die Stärke des magnetischen Felds hat sich im Laufe der Erdgeschichte ständig geändert. Das konnten Wissenschaftler durch den Vergleich von Gesteinsproben unterschiedlichen Alters feststellen.

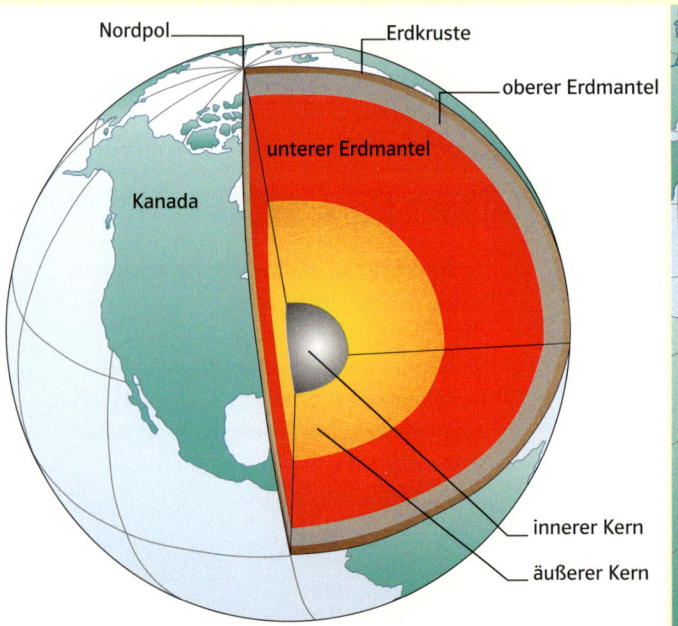

1 Innerer Aufbau der Erde

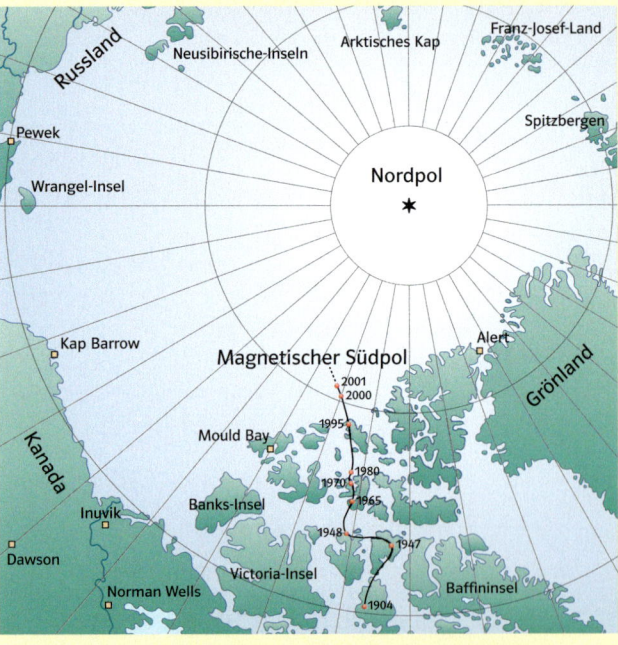

2 Der magnetische Südpol auf Wanderschaft

3 Vögel orientieren sich am Erdmagnetfeld.

4 Polarlichter

Auch die Pole blieben nicht am gleichen Ort. Hast du gewusst, dass sich der magnetische Südpol schon einmal mitten im Atlantischen Ozean befand?

Das Magnetfeld hat sich innerhalb von Millionen Jahren sogar mehrmals vollständig umgepolt. Die letzte Umpolung liegt etwa 750 000 Jahre zurück.
Wissenschaftler in Geoforschungszentren beobachten ständig die Veränderung der Magnetpole und des Erdmagnetfelds. Beobachtungen der letzten 150 Jahre zeigen, dass das Magnetfeld wieder schwächer wird.

Der innere Kompass der Tiere
Tausende Zugvögel fliegen jährlich von Europa nach Afrika und zurück. Genau wie sie orientieren sich auch Brieftauben, Delphine, Bienen und sogar Forellen am Magnetfeld der Erde (▷ B 3).
Wie ist das möglich? Wissenschaftler konnten bei diesen Tieren in einigen Zellen winzige Magnetitteilchen nachweisen. Sie befanden sich z. B. bei Forellen in der Schleimhaut der Tiere.
Die Magnetitteilchen richten sich wie winzige Kompassnadeln im Magnetfeld der Erde aus und reagieren auf kleinste Veränderungen. Nervenfasern leiten diese „Botschaft" an das Gehirn weiter. So können die Tiere ihre Navigation anpassen.

Sonnenwind und Polarlichter
Bei starker Sonnenaktivität schleudert die Sonne eine riesige Anzahl von Teilchen in Richtung Erde. Dieser Teilchenstrom wird Sonnenwind genannt.
Vor dem Sonnenwind schützt uns das Magnetfeld der Erde. Es lenkt die Teilchen zu den magnetischen Polen der Erde.
Wenn dort die Teilchen des Sonnenwinds mit Luftteilchen zusammenstoßen, regen sie diese zum Leuchten an. So entstehen die Polarlichter.

AUFGABEN

1 ⊖ Beschreibe mithilfe von Bild 1 den Aufbau der Erde.

2 ⊖ Erkläre kurz, warum die Erde ein Magnet ist.

3 ⊖ Erläutere, woran man feststellen kann, dass sich die Stärke des Erdmagnetfelds im Laufe der Erdgeschichte geändert hat.

4 ⊖ Bewerte folgenden Satz: „Das Magnetfeld der Erde ist ein Schutzschild vor der Sonne."

5 ● Erstelle zum Thema Magnetfeld der Erde ein Quiz.

6 ● Miss aus und berechne, um wie viele Kilometer der magnetische Südpol in den letzten 100 Jahren gewandert ist.

Zusammenfassung

Eigenschaften von Magneten

Zwischen einem Magneten und Gegenständen, die Eisen, Nickel oder Cobalt enthalten, wirken magnetische Kräfte. Eisen, Nickel und Kobalt sind ferromagnetische Stoffe. Sie können magnetisiert werden, wenn sie in die Nähe eines Dauermagneten kommen. Durch Erhitzen oder starke Erschütterung kann ein Magnet entmagnetisiert werden.

Magnetpole

Jeder Magnet hat einen Nordpol und einen Südpol. Im Bereich der Pole ist die Magnetkraft am größten (▷ B1). Magnetpole treten immer paarweise auf.

Zwischen Magneten können anziehende und abstoßende Kräfte auftreten: Ungleichnamige Magnetpole ziehen sich an. Gleichnamige Pole stoßen sich ab.

Das magnetische Feld

Jeder Magnet ist von einem magnetischen Feld umgeben. In diesem Raum wirken magnetische Kräfte.
Magnetfelder können mithilfe von magnetischen Feldlinien veranschaulicht werden.

Magnetische Feldlinien sind ein Modell. Magnetische Feldlinien sind geschlossene Linien und schneiden sich nicht. Sie verdeutlichen die Richtung und die Stärke der Magnetkraft im Feld.

Modell der Elementarmagnete

Alle Magnete und magnetisierbaren Stoffe bestehen aus Elementarmagneten. Elementarmagnete sind kleinste, nicht mehr teilbare Magnete.
In einem Magneten oder einem magnetisierten Körper sind die Elementarmagnete alle in der gleichen Richtung angeordnet.
In einem nicht magnetisierten Gegenstand liegen die Elementarmagnete ungeordnet (▷ B2).

Das Magnetfeld der Erde

Die Erde hat ein Magnetfeld. Der magnetische Nordpol des Erdmagneten befindet sich auf der Südhalbkugel, der magnetische Südpol auf der Nordhalbkugel der Erde.
Die Magnetnadel im Kompass richtet sich unter dem Einfluss des Magnetfeldes der Erde aus. Der Nordpol der Kompassnadel zeigt zum magnetischen Südpol der Erde.

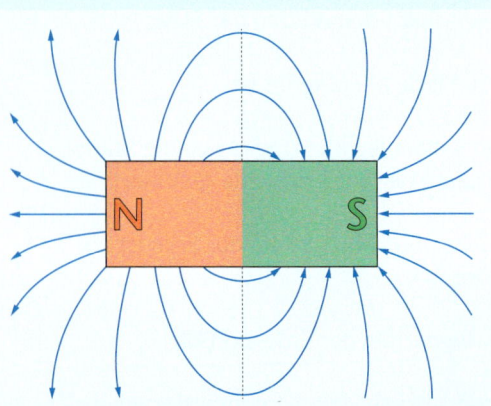

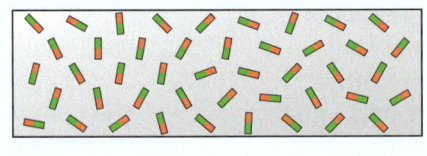

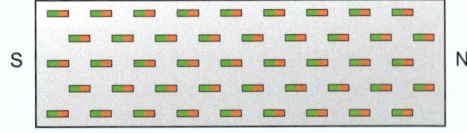

1 Feldlinienbild um einen Stabmagneten   **2** Unmagnetischer und magnetisierter Eisenstab

AUFGABEN

1 ○ Beschreibe, was man unter ferro-magnetischen Stoffen versteht. Gib zwei Beispiele an.

👍 Super! ❓ ► S.9

2 ○ a) Benenne die Pole eines Magneten.
○ b) Gib an, woran man den Pol eines Magneten erkennt.

👍 Super! ❓ ► S.10/11

3 ○ Beschreibe, was geschieht, wenn du
a) die Südpole von zwei Magneten einander näherst.
b) einen Nordpol dem Südpol eines anderen Magneten näherst.

👍 Super! ❓ ► S.10/11

4 ○ Gib eine Möglichkeit an, wie du einen Eisendraht magnetisieren kannst.

👍 Super! ❓ ► S.12

5 ○ Gib an, in welche Richtung eine Kompassnadel zeigt.

👍 Super! ❓ ► S.20/21

6 ◕ a) Beschreibe, was ein Modell ist.
◕ b) Erläutere das Modell der Elementarmagnete.

👍 Super! ❓ ► S.14/15

7 ◕ Erkläre, wie man feststellen kann, dass ein Magnet von einem magnetischen Feld umgeben ist.

👍 Super! ❓ ► S.16/17

8 ◕ Skizziere das Magnetfeld um einen Stabmagneten. Beschreibe deine Zeichnung.

👍 Super! ❓ ► S.16/17

9 ◕ Skizziere das Magnetfeld der Erde. Zeichne die geographischen Pole ein. Zeichne die magnetischen Pole ein.

👍 Super! ❓ ► S.22/23

10 ● Begründe, warum es nicht möglich ist, einen einzelnen Nordpol oder einen einzelnen Südpol herzustellen.

👍 Super! ❓ ► S.14/15

11 ● Bei einem Stabmagneten ist die Farbe völlig abgeblättert. Die Pole sind nicht erkennbar. Du hast keine weiteren Magnete zur Verfügung. Erkläre, wie du die Magnetpole findest.

👍 Super! ❓ ► S.22

12 ● Begründe, warum es kein Widerspruch ist, dass der Nordpol der Kompassnadel nach Norden zeigt.

👍 Super! ❓ ► S.22/23

2 Sehen und Hören – Optik und Akustik

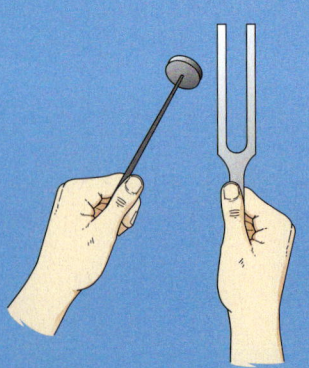

- Wie entstehen eigentlich Spiegelbilder?

- Wie nehmen wir etwas mit unseren Augen und unseren Ohren wahr?

- Gibt es Töne, die wir nicht hören können?

- Warum müssen wir unsere Augen und unsere Ohren schützen?

1 Die Sonne – unsere wichtigste Energiequelle

Von der Lichtquelle zum Auge

Lichtquellen – selbstleuchtende Körper

Tagsüber ist die Sonne unsere wichtigste Lichtquelle. Sie spendet so viel Helligkeit, dass wir meistens keine andere Lichtquelle benötigen.

Doch bei schlechten Wetterverhältnissen und abends benutzen wir andere Lichtquellen: Du schaltest zum Beispiel die elektrische Beleuchtung an. Andere Leute benutzen eine Kerzenflamme. Es gibt viele solcher Lichtquellen. Solche Lichtquellen haben gemeinsam, dass sie das Licht selbst erzeugen. Man bezeichnet sie deshalb als **selbstleuchtende Körper**.

Sender des Lichts

Lichtquellen **senden** Licht in alle Richtungen aus. Das gilt sowohl für selbstleuchtende als auch für beleuchtete Körper (▷ B 2). Die Kerzenflamme (selbstleuchtend) ist deshalb auch von jedem Ort der Umgebung

zu sehen. Auch der Apfel und der Tisch (beleuchtet) können von jedem Ort im Raum gesehen werden. Die Lichtquellen sind also die **Sender** des Lichts.

2 Licht breitet sich in alle Richtungen aus.

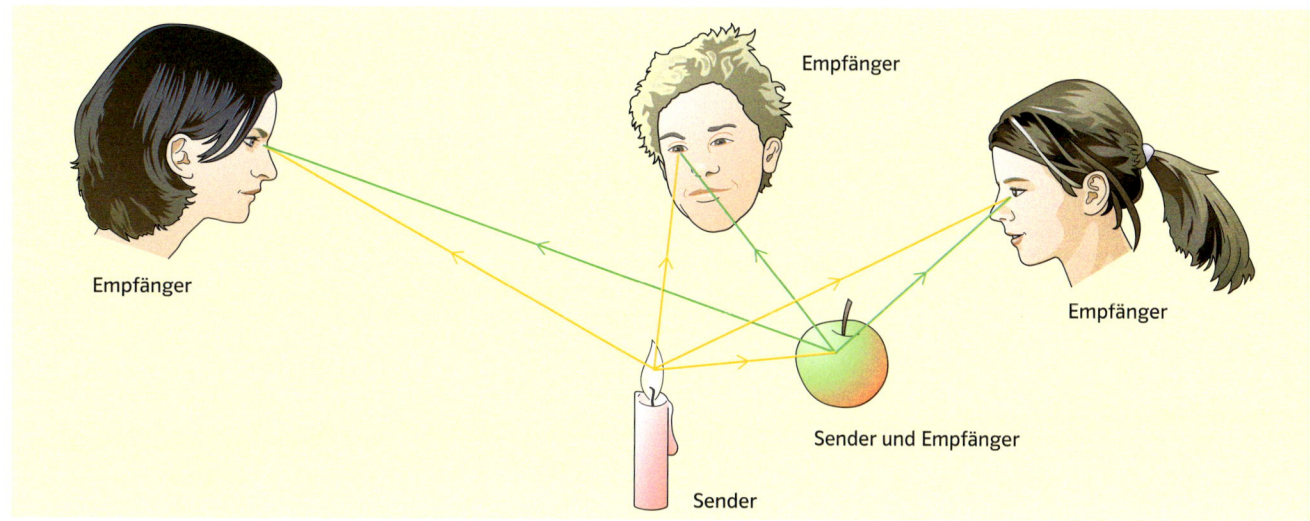

3 Sender und Empfänger

Sender und Empfänger
Die Begriffe Sender und Empfänger kennst du vermutlich vom Versenden von Briefen, E-Mails oder Handy-Nachrichten.

Beleuchtete Körper
In klaren Vollmondnächten reicht das Licht des Mondes aus, um draußen die Umgebung zu sehen und vielleicht sogar zu lesen. Der Mond ist für uns eine Lichtquelle. Doch der Mond erzeugt kein eigenes Licht wie die Sonne. Er ist kein selbstleuchtender Körper. Der Mond wird von der Sonne bestrahlt und wirft ihr Licht zurück. Man sagt: der Mond reflektiert das Sonnenlicht. Ein Teil des Lichts gelangt zur Erde. Der Mond ist ein **beleuchteter Körper**.
Fast alle Gegenstände in unserer Umgebung sind beleuchtete Körper: Wir können diese Gegenstände nur sehen, wenn sie das Licht einer Lichtquelle reflektieren und wenn das Licht dann in unser Auge gelangt.

Empfänger des Lichts
Unsere Augen sind die **Empfänger** des Lichts. Wir können Körper jedoch nur sehen, wenn zwischen dem Gegenstand und unseren Augen kein Hindernis steht.

Lichtquellen erzeugen selbst Licht und senden dieses Licht aus.

Beleuchtete Körper hingegen können kein eigenes Licht erzeugen. Beleuchtete Körper werfen das Licht anderer Lichtquellen zurück.
Unsere Augen empfangen das Licht.

AUFGABEN

1 ○ Beschreibe an den Beispielen Sonne und Mond den Unterschied zwischen selbstleuchtenden und beleuchteten Körpern.

2 ○ Eine Taschenlampe sendet Licht aus. Mit diesem Licht wird die Seite eines Buchs beleuchtet. Das Buch wird von Daniel gelesen. Ordne die folgenden Begriffe richtig zu: Sender, Empfänger, selbstleuchtender Körper und beleuchteter Körper.

3 ◗ Ordne folgende Gegenstände nach selbstleuchtenden und beleuchteten Körpern: Kerzenflamme, Sonne, Apfel, Streichholzflamme, Mond, Wolken, Lagerfeuer, Taschenlampe ohne Batterien, eingeschalteter Computermonitor.

4 ◗ Anissa sagt: „Auch meine Augen senden Licht aus." Nimm Stellung.

5 ◗ Plane einen einfachen Versuch, mit dem du Folgendes zeigen kannst: Man kann Körper nur dann sehen, wenn das Licht direkt in unser Auge gelangt. Skizziere den Versuch.

6 ● Faisal sagt: „Unser Fernsehgerät ist manchmal ein selbstleuchtender Körper. Aber oft ist er nur ein beleuchteter Körper." Nimm ausführlich Stellung zu Faisals Aussage.

Versuche mit Licht

Die folgenden Versuche gelingen besonders gut, wenn sie in einem abgedunkelten Raum durchgeführt werden. Ihr könnt die Versuche zu zweit durchführen.

1 Wie breitet sich Licht aus?
Material
Weißes Papier, Bleistift, Lineal, Experimentierleuchte, Pappe, Schere

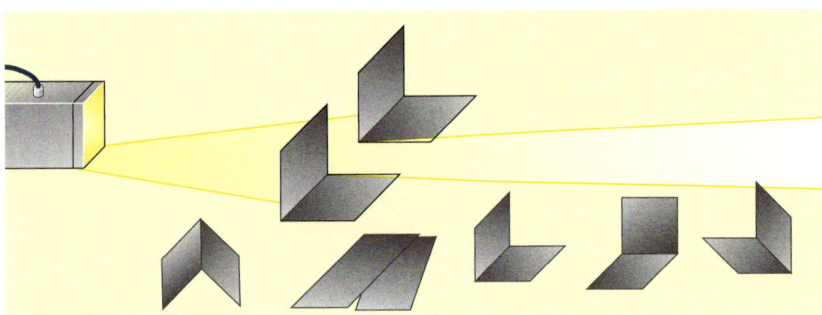

1 Zu Versuch 1

Versuchsanleitung
a) Stelle die Experimentierleuchte auf das weiße Papier.
Beobachte, welche Form das Licht der Experimentierleuchte auf dem Papier erzeugt.
b) Schneide aus der Pappe sechs kleine Rechtecke aus. Knicke sie in der Mitte, damit sie als Pappwinkel stehen bleiben (▷ B 1).
Stelle nun zwei Pappwinkel nebeneinander vor die Experimentierleuchte.
Dadurch grenzt du das Licht ein, das von der Leuchte ausgeht.
Die beiden Pappwinkel bilden eine so genannte Blende.
c) Stelle nun die vier übrigen Pappwinkel so auf, dass sie zwei weitere Blenden bilden.
Die Öffnungen der Blenden sollen immer kleiner werden (▷ B 2).
Welche Form hat der beleuchtete Bereich hinter den Blenden?
Zeichne das Ergebnis mit Bleistift und Lineal auf das weiße Blatt.

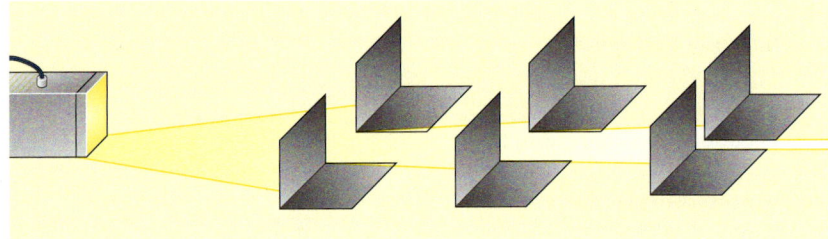

2 Vom Lichtbündel zum Lichtstrahl

2 Wie entsteht ein Schatten?
Material
Eine hell leuchtende Glühlampe in der Fassung oder eine Taschenlampe oder eine brennende Kerze

Versuchsanleitung
a) Stelle die Lichtquelle vor eine helle Wand. Halte deine Hand zwischen Lichtquelle und Wand. Beschreibe, was du an der Wand siehst (▷ B 3).
b) Verändere den Abstand zwischen Lichtquelle, Wand und deiner Hand. Notiere deine Beobachtungen.
c) Beschreibe, wie du die Hand halten musst, damit der Schatten sehr groß (sehr klein) wird.

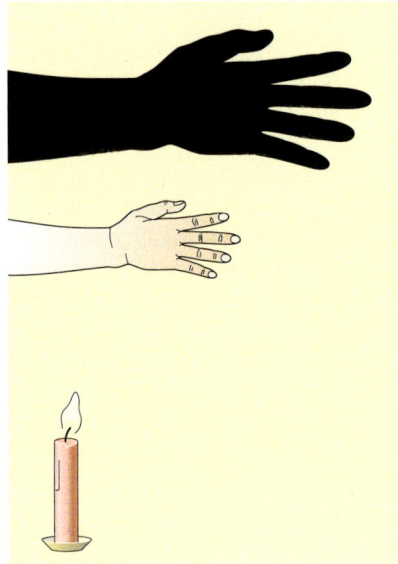

3 Schatten an der Wand

Die Ausbreitung des Lichts

Wie breitet sich Licht aus?

Manchmal kannst du sehen, wie das Sonnenlicht zwischen den Wolken hindurchscheint (▷ B 1). Das Licht breitet sich **geradlinig** aus, als wäre es mit einem Lineal gezeichnet.

Stellt man eine Experimentierleuchte auf einen Tisch, so sieht man eine helle Fläche. Mithilfe undurchsichtiger Gegenstände kann man schmale **Lichtbündel** erzeugen (▷ B 32.2). Wenn man den Schlitz immer enger machen könnte, dann würde auf dem Papier nur noch eine feine helle Linie sichtbar sein. Diese Linie bezeichnet man als **Lichtstrahl**. Strahlen kennst du aus dem Geometrieunterricht: Strahlen sind gerade Linien, die von einem Punkt ausgehen.

Kann man das Licht sehen?

Eine durchlöcherte Dose steht über einer leuchtenden Glühlampe. Das Licht, das durch die Löcher nach außen tritt, ist aber nicht zu sehen. Erst mit Puder oder Kreidestaub kannst du die Lichtbündel sichtbar machen (▷ B 2). Das Licht wird dabei von den kleinen Staubteilchen oder Kreideteilchen in unser Auge gelenkt. Nun erkennst du auch, dass sich das Licht in alle Richtungen ausbreitet.

Licht breitet sich geradlinig in alle Richtungen aus.

Sehr dünne Lichtbündel nennt man Lichtstrahlen.

Lichtbündel kann man nur sehen, wenn das Licht in unsere Augen gelangt.

AUFGABEN

1 ○ Beschreibe, wie sich das Licht von einer Lichtquelle ausbreitet.

2 ○ Vergleiche die Bilder 1 und 2. Gib ihre Gemeinsamkeiten an.

3 ◐ Wie kannst du nur mithilfe einer Taschenlampe, einer Pappe, einem Nagel und Puder ein dünnes Lichtbündel sichtbar machen? Beschreibe einen Versuch und führe ihn durch.

4 ◐ Warum können die Astronauten und Kosmonauten bei einem Raumflug die Erde im dunklen Weltall sehen (▷ B 3)? Begründe.

5 ● Begründe, warum im Weltraum keine Lichtstrahlen sichtbar sind.

1 Licht breitet sich geradlinig aus.

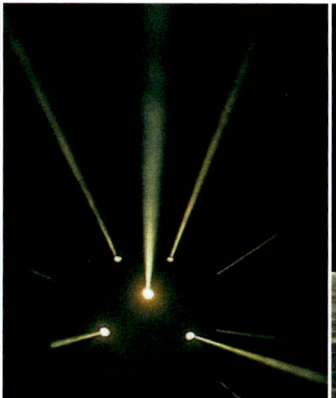

2 Kreidestaub macht Lichtbündel sichtbar.

3 Die Erde vom Weltall aus

Versuche mit der Lochkamera

1 Material

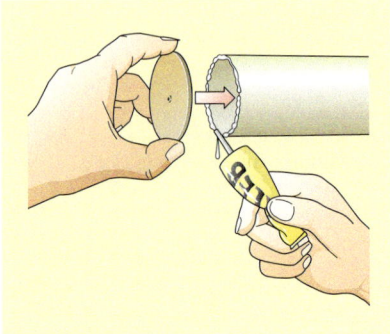

2 Aufkleben der Pappscheibe

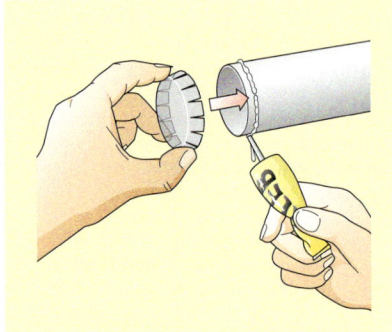

3 Aufkleben des Transparentpapiers

Mithilfe einfacher Mittel kannst du eine Kamera bauen, die Bilder von deiner Umgebung zeigt. Die Versuche funktionieren besonders gut in einem abgedunkelten Raum.

Material

zwei ineinander passende Pappröhren (man kann die Röhren aus einem Pappkarton selbst basteln). dünne Pappe, Transparentpapier, Schere, Kleber, kleiner Nagel, Zirkel

Bauanleitung

a) Schneide aus der Pappe eine runde Scheibe aus. Ihr Durchmesser soll etwas größer sein als der Durchmesser der Pappröhren.

b) Bohre ein kleines Loch in die Mitte der Scheibe.
c) Klebe die Pappscheibe auf ein Ende der äußeren Röhre (▷ B 2).
d) Klebe auf das Ende der inneren Röhre das Transparentpapier (▷ B 3).
e) Stecke nun die beiden Röhren ineinander (▷ B 4).

Versuchsanleitung

a) Stelle eine brennende Kerze vor deine Kamera. Betrachte das Bild auf dem Transparentpapier.
b) Gehe mit deiner Kamera näher an die Kerze heran. Beschreibe die Veränderung des Bilds.

c) Verschiebe nun die beiden Pappröhren gegeneinander (▷ B 4). Ändere dabei nicht die Entfernung zwischen Kerze und Lochkamera. Beobachte das Bild. Formuliere die Ergebnisse als Je-desto-Sätze.
d) Was geschieht, wenn du das Loch in der Lochkamera vergrößerst? Beschreibe, wie sich das Bild verändert.

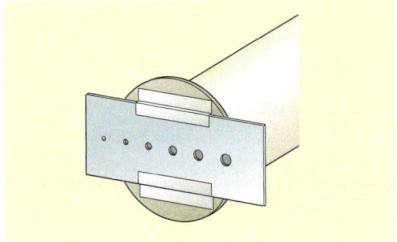

5 Unterschiedliche Blenden

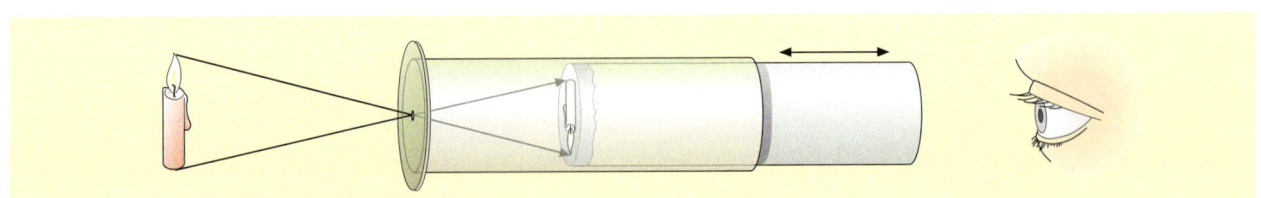

4 Prinzip der Lochkamera

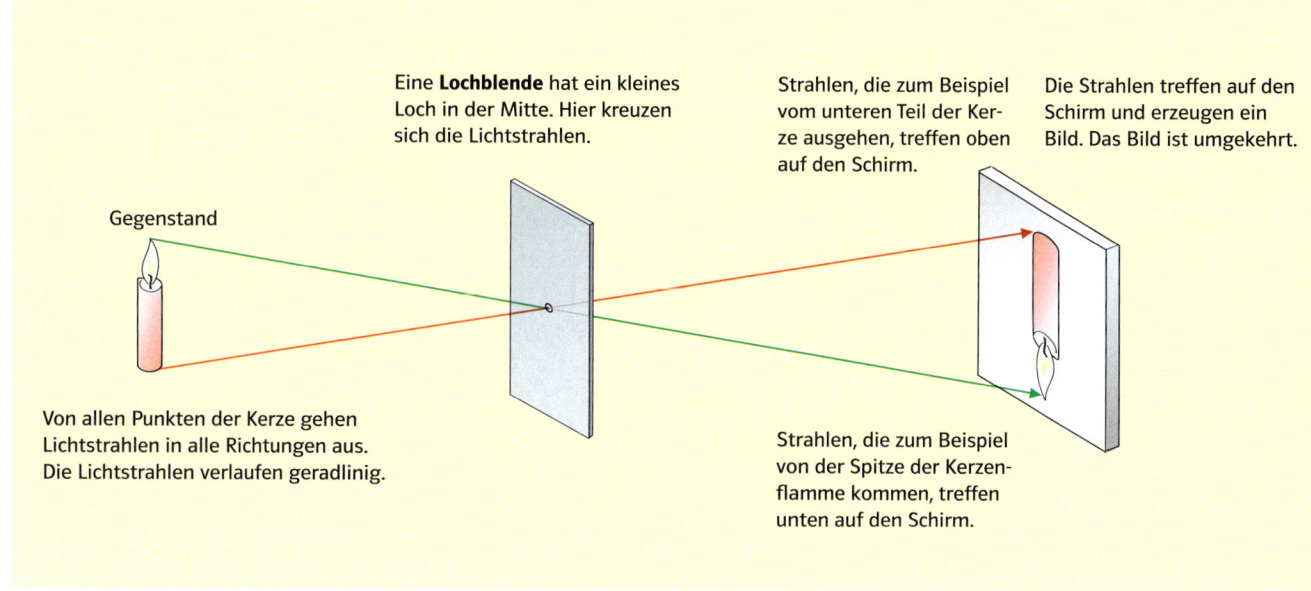

Eine **Lochblende** hat ein kleines Loch in der Mitte. Hier kreuzen sich die Lichtstrahlen.

Strahlen, die zum Beispiel vom unteren Teil der Kerze ausgehen, treffen oben auf den Schirm.

Die Strahlen treffen auf den Schirm und erzeugen ein Bild. Das Bild ist umgekehrt.

Gegenstand

Von allen Punkten der Kerze gehen Lichtstrahlen in alle Richtungen aus. Die Lichtstrahlen verlaufen geradlinig.

Strahlen, die zum Beispiel von der Spitze der Kerzenflamme kommen, treffen unten auf den Schirm.

1 Bildentstehung bei einer Lochblende

Wie funktioniert die Lochkamera?

Eine **Lochblende** hat ein kleines Loch in der Mitte (▷ B1). Mit einer Lochblende kannst du ein Bild erzeugen. Dies ist das Prinzip der Lochkamera.

Wie kann man das Bild einer Lochkamera verändern?

Das Bild auf dem Schirm der Lochkamera sieht nicht immer gleich aus. Gehst du mit deiner Lochkamera näher an den Gegenstand heran, so wird das Bild größer. Vergrößerst du den Abstand zwischen Lochblende und Schirm, wird das Bild ebenfalls größer.

Benutzt du eine Blende mit einer größeren Öffnung, wird das Bild unscharf, aber auch heller. Benutzt du eine Blende mit einer kleineren Öffnung, wird das Bild schärfer, aber auch dunkler. Mit einer Lochkamera kannst du also niemals ein scharfes und zugleich helles Bild erzeugen.

Eine Lochkamera erzeugt ein umgekehrtes Bild. Die Größe des Bildes hängt von den Abständen zwischen Gegenstand und Blende sowie zwischen Blende und Schirm ab.

AUFGABEN

1. ○ Wovon hängt die Größe des Bilds ab, das eine Lochkamera erzeugt? Formuliere Je-desto-Sätze.

2. ◐ Begründe mit einer Skizze, warum die Bilder bei einer Lochkamera nicht nur oben und unten vertauschen, sondern auch links und rechts.

3. ● Wenn man bei der Lochkamera eine Blende mit einer großen Öffnung (► S. 34.5) benutzt, wird das Bild unscharf. Erkläre den Zusammenhang.

Experimente mit Schatten

Die folgenden Versuche gelingen besonders gut, wenn sie in einem abgedunkelten Raum durchgeführt werden. Ihr könnt die Versuche zu zweit durchführen.

1 Wie entsteht ein Schatten?
Material
Optikleuchte oder eine hell leuchtende Lampe in der Fassung oder eine Taschenlampe oder eine brennende Kerze (gegebenenfalls eine Handykamera)

1 Schattentiere

Versuchsanleitung
a) Stelle die Lichtquelle vor eine helle Wand. Halte deine Hände zwischen Lichtquelle und Wand. Beschreibe, was du an der Wand siehst.
b) Sicher hast du schon einmal Schattenbilder von Tieren mit deinen Händen erzeugt. Erzeuge mit den Händen Tierschattenbilder. Lass deine Mitschülerinnen und Mitschüler erraten, welches Tier du zeigst. (Ihr könnt die Schattenbilder auch mit dem Handy fotografieren und die Bilder ausdrucken.)

2 Schatten-Porträt
Material
Ein großer Bogen weißes Papier, Befestigungsmaterial, eine helle Lichtquelle, einen Stift mit breiterer Spitze, Wasserfarben, Pinsel

2 Schattenporträt

Versuchsanleitung
a) Befestige einen großen Bogen weißes Papier an der Wand. Beleuchte eine Mitschülerin oder einen Mitschüler mit einer hellen Lichtquelle von der Seite. Das Schattenbild soll auf dem Blatt Papier erscheinen.
Jeder kann selbst entscheiden, ob er ein großes oder ein kleines Bild haben will. Dazu musst du nur die Abstände zwischen Lichtquelle, Papier und Person entsprechend verändern.
b) Zeichne mit einem Stift die Umrisse des Schattenbildes sorgfältig auf dem Papier nach.
Nimm dann das Papier von der Wand ab.
Nun kann die abgebildete Schülerin oder der Schüler sein eigenes Schattenbild schwarz ausfüllen. Das funktioniert am besten mit Wasserfarbe.

3 Schattenbildung bei zwei Lichtquellen

3 Schatten mit zwei Lichtquellen
Material
Zwei gleich helle Lichtquellen, einen Gegenstand, der einen Schatten werfen kann; man kann aber auch eine Hand nehmen als schattenwerfenden Gegenstand

Versuchsanleitung
a) Stelle die beiden Lichtquellen nebeneinander. Halte den Gegenstand so vor die Lichtquellen, dass du an einer Wand Schatten sehen kannst.
b) Schiebe nun die beiden Lichtquellen langsam auseinander und beobachte dabei die Schatten an der Wand.
c) Schiebe dann die Lichtquellen langsam aufeinander zu, bis sie direkt nebeneinander stehen. Beobachte die Schatten.
d) Schreibe auf, was du beobachten konntest.

Halbschatten und Kernschatten

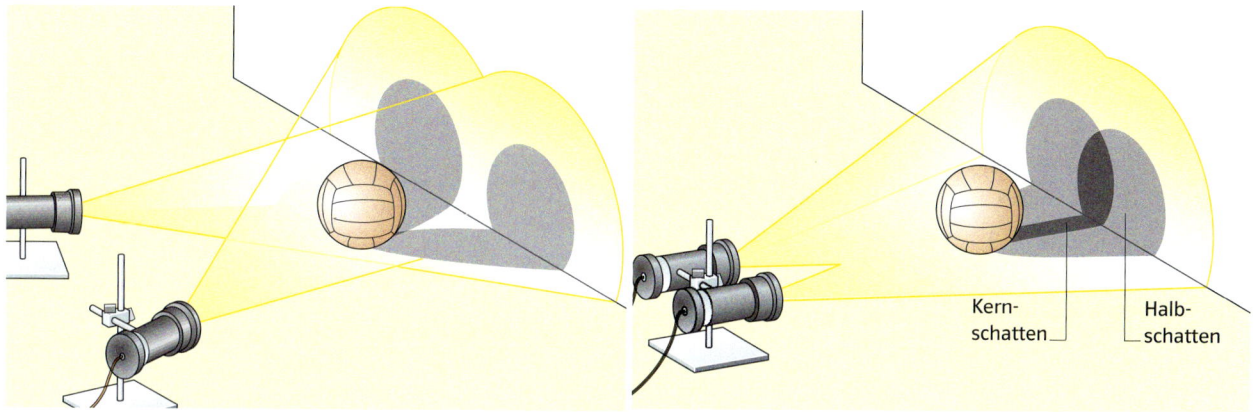

1 Schattenbildung bei zwei Lichtquellen

2 Zwei Schatten überlagern sich.

Kern-
schatten

Halb-
schatten

Schatten bei mehreren Lichtquellen

Stellt man zwei Lichtquellen nebeneinander, die beide einen lichtundurchlässigen Körper bestrahlen, sieht man an der Wand zwei getrennte Schatten (▷ B 1). Zwischen den beiden Schatten ist es hell.
Bewegt man die beiden Lichtquellen voneinander weg, so entfernen sich auch die Schattenbilder voneinander.

Schatten überlagern sich

Stellt man die beiden Lichtquellen eng nebeneinander (▷ B 2), überlagern sich die beiden Schatten. Du kannst einen dunkleren Schatten erkennen und zwei hellere Schattenbereiche. In den dunkleren Bereich gelangt kein Licht von den beiden Lichtquellen. Man nennt diesen Bereich **Kernschatten**. Die beiden etwas helleren Schattenbereiche erhalten jeweils Licht von einer der beiden Lichtquellen. Diese Bereiche nennt man **Halbschatten**.
Alle anderen Bereiche sind hell: Sie werden vom Licht beider Lichtquellen erreicht.

Bestrahlen zwei Lichtquellen einen lichtundurchlässigen Körper, so entsteht durch jede Lichtquelle ein Schatten.
Überlagern sich die Schatten teilweise, so unterscheidet man Kernschatten und Halbschatten.

AUFGABEN

1 ○ Erläutere, wie die Schatten in Bild 1 entstehen.

2 ⊖ Kann man mit zwei Lichtquellen und einem Gegenstand nur einen einzigen Schatten an der Wand erzeugen? Begründe deine Antwort. Fertige eine Skizze an.

3 ● Drei punktförmige Lichtquellen beleuchten einen Körper. Skizziere die Strahlenverläufe der Randstrahlen und beschreibe, welche Schattenbilder entstehen. Benutze unterschiedliche Abstände zwischen den Lichtquellen und zwischen Lichtquellen und Körper.

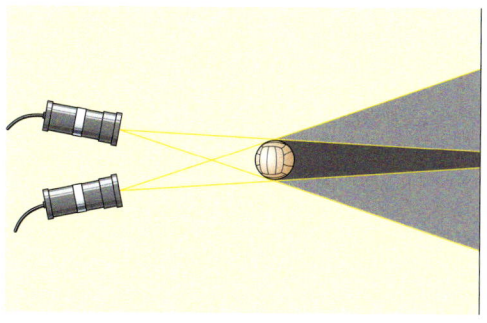

3 Halbschatten und Kernschatten von oben

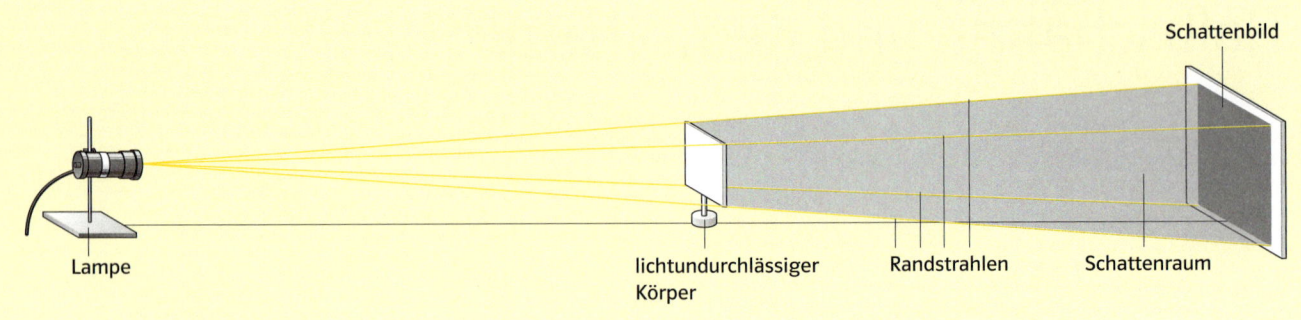

1 So entsteht ein Schatten.

Licht und Schatten

Wenn die Sonne in deinen Rücken scheint, siehst du deinen eigenen Schatten. Mit einem einfachen Versuch kannst du nachstellen, wie dein Schatten entsteht: Dazu stellst du eine Lampe vor eine helle Wand. Stellst du dich zwischen Lampe und Wand, erscheint dein Schatten an der Wand.

Warum entsteht ein Schatten?
Der Schatten entsteht, weil die Lichtstrahlen einen lichtundurchlässigen Körper nicht durchdringen können. Deshalb entsteht hinter dem Körper ein **Schattenraum**. Er wird von den **Randstrahlen** begrenzt (▷ B1). Das sind die Strahlen, die gerade

noch an dem Körper vorbei bis zur Wand gelangen. Dort legen die Randstrahlen das **Schattenbild** fest.

Schatten kannst du verändern
Die Größe des Schattens hängt nicht nur von der Form des Gegenstands ab. Wenn du den Gegenstand zur Lichtquelle hin verschiebst, wird das Schattenbild größer. Schiebst du den Gegenstand näher zur Wand, wird der Schatten kleiner.

Schatten mit scharfem Rand
Um 1800 war es groß in Mode, Porträts von Menschen als Schattenbild herzustellen. Beim Zeichnen des Schatten-Porträts

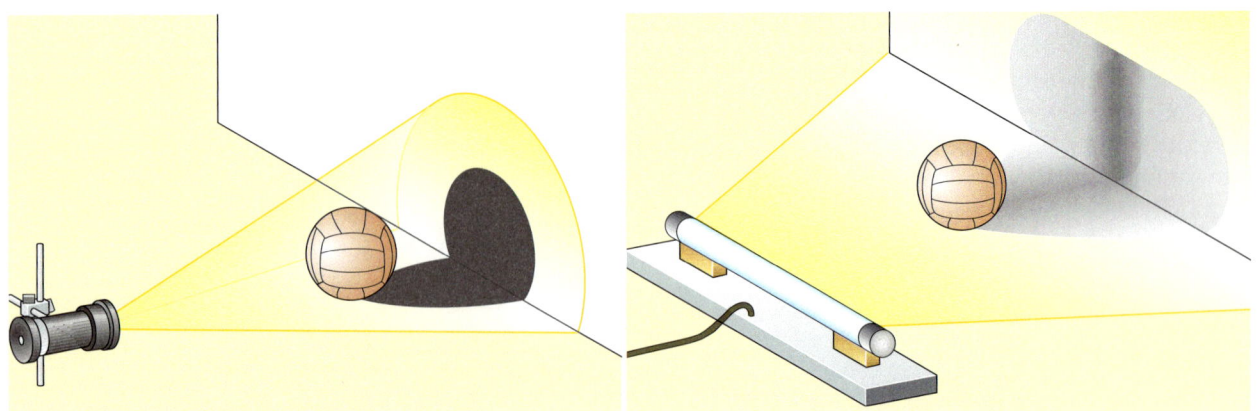

2 Scharfe Schattengrenzen durch eine punktförmige Lichtquelle   **3** Unscharfe Schattengrenzen durch eine Leuchtstoffröhre

4 Hier stört kein Schatten.

5 Schatten können stören.

kommt es darauf an, einen scharf begrenzten Schatten zu erhalten. Das funktioniert mit einer **punktförmigen Lichtquelle** (▷ B 2). Beispiele sind die Lampen eines Tageslichtprojektors oder die Leuchtdioden in Autoscheinwerfern.

Wenn Schatten stören

Oft sind Schatten störend. In bestimmten Situationen sind starke Schatten sogar gefährlich. Vielleicht hast du schon einmal erlebt, dass du eine Treppe hinuntergehst und dein eigener schwarzer Schatten vor dir die Stufen verdeckt. Hier besteht Stolpergefahr. Beim Lesen oder Schreiben stören Schatten (▷ B 5). Deshalb müssen in solchen Situationen die Räume so beleuchtet werden, dass keine scharf abgegrenzte

schwarze Schatten entstehen. Dazu verwendet man eine **ausgedehnte Lichtquelle**, wie z. B. eine Leuchtstoffröhre (▷ B 3).

Ein Schattenraum entsteht, wenn eine Lichtquelle einen lichtundurchlässigen Körper beleuchtet.
Punktförmige Lichtquellen erzeugen scharfe Schattengrenzen. Flächenförmige Lichtquellen erzeugen unscharfe Schattengrenzen.

AUFGABEN

1 ○ Im Text kommen drei Begriffe vor, die du zur Beschreibung eines Schattens benötigst. Nenne sie.

2 ○ Beschreibe, wie du einen möglichst großen Schatten erhältst.

3 ○ Vergleiche punktförmige und flächenförmige Lichtquellen. Nenne Beispiele, wo man sie benutzt. Falls du nicht weiterweißt: Lies noch einmal im Text nach.

4 ◒ a) Begründe, warum Schatten in Büros und Klassenräumen stören.
   ◒ b) Beschreibe, wie man das verhindern könnte.

5 ● Lege ein Stück Kreide auf den Tageslichtprojektor und beobachte das Schattenbild an der Wand. Im Tageslichtprojektor befindet sich eine punktförmige Lichtquelle. Begründe, warum flächenförmige Lichtquellen nicht geeignet sind.

6 Schatten eines Schülers

Der Mond – Begleiter im Wandel

Der Mond umkreist die Erde. Eine Umrundung dauert ungefähr einen Monat. In der gleichen Zeit dreht sich der Mond einmal um seine Achse. Deshalb sehen wir immer dieselbe Seite des Mondes. Doch der Mond sieht von der Erde aus nicht immer gleich aus. Wir sehen den Mond in verschiedenen Mondphasen.

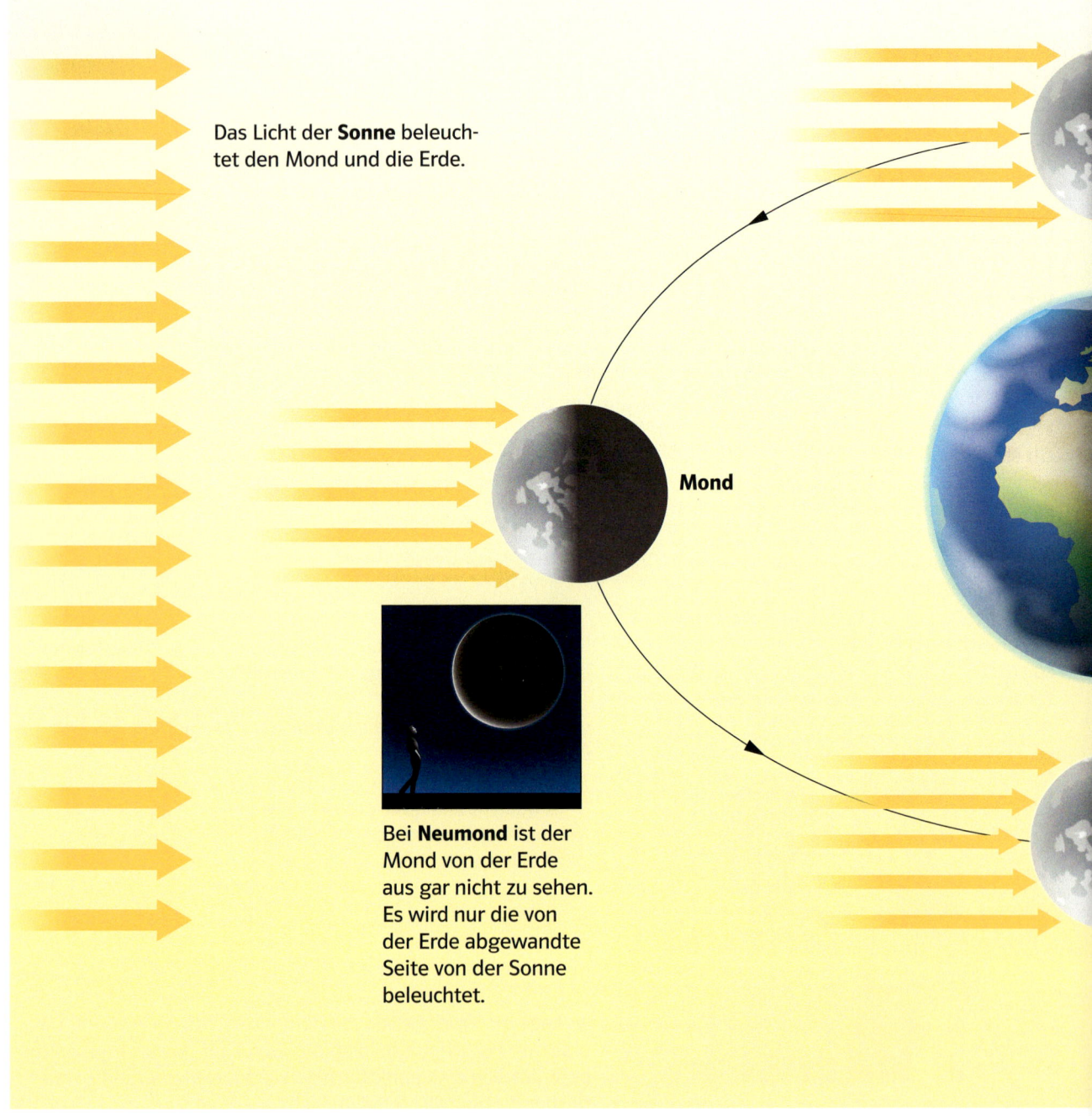

Das Licht der **Sonne** beleuchtet den Mond und die Erde.

Mond

Bei **Neumond** ist der Mond von der Erde aus gar nicht zu sehen. Es wird nur die von der Erde abgewandte Seite von der Sonne beleuchtet.

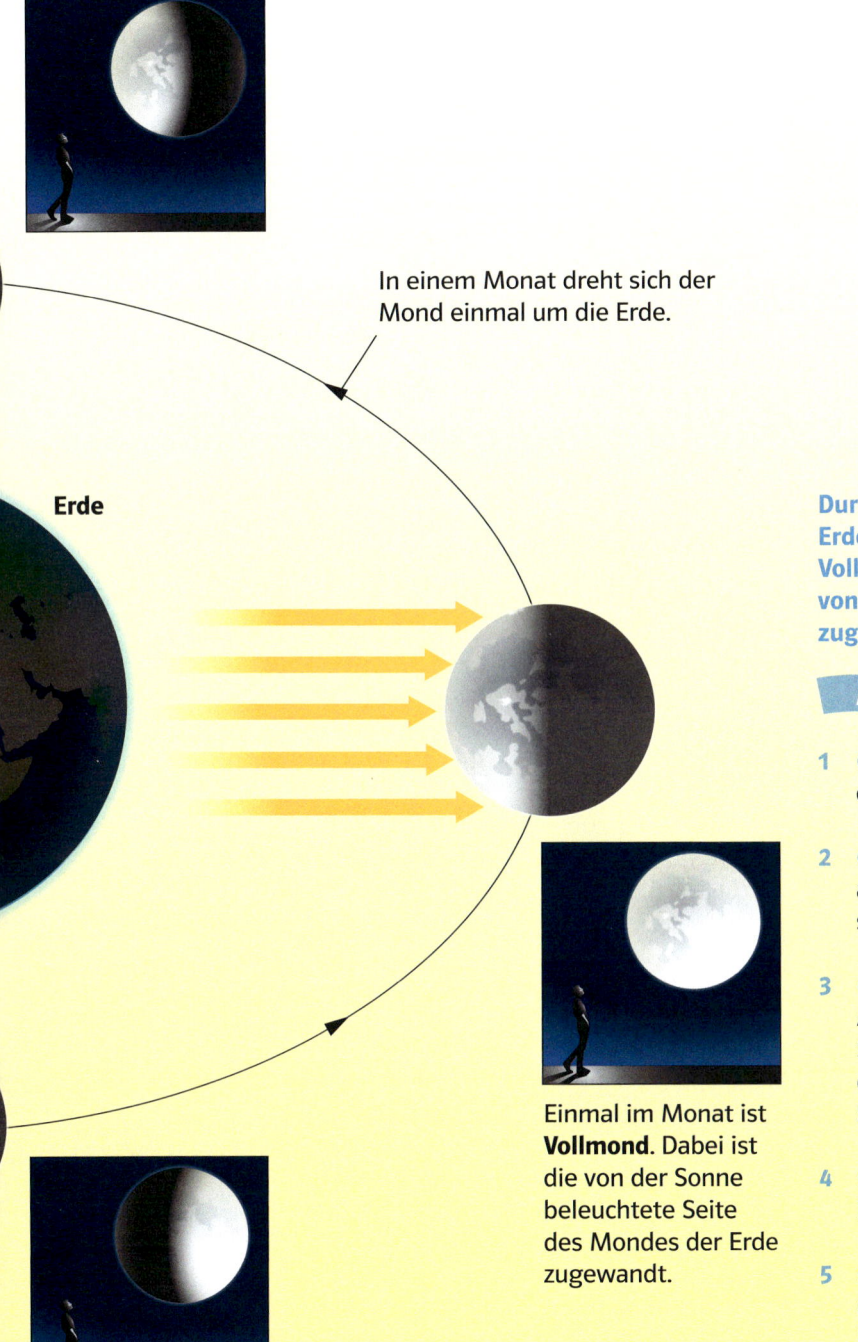

In einem Monat dreht sich der Mond einmal um die Erde.

Erde

Einmal im Monat ist **Vollmond**. Dabei ist die von der Sonne beleuchtete Seite des Mondes der Erde zugewandt.

Durch die Drehung des Mondes um die Erde entstehen die Mondphasen. Bei Vollmond ist die Seite des Mondes, die von der Sonne bestrahlt wird, der Erde zugewandt.

AUFGABEN

1 ○ Erkläre, wie Vollmond und Neumond entstehen.

2 ○ Erkläre, warum man von der Erde aus immer nur eine Seite des Mondes sehen kann.

3 ◐ Beobachte einen Monat lang im Abstand von drei Tagen den Mond. Skizziere jeweils, welchen Teil des Mondes du sehen kannst. Notiere zu jeder Skizze das Datum.

4 ◐ Fertige eine Skizze an, mit der du die Entstehung des Neumond darstellst.

5 ● Fertige ein Modell an, mit dem du die Mondphasen nachahmen kannst. Führe das Ergebnis in der Klasse vor. Tipp: Als Sonne kannst du beispielsweise eine Taschenlampe benutzen.

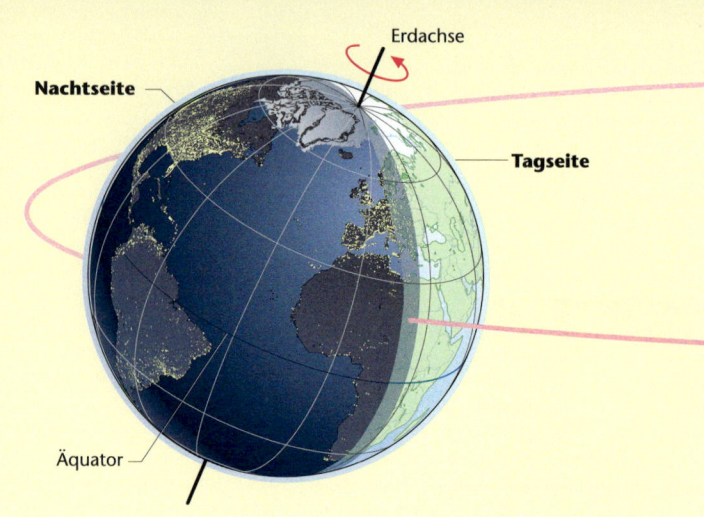

1 Tag und Nacht

Tag und Nacht

Ein Astronaut in einem Raumschiff sieht die Erde aus dem Weltraum wie in Bild 1. Die Erde ist eine große Kugel, die von der Sonne beleuchtet wird. Dabei beleuchtet die Sonne nur eine Seite der Erde. Das ist die **Tagseite** der Erde. Auf diesem Teil der Erde ist es **Tag**.

Die Seite der Erde, die von der Sonne abgewandt ist, liegt im Schatten. Das ist die **Nachtseite**: Dort ist es **Nacht**.

Mit einem Globus und einer Taschenlampe kann man in einem abgedunkelten Raum Tag und Nacht nachahmen.
(▶ System, S. 200/201)

Die Drehung der Erde

Weil die Erde sich in 24 Stunden einmal um ihre eigene Achse dreht, wechseln sich an jedem Ort Tag und Nacht ständig ab.

Da die Erde sich immer in Richtung Osten dreht, sehen wir die Sonne morgens im Osten aufgehen. Mittags erreicht die Sonne ihren höchsten Stand. Abends geht sie im Westen unter.

Durch die Drehung der Erde entstehen Tag und Nacht.

AUFGABEN

1 ○ Ergänze folgende Sätze in deinem Heft:
a) Die Tagseite der Erde ist …
b) Die Nachtseite der Erde liegt …

2 ◐ Wird eine Sportübertragung aus Australien live im Fernsehen übertragen, läuft sie bei uns mitten in der Nacht, obwohl dort heller Tag ist. Erkläre, wie das möglich ist.

3 ◐ Wenn in Japan das neue Jahr um Mitternacht mit Feuerwerken begrüßt wird, ist es bei uns in Deutschland erst 16 Uhr nachmittags. Erkläre den Zeitunterschied.

4 ● Stell dir vor, du würdest auf dem Mond leben. Der Mond dreht sich wie die Erde um seine eigene Achse. Doch er braucht für eine Umdrehung um seine eigene Achse einen ganzen Monat. Wie lange dauert auf dem Mond eine Nacht? Wie lange ist es heller Tag? Begründe deine Antworten.

Schatten aus dem All

Wie kommt es zu einer Sonnenfinsternis?
Wenn der Mond sich zwischen Erde und Sonne befindet, kann es geschehen, dass er von der Erde aus „vor der Sonne" steht. Der Mond wirft dann seinen Schatten auf die Erde.

Wie kommt es zu einer Mondfinsternis?
Eine Mondfinsternis entsteht, wenn der Mond sich durch den Schatten der Erde bewegt.

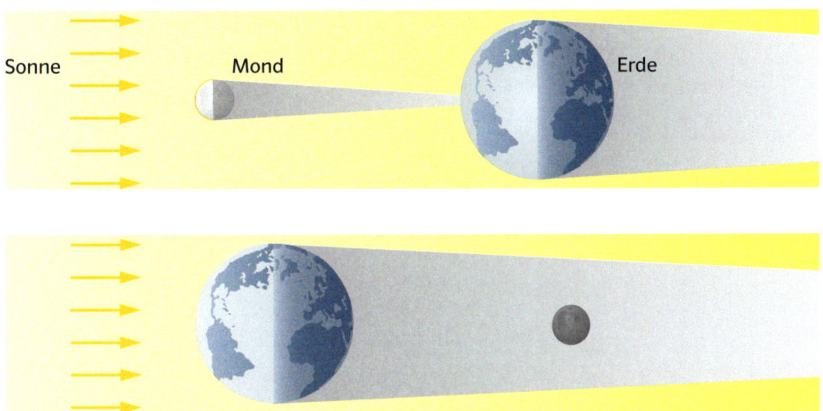

Sonne — Mond — Erde

1 Sonnenfinsternis und Mondfinsternis

Die Sonnenfinsternis von 1999

Am 11. August 1999 konnten Millionen Menschen in Deutschland eine totale Sonnenfinsternis beobachten (▷ B 2). Man konnte beobachten, wie sich langsam eine schwarze Scheibe vor die Sonne schob. Nach einiger Zeit wurde die Sonne total von der schwarzen Scheibe verdeckt. Rund herum wurde plötzlich ein heller Strahlenkranz erkennbar. Nach etwa zwei Minuten war das Naturschauspiel vorbei. Nach und nach wurde die Sonne wieder sichtbar. Leider war an diesem Tag in Süddeutschland der Himmel bedeckt. Nur mit viel Glück konnte man durch Wolkenlücken die totale Sonnenfinsternis beobachten.
Eine Sonnenfinsternis ist sehr selten in Deutschland. Bei einer Sonnenfinsternis steht der Mond zwischen Sonne und Erde (▷ B 1). (▶ System, S. 200/201)

Mondfinsternisse

Häufiger können wir in Deutschland eine Mondfinsternis beobachten: Dann verdunkelt der Schatten der Erde den Mond (▷ B 1). Bei einer Mondfinsternis steht die Erde zwischen Sonne und Mond.

2 Sonnenfinsternis

AUFGABEN

1 ○ Beschreibe, wie eine Sonnenfinsternis entsteht, und erkläre den Unterschied zu einer Mondfinsternis.

2 ○ Baue eine Mondfinsternis nach. Benutze dazu eine Taschenlampe (Sonne), eine große Kugel (Erde) und eine kleine Kugel (Mond).

3 ● Begründe, warum man eine Sonnenfinsternis immer nur von einigen Gebieten der Erde aus sehen kann.

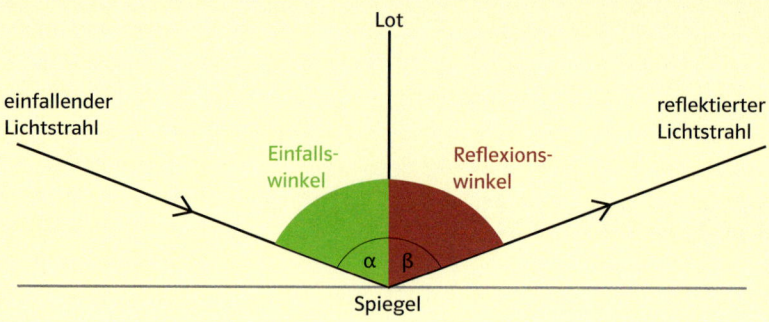

1 Einfallswinkel und Reflexionswinkel

Die Reflexion des Lichts

Trifft Licht auf einen Spiegel, dann wird es reflektiert. Die Gesetzmäßigkeiten für diese Reflexion kannst du mit Versuch 1 selbst herausfinden.

Das Reflexionsgesetz

In Bild 1 siehst du zwei Winkel. Der **Einfallswinkel** (grün) ist der Winkel, in dem der Lichtstrahl auf den Spiegel trifft. Der **Reflexionswinkel** (rot) ist der Winkel, in dem der Lichtstrahl am Spiegel reflektiert wird. In Bild 1 kannst du erkennen: Der Reflexionswinkel ist genauso groß wie der Einfallswinkel. Dabei spielt es keine Rolle, von welcher Seite das Licht kommt.

Ein Lichtstrahl wird an einem Spiegel reflektiert. Bei der Reflexion sind der Einfallswinkel und der Reflexionswinkel immer gleich groß.

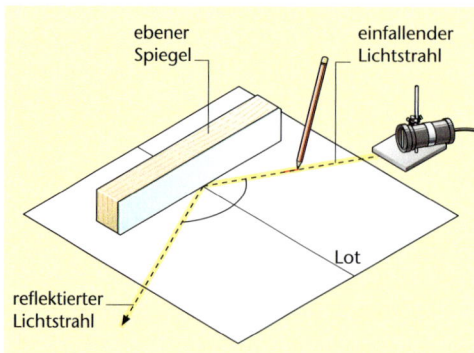

2 Zu Versuch 1

AUFGABEN

1 ○ Beschreibe Bild 1 mit eigenen Worten.

2 ◓ Ein Lichtstrahl trifft mit einem Einfallswinkel von 45° auf einen ebenen Spiegel. Fertige eine übersichtliche Zeichnung an, in der du den einfallenden und den reflektierten Lichtstrahl sowie das Lot grafisch konstruierst.

3 ● Der Reflexionswinkel eines Lichtstrahls an einem Spiegel beträgt 30°. Mirco glaubt nicht, dass der dazugehörige einfallende Lichtstrahl einen Einfallswinkel von ebenfalls 30° hat. Konstruiere zur Erklärung den genauen Verlauf beider Lichtstrahlen.

VERSUCH

1 a) Baue den Versuch wie in Bild 2 auf.
b) Markiere mit dem Bleistift auf dem Papier die Wege des einfallenden und des reflektierten Lichtstrahls.
c) Miss den Winkel zwischen dem einfallenden Lichtstrahl und dem Lot. Miss anschließend den Winkel zwischen dem Lot und dem reflektierten Lichtstrahl. Schreibe die Werte beider Winkel in dein Heft.
d) Formuliere in deinem Heft ein Ergebnis aus deinen Beobachtungen.

Wie entstehen Spiegelbilder?

Täuschung durch Spiegelbilder

Bestimmt hast du schon einmal gesehen, wie ein kleines Baby völlig verwundert vor einem großen Spiegel steht (▷ B 1). Es glaubt, ein anderes Kind vor sich zu haben, und versucht, das andere Kind anzufassen. Überrascht wird das Baby jedoch feststellen, dass sich hinter dem Spiegel kein anderes Kind befindet. Du weißt, dass dort niemand ist. Der Spiegel täuscht uns.

Entstehung von Spiegelbildern

Spiegelbilder entstehen, weil das Licht an Spiegeln reflektiert wird. Bild 2 zeigt, wie das Spiegelbild einer Kerze entsteht. Die Entstehung von Spiegelbildern wird in Bild 2 zur Vereinfachung nur mit zwei Lichtstrahlen erklärt. Natürlich gibt es die Reflexion auch für alle anderen Punkte der Kerze, von denen Lichtstrahlen über den Spiegel in unsere Augen gelangen können.

Die Lichtstrahlen schneiden sich nicht wirklich hinter dem Spiegel. Deshalb kann man ein solches virtuelles Bild nicht auf einem Schirm auffangen. Ein Beamer oder ein Tageslichtprojektor erzeugen reelle Bilder. Diese kann man an der Wand oder auf einem Schirm auffangen.

AUFGABEN

1 ⊖ Erkläre mithilfe von Bild 2, wie ein Spiegelbild entsteht.

2 ⊖ Übertrage Bild 2 in dein Heft und ergänze zwei weitere Lichtstrahlen.

3 ⊖ Beschreibe den Unterschied zwischen einem virtuellen und einem reellen Bild.

4 ● Wie groß muss ein senkrecht hängender Spiegel mindestens sein, damit man sich vollständig darin sehen kann? Zeichne zuerst und begründe dann deine Antwort.

1 Ein Spiegel kann täuschen.

Die Lichtstrahlen scheinen von einer Kerze herzukommen, die hinter dem Spiegel steht. Hinter dem Spiegel steht aber keine Kerze. Wir werden getäuscht. Das Spiegelbild wird daher als virtuelles Bild bezeichnet.

Die reflektierten Lichtstrahlen fallen in unsere Augen. Unser Gehirn verlängert den Strahlengang, weil es den Ursprung der Strahlen feststellen möchte.

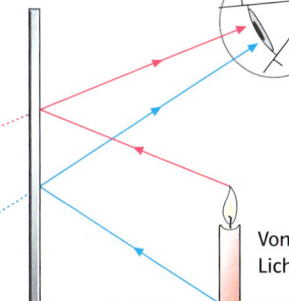

Von der Kerze gehen Lichtstrahlen aus.

Am Spiegel werden die Lichtstrahlen reflektiert.

2 Wie ein Spiegelbild entsteht.

1 Helle Flächen werfen das Licht gut zurück, dunkle Flächen (Dächer und dunkel bemalte Fenster) verschlucken das Licht.

2 Häuser in Südeuropa

Reflexion und Absorption

Licht wird reflektiert

Wir sehen Körper, wenn sie selbst leuchten. Wir sehen Körper aber auch, wenn sie das Licht anderer Lichtquellen in unsere Augen zurückwerfen. Das geschieht beispielsweise nachts, wenn Gebäude angestrahlt werden (▷ B1).

Wirft ein Gegenstand Licht zurück, spricht man von **Reflexion**.

Besonders gut wird das Licht von glatten Spiegeloberflächen reflektiert. Dabei werden die Strahlen im gleichen Winkel zum Lot reflektiert, wie sie auf den Spiegel eintreffen.

Aber auch unebene Oberflächen reflektieren das Licht. Es wird dabei aber in unterschiedlichen Richtungen zerstreut. Man spricht von einer **diffusen Reflexion**.

Licht wird absorbiert

Du kannst in Bild 1 erkennen, dass einige Flächen das Licht gut reflektieren. Die schwarzen Flächen verschlucken jedoch das auftreffende Licht.

Wie viel Licht reflektiert wird, hängt von der Oberfläche ab, auf die das Licht trifft: Glatte und helle Oberflächen reflektieren Lichtstrahlen besser als matte und dunkle Oberflächen. Dunkle Flächen nehmen das

Licht auf, sie **absorbieren** das Licht. Man spricht von **Absorption**.

Die Oberflächen von Körpern können Licht reflektieren und absorbieren.
Helle Flächen reflektieren Licht besser als dunkle Flächen. Dunkle Flächen absorbieren Licht. Unebene Flächen zerstreuen das Licht.

AUFGABEN

1 ○ Nenne Oberflächen, die das Licht besonders gut reflektieren.

2 ◑ Richte das Licht einer Taschenlampe in einem abgedunkelten Raum nacheinander auf ein weißes Blatt, ein schwarzes Blatt, eine matte Plastikfolie, ein glattes Stück Alufolie und auf eine zerknitterte Alufolie. Was kannst du jeweils beobachten? Beschreibe und begründe.

3 ● Bei uns in Deutschland haben Häuser alle möglichen Farben. Wenn du die Ferien auf einer Insel im Mittelmeer verbringst, wirst du feststellen, dass viele Gebäude weiß gestrichen sind. Erkläre dies.

Sicherheit im Straßenverkehr

Bestimmt hast du in einer dunklen Nacht schon einmal beobachtet, dass die Augen von Katzen, Hasen oder anderen Tieren anscheinend „leuchten" können. Die physikalische Begründung für dieses Phänomen ist ganz einfach: Wenn Lichtstrahlen in die Augen dieser Tiere einfallen, dann werden diese Lichtstrahlen von einer Schicht kleinster Kristalle innerhalb der Augen der Tiere reflektiert.

Reflektoren

Die reflektierenden Katzenaugen sind das Vorbild für technische Reflektoren (Rückstrahler) wie in Bild 1. Solche Rückstrahler sind für alle Fahrzeuge gesetzlich vorgeschrieben. Reflektoren bestehen aus sehr vielen kleinen Spiegeln, die so angeordnet sind, dass sie die einfallenden Lichtstrahlen in die Richtung reflektieren, aus der sie ursprünglich gekommen sind. So kann man Reflektoren in der Dunkelheit auch aus großer Entfernung deutlich erkennen. (► Wechselwirkung, S. 198/199)

Sicherheit wird großgeschrieben

An der Kleidung von Feuerwehrleuten, Polizisten, Rettungsassistenten und Straßenbauarbeitern sind spezielle Reflexionsfolien angebracht (▷ B 2). Die Folien enthalten Millionen besonderer Kristalle, die das

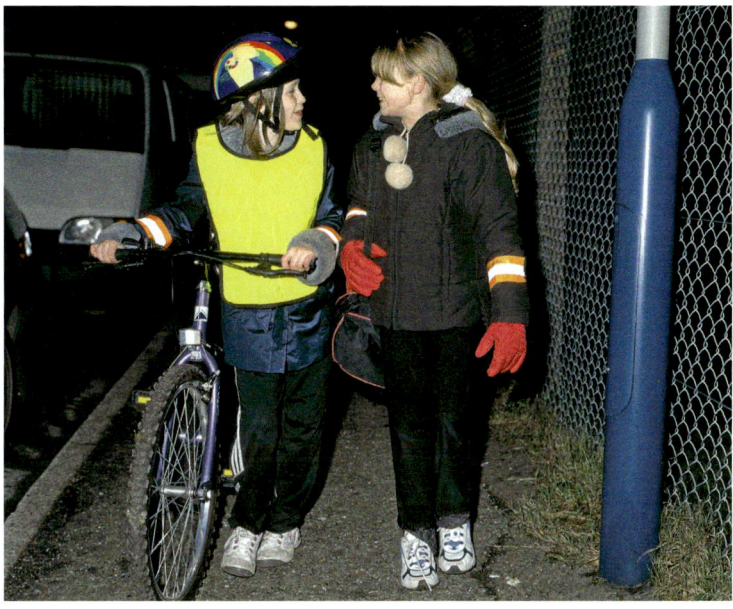

2 Kleidung mit Reflektoren

einfallende Licht reflektieren. In der Dunkelheit sind diese Personen im Scheinwerferlicht deutlich zu erkennen und dadurch besser geschützt.

Reflektoren enthalten entweder winzige Spiegel oder Kristalle, die das Licht in die Richtung zurückwerfen, aus dem es ursprünglich gekommen ist.

AUFGABEN

1 ○ Manche Kleidungsstücke sind mit Reflexionsfolien beschichtet. Nenne vier Berufe, bei denen diese Kleidung verwendet wird.

2 ◔ Beschreibe den Zweck von Reflektoren.

4 ● Mach in einem abgedunkelten Raum aus verschiedenen Richtungen Blitzlichtaufnahmen von einem verkehrssicheren Fahrrad. Erkläre die Wirkungsweise der Reflektoren.

1 Reflektor (Rückstrahler)

Versuche zur Lichtbrechung

Die folgenden Versuche könnt ihr am besten zu zweit in Partnerarbeit bearbeiten. Fertigt jeweils ein Versuchsprotokoll an.

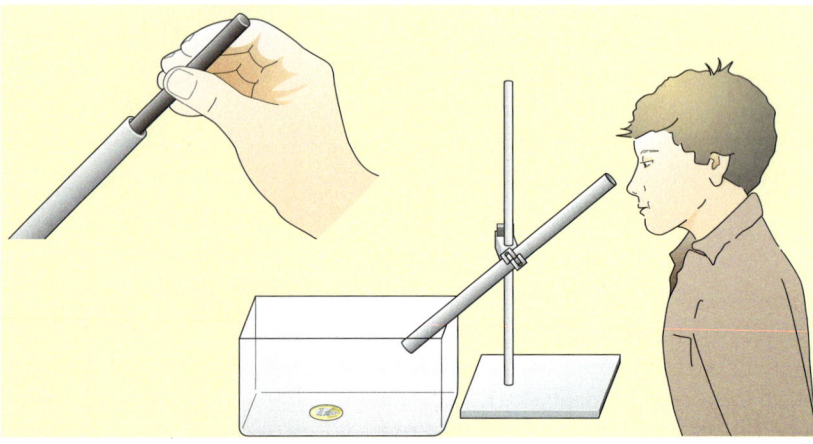

2 Zu Versuch 2

1 Zu Versuch 1

1 Gebrochen – und trotzdem ganz?
Material
Becherglas, Wasser, Bleistift, dickes Stück Glas

Versuchsanleitung
a) Füllt das Becherglas mit Wasser und stelle den Bleistift hinein. Betrachte das Becherglas aus verschiedenen Richtungen. Beschreibt, was euch auffällt.
b) Legt den Bleistift auf den Tisch. Legt anschließend das dicke Stück Glas auf den Bleistift (▷ B 1). Schaut einmal direkt von oben und einmal schräg auf die Glasscheibe. Was stellt ihr fest, wenn ihr die Blickrichtung wechselt? Notiert die Unterschiede.

2 Wo genau liegt das Geldstück?
Material
Glaswanne, Geldstück, Stativ, Röhrchen, dünner Stab (der durch das Röhrchen passt), Wasser

Versuchsanleitung
a) Legt das Geldstück auf den Boden der Glaswanne. Spannt das Röhrchen in das Stativ ein und richtet es so aus, dass ihr das Geldstück durch das Röhrchen sehen könnt. Steckt den dünnen Stab in das Röhrchen und versucht die Münze zu treffen (▷ B 2).
b) Füllt nun Wasser in die Glaswanne und richtet das Röhrchen erneut aus. Achtet dabei bitte unbedingt darauf, dass das Röhrchen nicht in das Wasser eintaucht. Was beobachtet ihr beim erneuten Versuch,

das Geldstück zu treffen? Notiert eure Beobachtungen in eure Hefte.
c) Findet eine Erklärung für eure Beobachtungen.

3 Unter Wasser aufgetaucht?
Material
Tasse, Geldstück, Gefäß mit Wasser

Versuchsanleitung
a) Legt ein Geldstück auf den Boden der Tasse. Blickt mit einem Auge so über den Rand der Tasse, dass das Geldstück gerade verdeckt wird (▷ B 3).

3 Zu Versuch 3

Behaltet diese Position unbedingt bei. Nun soll eine Mitschülerin oder ein Mitschüler ganz vorsichtig Wasser in die Tasse gießen. Dabei darf sich das Geldstück allerdings nicht bewegen. Beschreibt, was ihr beobachtet.
b) Führt dieses Experiment mit vertauschten Rollen noch einmal durch. Findet anschließend zusammen eine Erklärung für eure Beobachtungen.
Benutzt zur Erklärung den Begriff „Heben" oder „Hebung".

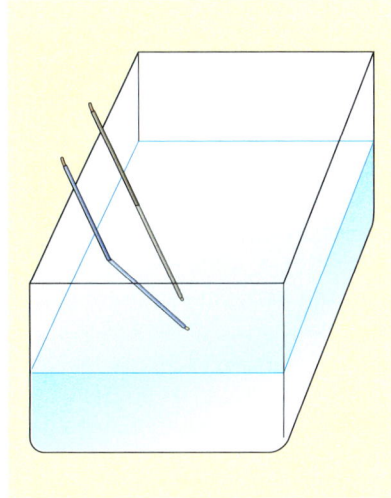

4 Geknickt wird gerade.

4 Gerade oder geknickt?
Material
Glaswanne voll Wasser, 2 etwas dickere biegsame Drähte (mindestens je 30 cm lang)

Versuchsanleitung
a) Stellt den einen Draht schräg in die Glaswanne, so dass er an einer Wand anlehnt. Etwa die Hälfte des Drahtes soll unter der Wasseroberfläche sein.
b) Schaut euch jetzt den Draht von schräg oben an.

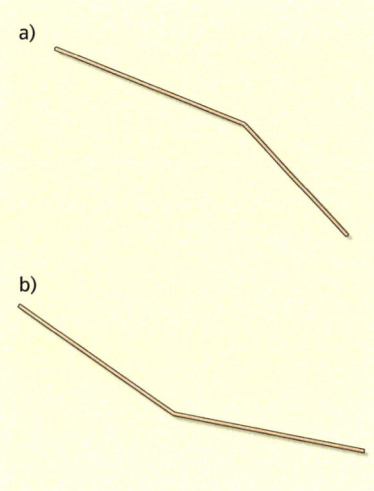

5 Zu Versuch 4

c) Nun setzt euch auf einen Stuhl und schaut euch den Draht durch die Seitenscheibe der Glaswanne an.
d) Notiert beide Ergebnisse.
e) Biegt nun den zweiten Draht so, dass er von schräg oben gesehen gerade aussieht, wenn ihr ihn neben den ersten Draht in das Wasser stellt.
f) Vergleicht mit Bild 4. Wie muss der Draht gebogen werden (a oder b)?
g) Ergänzt folgenden Satz: „Wird ein Draht zur Hälfte schräg in Wasser gestellt, so wird …" Benutzt

dazu folgende Wörter: Teil unter Wasser – angehoben – scheinbar.

5 Luft – Glas – Luft
Material
Experimentierleuchte, Glasquader, Bleistift, Lineal, unliniertes Blatt Papier

Versuchsanleitung
a) Die Experimentierleuchte liegt auf dem Tisch und erzeugt einen Strahl. Richtet den Strahl auf eine Seitenfläche des Glasquaders, der in der Mitte eines Blattes liegt. (▷ B 6) Beobachtet den Verlauf des Strahls und beschreibt ihn.
b) Ändert nun den Winkel, unter dem der Strahl auf das Glas trifft. Vergleicht mit Teil a und notiert das Ergebnis.

AUFGABE

1 ○ Steffen sagt: „Trifft ein Lichtstrahl auf den Glasquader, wird er immer abgeknickt." Überprüft die Behauptung in eurem Versuch und nehmt Stellung. Fertigt Skizzen zu dem Versuch an.

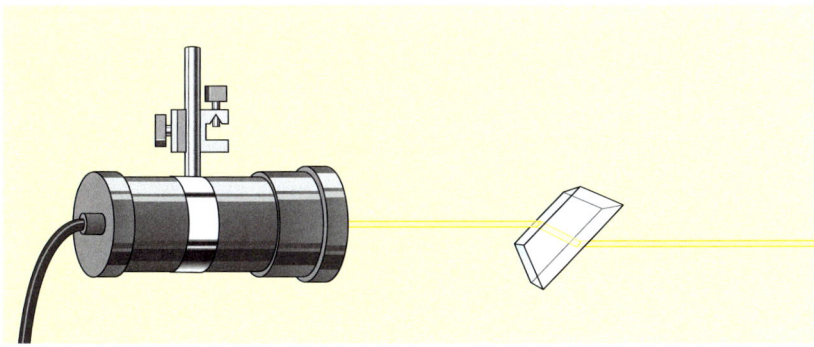

6 Zu Versuch 5

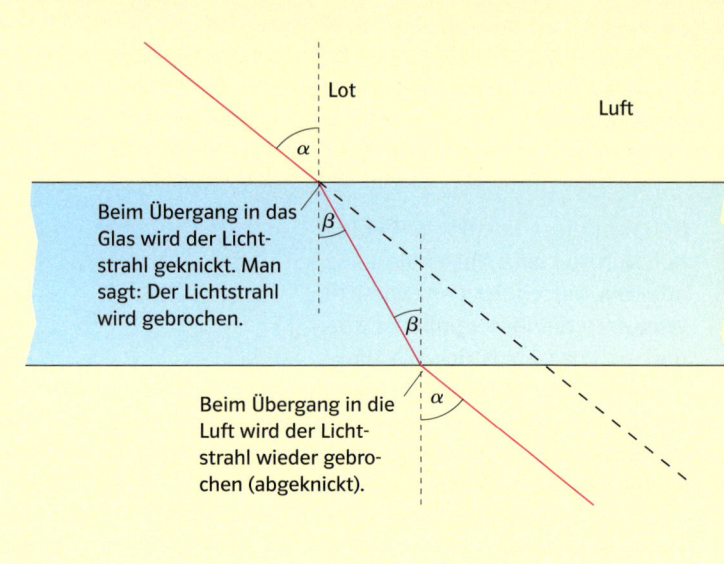

Beim Übergang in das Glas wird der Lichtstrahl geknickt. Man sagt: Der Lichtstrahl wird gebrochen.

Lot

Luft

Beim Übergang in die Luft wird der Lichtstrahl wieder gebrochen (abgeknickt).

1 Ein Knick im Trinkhalm

2 Die Brechung des Lichtes

Die Brechung des Lichtes

Geknickte Lichtstrahlen

Lichtstrahlen können viele verschiedene Stoffe durchdringen (z. B. Luft, Glas, Wasser). Dabei breiten sich die Lichtstrahlen in jedem Stoff immer geradlinig aus. Wie lässt sich aber erklären, dass der Trinkhalm (▷ B 1) scheinbar im Wasser geknickt ist? Wenn du den „Knick" genauer betrachtest, erkennst du, dass er nur an der Wasseroberfläche entsteht. An dieser Stelle werden die Lichtstrahlen aus ihrer Richtung abgelenkt. Man sagt, dass die Lichtstrahlen an der Grenzfläche zwischen Wasser und Luft **gebrochen** werden.

Wie wird das Licht gebrochen?

Beim Übergang von einem Stoff in einen anderen Stoff werden die Lichtstrahlen gebrochen (abgeknickt). Wenn die Lichtstrahlen diesen Stoff verlassen, dann werden sie nochmal gebrochen.
In Bild 2 erkennst du, dass der Lichtstrahl, der durch eine Glasscheibe verläuft, am Schluss verschoben ist. Luft und Glas haben eine unterschiedliche optische Dichte. Luft ist ein optisch dünner Stoff, Glas ist ein optisch dichter Stoff.

Wenn ein Lichtstrahl von einem optisch dünneren Stoff in einen optisch dichteren übertritt, dann wird er zum Einfallslot hin gebrochen (▷ B 2).
Das Lot ist eine senkrechte Linie auf der Oberfläche des Glases. Der Winkel zwischen dem einfallenden Lichtstrahl und dem Lot (Einfallswinkel α) ist größer als der Winkel zwischen dem gebrochenen Lichtstrahl und dem Lot (Brechungswinkel β). Man sagt: der Lichtstrahl wird zum Lot hin gebrochen.

Die umgekehrte Beobachtung machst du, wenn ein Lichtstrahl vom Glas in die Luft übertritt. Wenn ein Lichtstrahl von einem optisch dichteren Stoff (z. B. Glas oder Wasser) in einen optisch dünneren (z. B. Luft) übertritt, dann wird er vom Lot weg gebrochen. Der Einfallswinkel ist dann kleiner als der Brechungswinkel (▷ B 2).

Doch hier kann eine Besonderheit auftreten: Überschreitet der Einfallswinkel im optisch dichteren Stoff einen bestimmten Winkel (z. B. bei Glas etwa 42°), so gelangt der Strahl nicht in die Luft, sondern er wird im Glas an der Grenzfläche reflektiert (▷ B 4). Diesen Vorgang nennt man **Totalreflexion**.

Die optische Hebung

Schaust du dir Bild 1 an, so scheint der Trinkhalm geknickt zu sein. Doch holst du ihn wieder aus dem Wasser heraus, siehst du, dass er gerade ist.

Nicht der Trinkhalm wird an der Wasseroberfläche geknickt. Das Licht wird an der Oberfläche des Wassers gebrochen (geknickt).

Dabei kommt es zu einer optischen Täuschung: Der Teil des Trinkhalms, der sich unter Wasser befindet, scheint angehoben zu sein. Man spricht von einer **optischen Hebung**.

Ähnliche optische Täuschungen hast du vielleicht schon einmal gesehen. Ein weiteres Beispiel zeigt Bild 3.

Beim Übergang von einem optisch dünnen Stoff in einen optisch dichten Stoff wird ein Lichtstrahl zum Lot hin gebrochen.

Beim Übergang vom optisch dichten Stoff in den optisch dünnen Stoff wird ein Lichtstrahl vom Lot weg gebrochen.

Ab einem bestimmten Winkel wird ein Lichtstrahl beim Übergang von einem optisch dichten in ein optisch dünnen Stoff vollständig reflektiert. Diese Erscheinung heißt Totalreflexion.

AUFGABEN

1 ○ Beschreibe, wie die Lichtstrahlen beim Übergang von Luft in Glas gebrochen werden.

2 ○ a) Übertrage Bild 2 in dein Heft.
 ○ b) Beschreibe Bild 2 mit eigenen Worten.

3 ◐ Erkläre mithilfe der Brechung, warum der Trinkhalm in Bild 2 geknickt erscheint.

4 ◐ Finde selbst Beispiele für optische Täuschungen, die durch Brechung von Lichtstrahlen entstehen. Beschreibe sie oder führe sie in der Klasse vor. Du kannst auch ein Foto machen und zeigen.

5 ● Steht man an einem Gewässer und blickt man vom Ufer aus schräg hinein, dann kann man manchmal den Grund des Gewässers erkennen. Versucht man dann die Wassertiefe zu schätzen, so kommt man fast immer zu einem falschen Wert. Erkläre dies ausführlich. Benutze dabei den Begriff optische Hebung.

3 Optische Täuschung durch die Lichtbrechung

4 Totalreflexion in Glas

Wie funktioniert eine Linse?

Linsen aus Glas

Vielleicht hast du schon einmal versucht, mit einem Brennglas ein Feuer zu machen (▷ B 4). Betrachte einmal die Form eines Brennglases genauer. Das Brennglas ist in der Mitte dicker als am Rand. Diese Form kennst du aus der Natur vom Linsengemüse. Auch diese Linsen sind in der Mitte dicker als am Rand. Deshalb nennt man solche Körper aus Glas oder Kunststoff ebenfalls **Linsen** (▷ B 3).

Sammellinsen

Durch ihre Form sammeln die Brenngläser das Sonnenlicht. Daher werden sie auch **Sammellinsen** genannt. Eine Sammellinse ist in der Mitte dicker als am Rand. Wenn du parallele Lichtstrahlen auf eine Sammellinse fallen lässt, dann beobachtest du: die oben auftreffenden Strahlen werden nach unten gebrochen, die unteren Lichtstrahlen werden nach oben gebrochen. Lichtstrahlen, die auf die Mitte der Linse treffen, laufen geradlinig weiter. Alle parallel einfallenden Lichtstrahlen treffen sich hinter der Sammellinse in einem Punkt. In ihm wird das gesamte einfallende Licht konzentriert (▷ B 1). Dort kann es sehr heiß werden. Man nennt diesen Punkt deshalb **Brennpunkt (F)**.

Brennpunkt und Brennweite

Mit Versuch 1b kannst du den Brennpunkt bei verschiedenen Sammellinsen bestimmen. Bei unterschiedlich dicken Sammellinsen ist er unterschiedlich weit von der Linse entfernt. Den jeweiligen Abstand zwischen dem Brennpunkt und der Sammellinse nennt man **Brennweite (f)**.

Eine dickere Sammellinse bricht die Lichtstrahlen stärker als eine dünnere Linse. Bei einer dickeren Sammellinse liegt deshalb der Brennpunkt näher an der Linse und die Brennweite ist kleiner. Bei dünneren Linsen ist die Brennweite größer.

Eine Linse zerstreut das Licht

Es gibt auch Linsen, die in der Mitte dünner als am Rand sind. In Versuch 1c lässt du paralleles Licht auf eine solche Linse fallen. Diesmal werden die Lichtstrahlen hinter der Linse nicht zu einem Punkt vereinigt. Im Gegenteil: Hinter der Linse laufen die Lichtstrahlen auseinander (▷ B 2). Diese Linsen zerstreuen das einfallende parallele Licht, entsprechend heißen sie **Zerstreuungslinsen**. Wenn du die

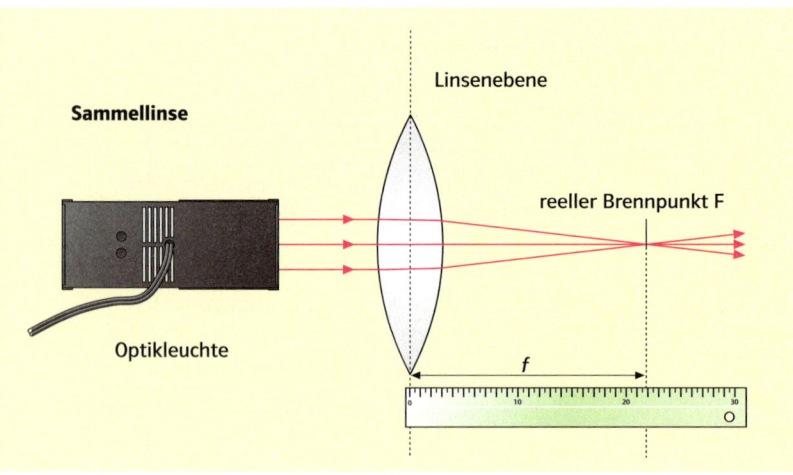

1 Strahlengänge an einer Sammellinse

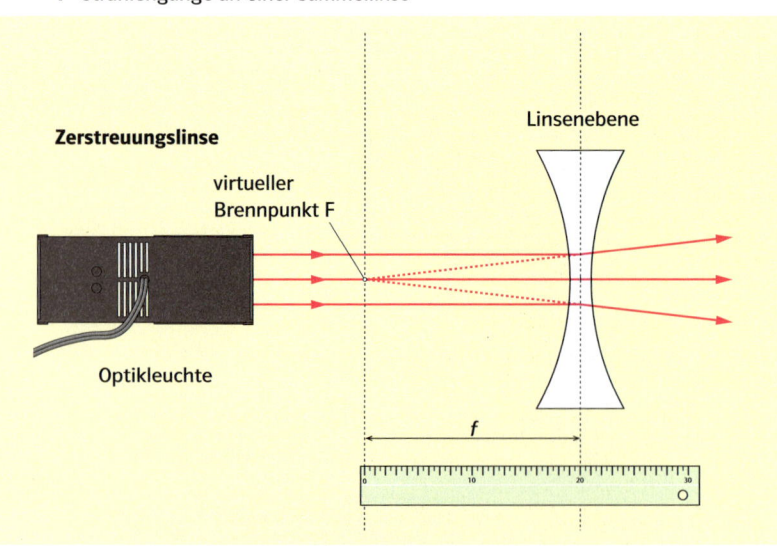

2 Strahlengänge an einer Zerstreuungslinse

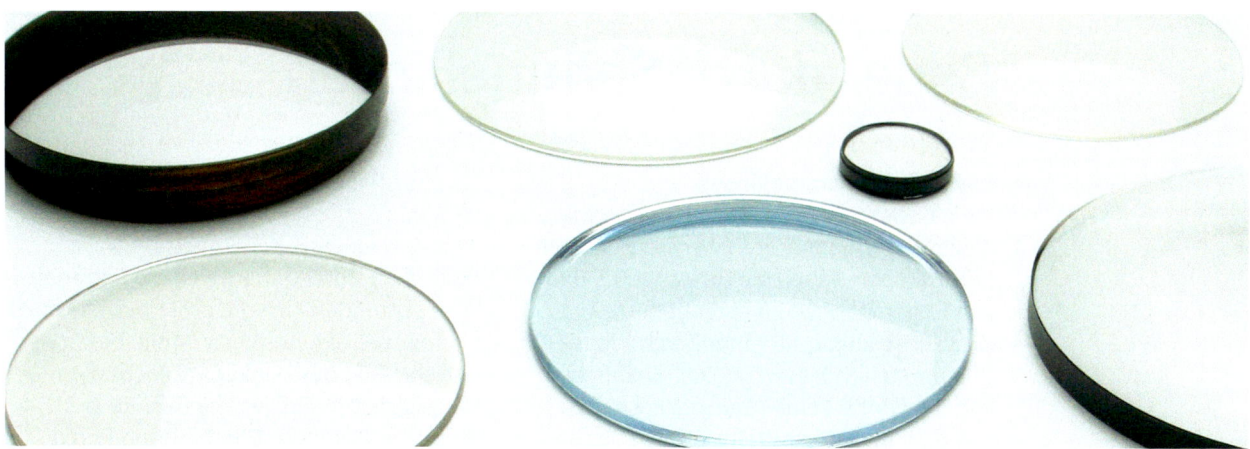

3 Optische Linsen

zerstreuten Lichtstrahlen hinter der Linse in Gedanken zurück verlängerst, dann treffen sich auch diese Linien in einem Punkt. Da dieser Punkt durch die gedachten Linien entsteht, heißt er **virtueller Brennpunkt** (scheinbarer Brennpunkt).

Sammellinsen sind in der Mitte dicker als am Rand. Sie sammeln parallele Lichtstrahlen in einem Punkt. Dieser Punkt heißt Brennpunkt.

Zerstreuungslinsen sind in der Mitte dünner als am Rand. Sie zerstreuen parallel einfallende Lichtstrahlen. Zerstreuungslinsen haben einen virtuellen Brennpunkt.

4 Die Energie des Lichts kann Gegenstände entzünden.

AUFGABEN

1 ○ Beschreibe die Form von Sammellinsen und Zerstreuungslinsen.

2 ○ Gib den Zusammenhang zwischen der Linsenform und der Brennweite einer Sammellinse an.

3 ◖ Erkläre die Begriffe Brennpunkt und Brennweite.

4 ◖ Erkläre den Unterschied zwischen dem Brennpunkt einer Sammellinse und dem virtuellen Brennpunkt einer Zerstreuungslinse.

5 ● a) Du kannst zwei Sammellinsen hintereinander anordnen. Welche Brennweite hat eine solche Linsenkombination im Vergleich zu den Brennweiten der einzelnen Linsen? Begründe deine Antwort.
● b) Wie verändert sich die Brennweite bei einer Kombination aus einer Sammellinse und einer Zerstreuungslinse? Begründe wieder.

VERSUCH

1 a) Erzeuge mithilfe einer Experimentierleuchte parallele Lichtstrahlen. Lass diese Lichtstrahlen auf eine Sammellinse fallen (▷ B1). Zeichne den Verlauf der Lichtstrahlen hinter der Linse auf.
b) Experimentiere nun mit dickeren und dünneren Sammellinsen.
Lasse wieder paralleles Licht auf die Linse fallen und zeichne den Verlauf der Lichtstrahlen hinter der Linse auf.
c) Tausche die Sammellinse gegen eine Zerstreuungslinse aus und wiederhole damit die Versuchsteile a und b.

Bilder durch Sammellinsen

Bilder durch Sammellinsen

Viele optische Geräte enthalten Sammellinsen. In Fotoapparaten, Fernrohren und Mikroskopen haben sie die Aufgabe, Bilder von Gegenständen zu erzeugen.

Du kannst selbst mit einer Sammellinse ein Bild entstehen lassen (▷ B 3). Unabhängig von der Größe deiner Sammellinse wird das Bild um 180° gedreht. Warum das so ist, erklärt die folgende Konstruktionsbeschreibung.

Konstruktion eines Bilds

Jeder Punkt eines Gegenstands (z. B. einer Kerze) sendet viele Lichtstrahlen aus. Du kannst aber unmöglich alle Lichtstrahlen zeichnen. Zur Konstruktion eines Bilds verwendet man deshalb drei besondere Lichtstrahlen, die Hauptstrahlen heißen (▷ B 1).

Nach dem Durchgang durch die Sammellinse schneiden sich die drei Hauptstrahlen in einem Punkt. An dieser Stelle befindet sich das Bild des Punkts, von dem die Hauptstrahlen ausgegangen sind. Aus diesem Grund nennt man diesen Punkt Bildpunkt.

Du darfst den Bildpunkt nicht mit dem Brennpunkt verwechseln. Der Brennpunkt ist der Schnittpunkt von parallelen Lichtstrahlen, die von der Sammellinse gebündelt werden.

Der Bildpunkt ist der Schnittpunkt der drei Hauptstrahlen.

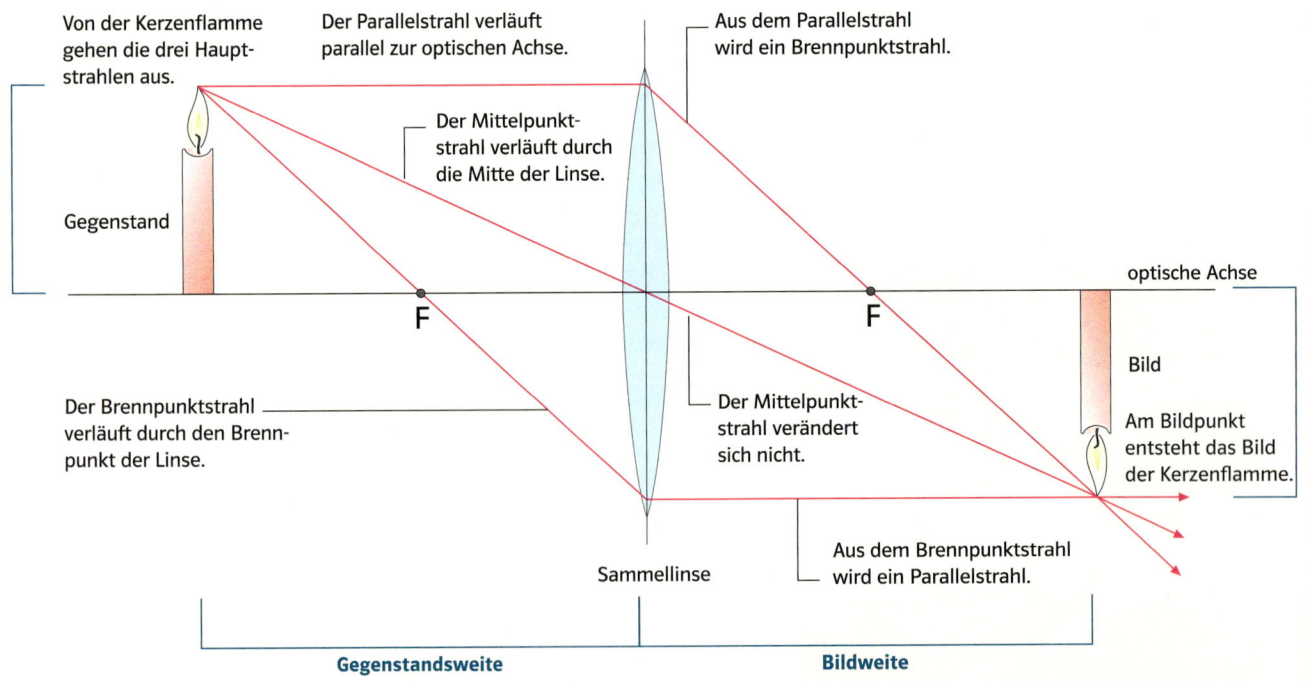

Von der Kerzenflamme gehen die drei Hauptstrahlen aus.

Der Parallelstrahl verläuft parallel zur optischen Achse.

Aus dem Parallelstrahl wird ein Brennpunktstrahl.

Der Mittelpunktstrahl verläuft durch die Mitte der Linse.

Gegenstand

optische Achse

F

F

Der Brennpunktstrahl verläuft durch den Brennpunkt der Linse.

Der Mittelpunktstrahl verändert sich nicht.

Bild

Am Bildpunkt entsteht das Bild der Kerzenflamme.

Sammellinse

Aus dem Brennpunktstrahl wird ein Parallelstrahl.

Gegenstandsweite

Bildweite

1 Konstruktion eines Bilds mit drei Hauptstrahlen

2 Sammellinsen befinden sich auch in Handy-Kameras.

Auch die anderen Punkte des Gegenstands erzeugen Bildpunkte. Alle Bildpunkte zusammen ergeben dann das vollständige Bild des Gegenstands.

Große und kleine Bilder
Du kannst von einem Gegenstand verschieden große Bilder erzeugen. Wenn du den Abstand zwischen dem Gegenstand und der Linse veränderst, dann verändert sich auch der Abstand zwischen dem Bild und der Linse. Gleichzeitig verändert sich auch die Größe des Bilds. Je näher der Gegenstand vor der Linse steht, desto größer ist das Bild des Gegenstands.

3 Zu Versuch 1

AUFGABEN

1 ⊖ Wie viele Hauptstrahlen benötigst du, um einen Bildpunkt zu konstruieren? Begründe deine Antwort.

2 ⊖ Eine Sammellinse hat eine Brennweite von 4 cm. Sie bildet einen Gegenstand ab (z. B. eine Kerze), der 3 cm hoch ist und 10 cm vor der Linse steht. Konstruiere das Bild des Gegenstands mithilfe der Hauptstrahlen und bestimme die Größe des Bildes.

3 ⊖ Ein Gegenstand steht 5 cm vor einer Sammellinse, die eine Brennweite von 8 cm hat. Der Gegenstand ist 2 cm hoch. Konstruiere mit den drei Hauptstrahlen das Bild. Erkläre, warum dabei kein Bild des Gegenstandes ensteht.

4 ● Erkläre ausführlich, warum die Bilder, die eine Sammellinse erzeugt, immer auf dem Kopf stehen.

5 ● In welcher Entfernung von der Sammellinse befindet sich das Bild, wenn sich der Gegenstand …
a) … zwischen der einfachen und der doppelten Brennweite der Linse befindet?
b) … genau auf der doppelten Brennweite befindet?
c) … außerhalb der doppelten Brennweite befindet?
Konstruiere jeweils das Bild und entwickle dann eine Gesetzmäßigkeit.

VERSUCHE

1 a) Versucht mithilfe einer Sammellinse das Bild eines Fensters auf einem Blatt Papier abzubilden (▷ B 3). Plant und führt ein entsprechendes Experiment durch. Beschreibt das Bild.
b) Wiederholt das Experiment mit einer weiteren Sammellinse, die eine andere Brennweite hat. Beschreibt das Bild erneut.

2 a) Arbeitet in der Gruppe. Zeichnet auf ein Blatt Papier eine Gerade. Dies ist die optische Achse. Legt eine Sammellinse auf diese Gerade. Markiert dann links und rechts von der Linse ihren Brennpunkt. Erzeugt mit einer Optikleuchte die drei Hauptstrahlen wie in Bild 1. Zeichnet den Verlauf der Lichtstrahlen vor und hinter der Linse ein.
b) Wiederholt den Versuch mit verschiedenen Gegenstandsweiten. Beschreibt, wie sich Bildweite und Bildgröße jeweils verändern.

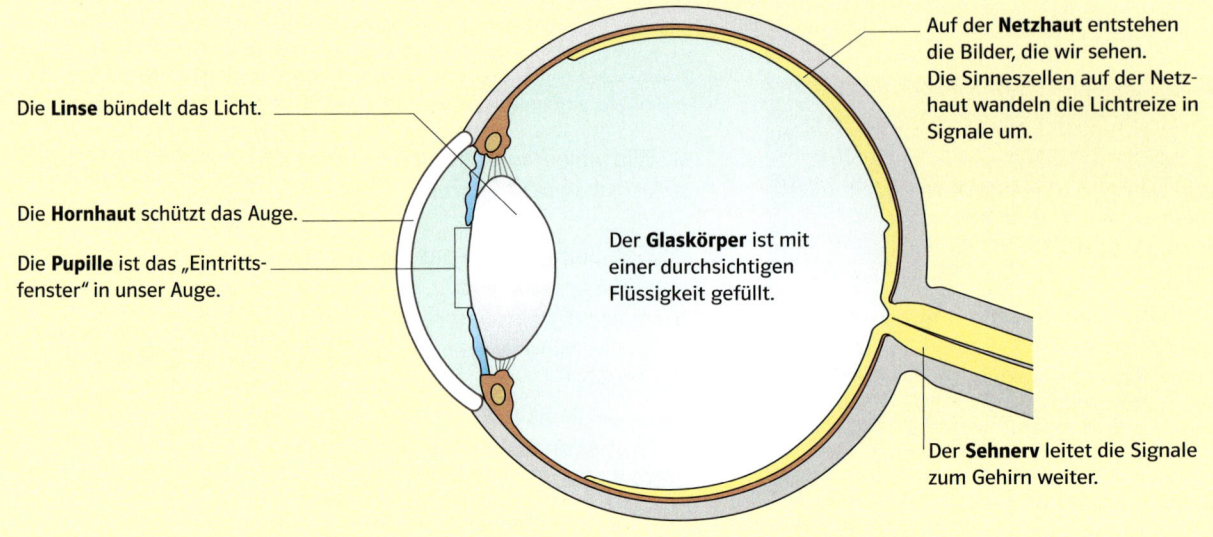

Die **Linse** bündelt das Licht.

Die **Hornhaut** schützt das Auge.

Die **Pupille** ist das „Eintritts-
fenster" in unser Auge.

Der **Glaskörper** ist mit
einer durchsichtigen
Flüssigkeit gefüllt.

Auf der **Netzhaut** entstehen
die Bilder, die wir sehen.
Die Sinneszellen auf der Netzhaut wandeln die Lichtreize in
Signale um.

Der **Sehnerv** leitet die Signale
zum Gehirn weiter.

1 So ist unser Auge aufgebaut.

Wie wir sehen

Wie erzeugt das Auge ein Bild?

Bild 1 zeigt, wie unser Auge aufgebaut ist.
Wir sehen nur die Gegenstände, von denen
Lichtstrahlen in unsere Augen fallen. In

Bild 2 ist der Verlauf der Lichtstrahlen
in einem Auge dargestellt. Nach dem
Durchgang durch die Hornhaut fallen die
Lichtstrahlen in die Pupille.

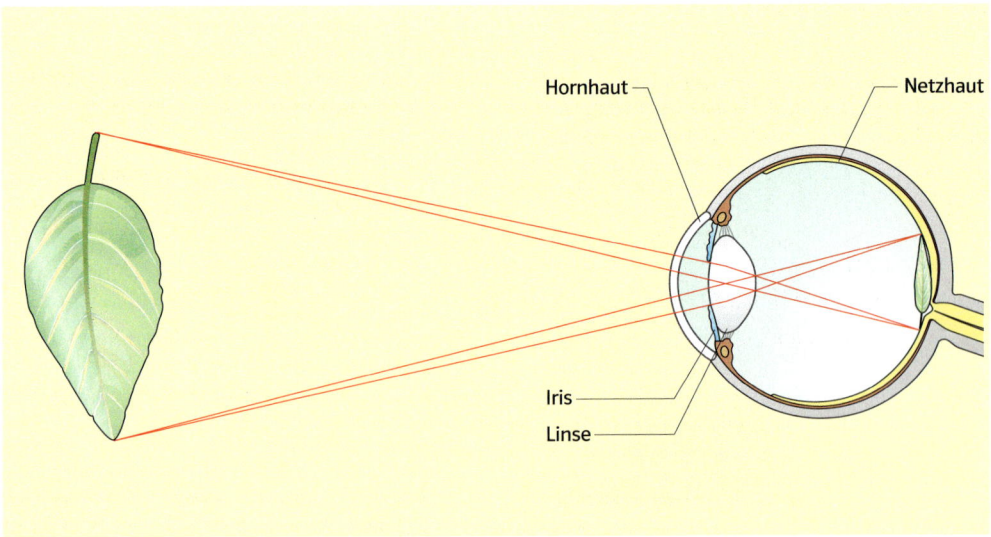

Hornhaut

Netzhaut

Iris

Linse

2 Ein Bild entsteht im Auge.

Die Iris verkleinert oder vergrößert die Pupille. Damit regelt sie den Lichteinfall ins Auge bei verschiedenen Helligkeiten (▷ V1). Danach werden die Lichtstrahlen in der Augenlinse gebrochen.
Sie hat die Form einer Sammellinse und bricht die Lichtstrahlen so, dass auf der Netzhaut ein deutliches Bild des Gegenstands entsteht. Dieses Bild ist seitenverkehrt und steht auf dem Kopf. Sehzellen in der Netzhaut nehmen das Bild auf und geben es als Nervenimpulse an das Gehirn weiter.

Nahes und Fernes

Du kannst sowohl nahe als auch weit entfernte Gegenstände deutlich sehen. Das ist nur möglich, weil die Augenlinse elastisch ist und ihre Form ändern kann.
Die Augenlinse krümmt sich immer so, dass auf der Netzhaut ein deutliches Bild entsteht. Die Anpassung des Auges an die verschiedenen Entfernungen nennt man Akkomodation.

Wer braucht eine Brille?

Menschen mit einer **Sehschwäche** kann man meist mit einer Brille helfen. Wer Fernes unscharf und Nahes scharf sehen kann, ist kurzsichtig. Bei der **Kurzsichtigkeit** ist der Augapfel etwas zu lang, und das Bild liegt vor der Netzhaut.
Mit einer Zerstreuungslinse als Brille werden die Lichtstrahlen so gebrochen, dass das scharfe Bild wieder auf der Netzhaut liegt.
Bei manchen Menschen ist der Augapfel etwas zu kurz. Bei der sogenannten **Weitsichtigkeit** liegt das Bild hinter der Netzhaut. Mit einer Sammellinse lassen sich die Lichtstrahlen schon vor dem Auge so bündeln, dass das scharfe Bild wieder auf der Netzhaut liegt.

Die Pupille und die Augenlinse erzeugen ein deutliches Bild auf der Netzhaut. Durch Zerstreuungslinsen und Sammellinsen können die Kurzsichtigkeit und die Weitsichtigkeit behoben werden.

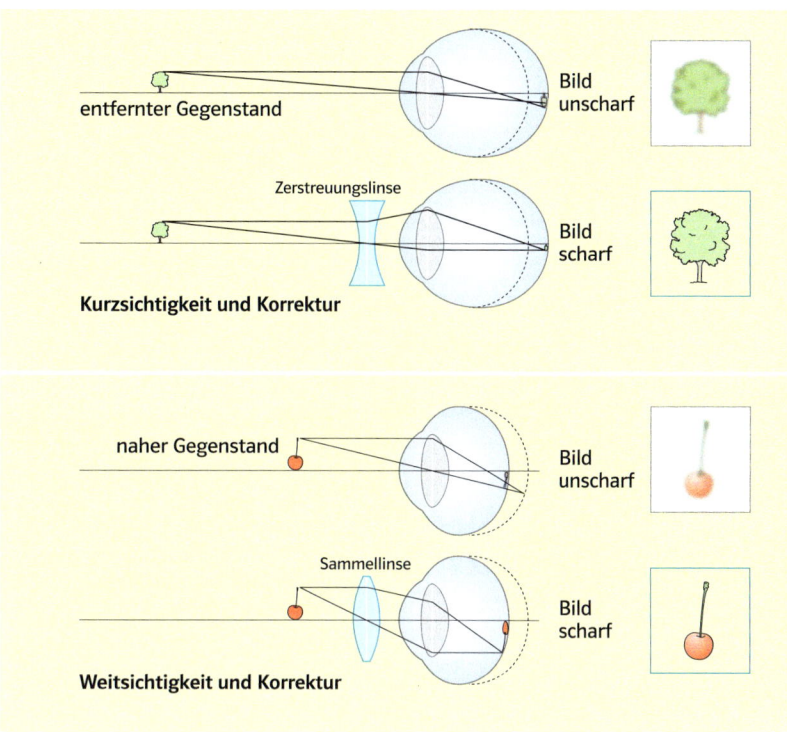

3 Korrektur von Kurzsichtigkeit und Weitsichtigkeit

AUFGABEN

1 ○ Nenne die wichtigsten Teile, aus denen das menschliche Auge besteht.

2 ○ Nenne die Linsenart, mit der man die Kurzsichtigkeit korrigieren kann.

3 ◠ Begründe, warum du nicht gleichzeitig einen nahen und einen weit entfernten Gegenstand deutlich sehen kannst.

4 ◠ Beschreibe mithilfe von Bild 2 den Verlauf der Lichtstrahlen durch das Auge.

5 ● Finde heraus, wie bei älteren Menschen die sogenannte Altersweitsichtigkeit entsteht. Schreibe deine Ergebnisse auf und stelle sie in der Klasse vor.

VERSUCH

1 Schließe ein Auge und bedecke es mit der Hand. Wende dich dabei zum Fenster oder zu einer Lampe. Nach ca. 10 Sekunden beobachtet eine Mitschülerin oder ein Mitschüler deine Pupille beim Öffnen deines Auges.

1 Die Farben eines Regenbogens

Die Zerlegung des weißen Lichts

Regenbogen

Bestimmt hast du nach einem heftigen kurzen Regenschauer im Sommer schon einmal einen Regenbogen am Himmel bewundert (▷ B 1). Ein Regenbogen besteht aus vielen verschiedenen Farben, obwohl die Sonne nur weißes Licht aussendet. Woher kommen die einzelnen Farben des Regenbogens?

Licht kann zerlegt werden

Das weiße Licht der Sonne wird in den vielen Regentropfen gebrochen. Diesen Effekt kannst du mit Versuch 1 schnell selber nachmachen.
Die Vermutung liegt nahe, dass die verschiedenen Farben bereits im weißen Licht enthalten sind. Diese Vermutung kannst du in Versuch 3 mit der Hilfe eines so genannten Prismas beweisen. Ein **Prisma** ist ein Körper aus Glas, der aus zueinander geneigten Flächen besteht. In Bild 2 und Bild 3 kannst du ein Prisma sehen. Durchläuft das weiße Licht ein Prisma, dann erscheinen auf dem Schirm die Farben Rot, Orange, Gelb, Grün, Blau und Violett (▷ B 2, B 3). Diese Farben werden **Spektralfarben** genannt. Sie sind nebeneinander angeordnet. Diese Anordnung nennt man **Spektrum** oder **Farbspektrum**. Bei genauem Hinsehen kann man viele weitere Farben im Farbspektrum erkennen. Diese Farben gehen fließend ineinander über.

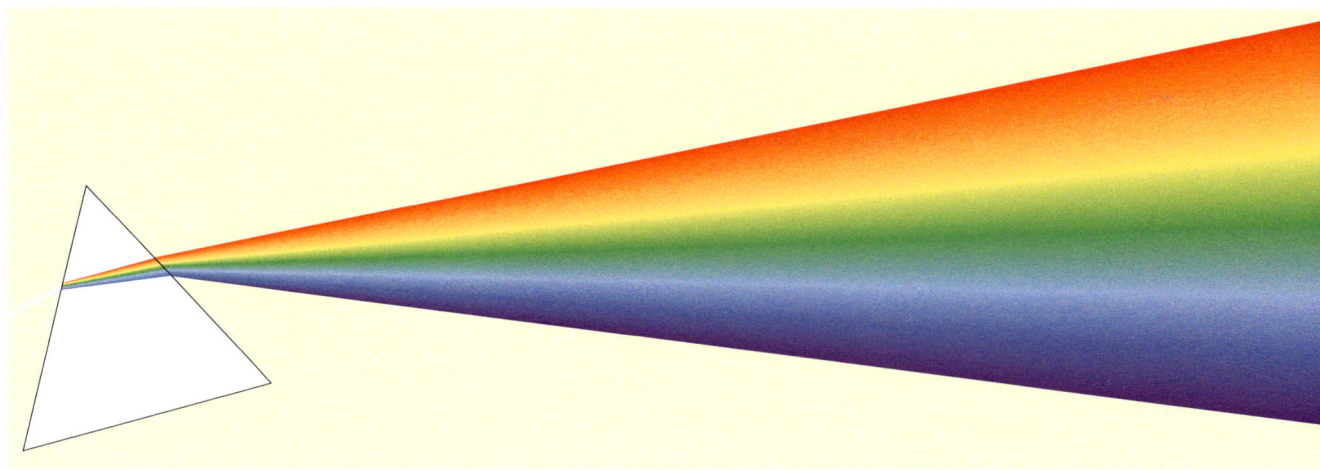

2 Ein Prisma erzeugt ein Farbspektrum.

Was geschieht in einem Prisma?

Das Licht wird beim Durchgang durch ein Prisma zweimal gebrochen. Rotes Licht wird am schwächsten gebrochen. Rotes Licht wird daher nur wenig aus seiner ursprünglichen Richtung abgelenkt und erscheint deshalb am oberen Ende des Farbspektrums (▷ B 2). Violettes Licht wird dagegen am stärksten gebrochen. Violettes Licht erscheint somit am unteren Ende des Farbspektrums (▷ B 2).

Ein Prisma zerlegt weißes Licht in seine Spektralfarben. Die Anordnung der Farben nennt man Farbspektrum.

Die einzelnen Spektralfarben werden unterschiedlich stark gebrochen. Deshalb kann ein Prisma die Spektralfarben trennen.

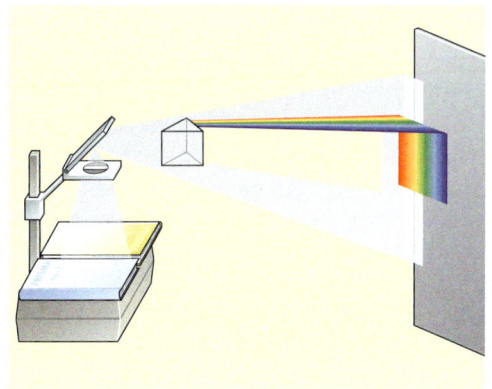

3 Ein Prisma kann das weiße Licht zerlegen.

AUFGABEN

1 ○ Zeichne einen Regenbogen. Achte auf die richtige Reihenfolge der Farben.

2 ○ Beschreibe, wie ein Prisma weißes Licht in die verschiedenen Farben zerlegt.

3 ◒ Beschreibe, was man unter dem Begriff Farbspektrum versteht.

4 ◒ Erkläre die Entstehung eines Regenbogens.

5 ● Marc behauptet, dass ein Prisma nur sechs Spektralfarben erzeugen kann. Was sagst du zu Marcs Behauptung? Begründe deine Antwort.

VERSUCHE

1 Einen Regenbogen kannst du selber nachmachen, wenn die Sonne scheint: Stell dich so hin, dass die Sonne in deinem Rücken scheint. Versprühe dann mit einem Schlauch (mit Spritzdüse) winzige Wassertröpfchen.

2 Lege einen kleinen Spiegel auf den Boden eines Gefäßes aus Glas. Fülle Wasser in das Gefäß und stelle es in das Sonnenlicht. Halte weißes Papier hinter das Wassergefäß. Beschreibe die Farben des Lichts, die du auf dem Papier sehen kannst.

3 Erzeuge mit der Hilfe einer Spaltblende und einer Sammellinse ein schmales Lichtbündel. Bringe ein Prisma in das Lichtbündel und stelle dahinter einen Schirm auf (▷ B 3). Notiere, welche Farben entstehen und in welcher Reihenfolge sie auftreten.

Unsichtbares Licht

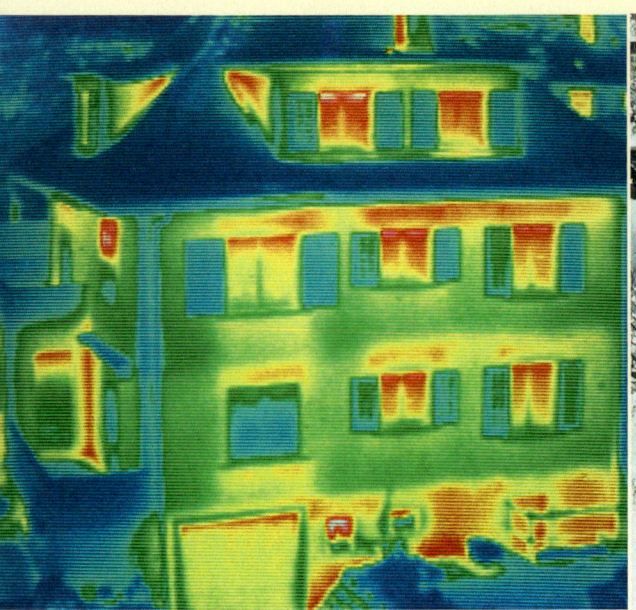

1 Die Wärmebildkamera zeigt an, an welchen Stellen das Haus in Bild 2 Wärme abgibt.

2 Das Haus mit einer gewöhnlichen Kamera aufgenommen

Infrarotes Licht

Das Haus in Bild 2 haben zwei verschiedene Kameras aufgenommen. Das Bild 2 hat eine gewöhnliche Kamera fotografiert, die das sichtbare Licht aufnimmt.

Das Bild 1 hat eine Wärmebildkamera fotografiert, die ein besonderes Licht aufnimmt: das infrarote Licht. Es liegt im Farbspektrum unterhalb des roten Lichts. Infrarotes Licht (IR-Licht) können wir nicht sehen, wir können es nur als Wärmestrahlung wahrnehmen. Die besonders warmen Bereiche des Hauses werden auf dem Bild in den hellen Farben wiedergegeben. Alle warmen Gegenstände senden infrarotes Licht aus.

Ultraviolettes Licht

Im Farbspektrum findest du oberhalb des violetten Lichts das ebenfalls unsichtbare ultraviolette Licht. Keiner deiner Sinne kann dieses Licht wahrnehmen. Zum Nachweis musst du andere Hilfsmittel verwenden (▷ V 1). Ultraviolettes Licht (UV-Licht) hat auch schädigende Wirkungen. Es bleicht Farbstoffe aus und kann die Zellen der Lebewesen schädigen.

Die Wirkungen von IR- und UV-Licht

Infrarotes Licht dringt in die Haut ein und erwärmt das Gewebe darunter. Infrarotlampen setzt man deshalb zur Behandlung von Muskelverspannungen, Rheuma und chronischen Entzündungen ein.

Unser Körper benötigt UV-Licht zum Aufbau von Vitamin D. Deshalb ist es sinnvoll, sich im Winter häufiger dem Sonnenlicht auszusetzen, das einen hohen Anteil an UV-Licht besitzt.

Zu viel UV-Strahlung auf unserer Haut schädigt die Hautzellen. Ein Sonnenbrand ist die schmerzhafte Folge. In schlimmen Fällen werden die Hautzellen so stark geschädigt, dass bösartiger Hautkrebs auftritt. Ein

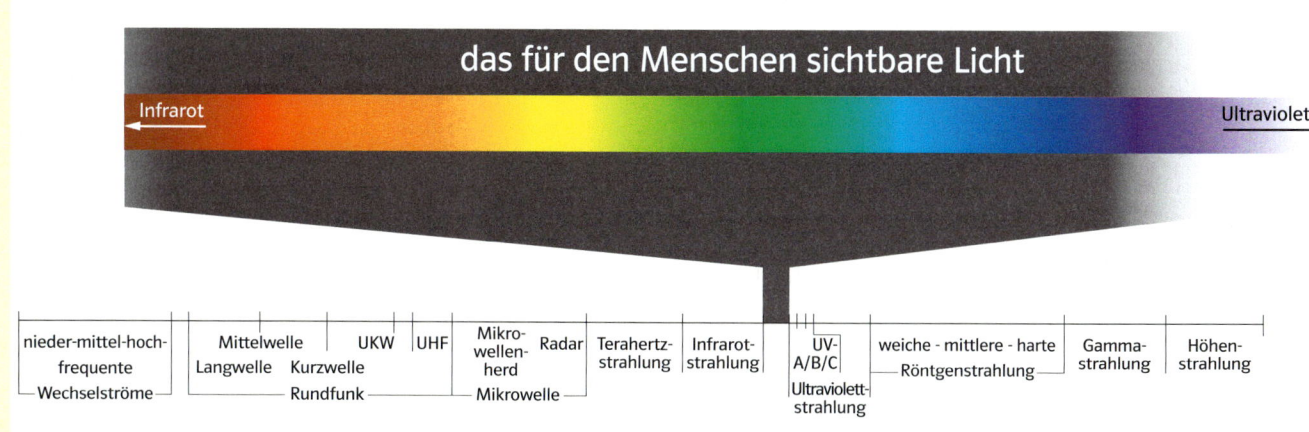

das für den Menschen sichtbare Licht

Infrarot

Ultraviolett

| nieder-mittel-hoch-frequente Wechselströme | Mittelwelle Langwelle Kurzwelle Rundfunk | UKW | UHF | Mikro-wellen-herd Mikrowelle | Radar | Terahertz-strahlung | Infrarot-strahlung | UV-A/B/C Ultraviolett-strahlung | weiche - mittlere - harte Röntgenstrahlung | Gamma-strahlung | Höhen-strahlung |

3 Spektrum der elektromagnetischen Strahlung

Hautarzt berät dich über Veränderungen der Haut, die auf eine solche Erkrankung hindeuten können.
Bei einem längeren Aufenthalt in der Sonne musst du dich daher vor der UV-Strahlung schützen. Das kann durch lichtundurchlässige Kleidung oder durch ein Sonnenschutzmittel geschehen.

Spektrum des Lichtes
Licht ist eine elektromagnetische Strahlung.
Das sichtbare Licht ist nur ein kleiner Teil der elektromagnetischen Strahlung, die es gibt, wie z. B. Funkwellen oder Röntgenstrahlung. In Bild 3 kannst du sehen, welchen Anteil das sichtbare Licht ausmacht.

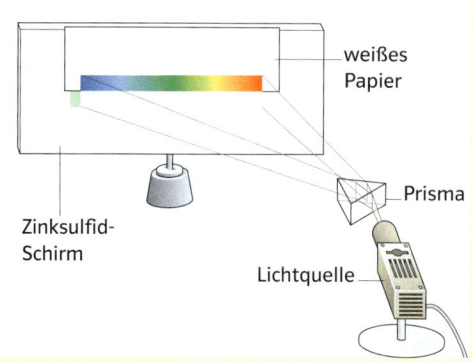

4 Nachweis von ultraviolettem Licht

1 ⊖ Beschreibe, wie der Mensch IR-Licht wahrnehmen kann.

2 ⊖ Nenne mindestens 5 Anwendungen für IR-Licht und UV-Licht in der Technik und stelle sie auf einem Plakat zusammen.

3 ⊖ Welche Gefahren hat das UV-Licht für den menschlichen Körper? Zähle sie auf und erläutere, wie du dich davor schützen kannst.

4 ⊖ Es gibt Lebewesen, die IR-Licht und UV-Licht wahrnehmen können. Recherchiere Beispiele für diese Lebewesen und gib an, wozu diese Lebewesen das UV-Licht und IR-Licht verwenden.

5 ⊖ Erläutere das Diagramm aus Bild 3 ausführlich in eigenen Worten.

6 ● a) Begründe, an welchen Stellen das Haus in Bild 1 die größten Wärmeverluste hat.
● b) Wie könnte man an diesen Stellen die Wärmeverluste verringern? Beschreibe verschiedene Möglichkeiten.

VERSUCH

1 Lass das Farbspektrum von weißem Licht auf einen Zinksulfid-Schirm fallen. Decke die obere Hälfte des Schirms mit einem weißen Papier so ab, dass das Spektrum auf beide Materialien fällt (▷ B 4). Beschreibe die Unterschiede.

Wie entsteht ein Regenbogen?

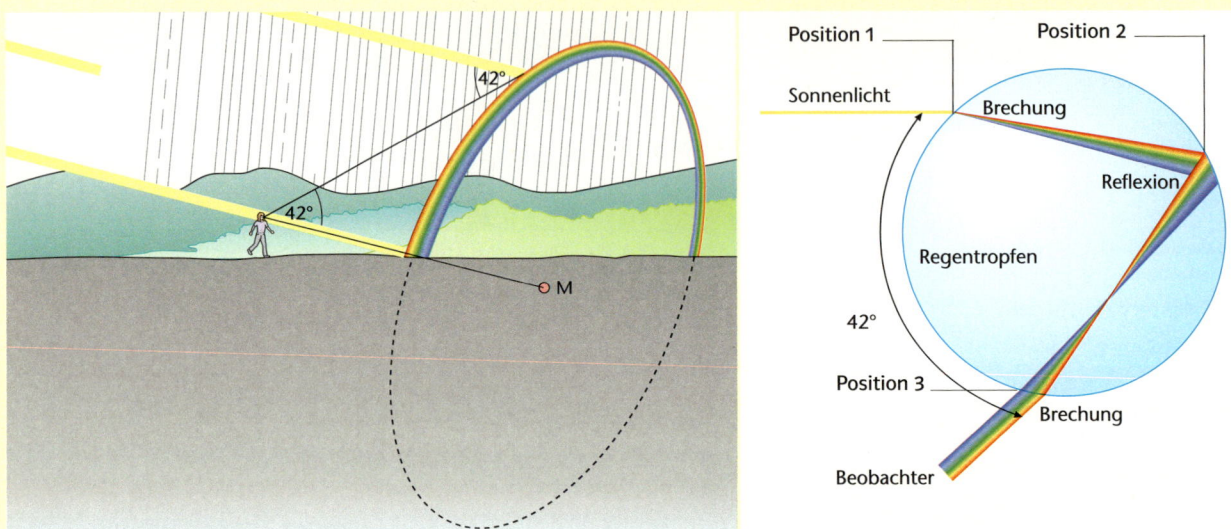

1 Wie ein Regenbogen entsteht

2 Strahlenverlauf im Regentropfen

Woher kommen die Farben im Regenbogen?

Ein Regenbogen entsteht immer dann, wenn es kräftig regnet und gleichzeitig die Sonne auf die Regentropfen scheint. Betrachte die Vorgänge in einem einzelnen Tropfen: Beim Eintreten in den Tropfen wird das weiße Licht der Sonne gebrochen und dabei in seine Spektralfarben zerlegt (▷ B 2, Position 1). An der Rückseite des Tropfens wird ein Teil des zerlegten Lichts wieder zurück in den Tropfen reflektiert (Position 2). Dieses Licht tritt dann vorne am Tropfen aus (Position 3). Dabei wird es ein zweites Mal gebrochen und weiter aufgefächert. Aus dem ursprünglich weißen Sonnenlicht entsteht durch Lichtbrechung im Tropfen ein Lichtbündel, das die Farben des Spektrums enthält.

Wo findest du den Regenbogen am Himmel?

Bei jedem Regenbogen beträgt der Winkel zwischen dem einfallenden Licht der Sonne und dem ausfallenden Licht 42°.

Und so findest du den Regenbogen am Himmel: Stelle dich so, dass die Sonne genau hinter dir ist. Verlängere in Gedanken die Linie von der Sonne zu dir (zum Beobachter) nach vorn. Du siehst dann den Regenbogen in einem Winkel von 42° zu dieser gedachten Linie (▷ B 1).

AUFGABEN

1 ⊖ Beschreibe die Vorgänge in einem Regentropfen, wenn weißes Sonnenlicht auf ihn fällt.

2 ⊖ Morgens und abends steht ein Regenbogen hoch am Himmel. Mittags ist nur ein kleiner Ausschnitt des Bogens in der Nähe des Horizonts zu sehen. Erkläre diese Erscheinung.

3 ● In einer Sage heißt es, dass am Fuße des Regenbogens ein Schatz vergraben sei. Kann man wirklich zum Ende eines Regenbogens gehen? Erkläre.

Farbige Lichter mischen

Farben, aus Licht gemischt

Wenn du den Bildschirm eines Fernsehers oder Monitors mit der Lupe betrachtest, dann erkennst du die vielen leuchtenden Pixel (▷ B 1). Allerdings gibt es nur rote, grüne und blaue Pixel. Wie entstehen daraus die vielen anderen Farben, die du auf dem Bildschirm sehen kannst? In Versuch 1 lässt du das Licht einer roten, einer grünen und einer blauen Lichtquelle so auf einen Schirm fallen, dass sich die farbigen Lichtflecke zum Teil überschneiden (▷ B 2). Dort erkennst du neue Farben. Man spricht von der Farbaddition.

Rot + Grün   ⟶   Gelb
Rot + Blau   ⟶   Magenta
Grün + Blau   ⟶   Cyan
Rot + Grün + Blau   ⟶   Weiß

Farbbildschirme

Die Farbaddition wird bei Farbbildschirmen verwendet. Die roten, grünen und blauen Pixel leuchten verschieden hell auf und ihre Farben überlagern sich in deinen Augen. Dadurch entstehen für dich die vielen verschiedenen Farben.

AUFGABEN

1 ◒ Beschreibe, was man unter Farbaddition versteht.

2 ◒ a) Beschreibe, wie ein Farbmonitor die Farben Rot, Gelb und Weiß erzeugt.
   ◒ b) Ein Bildschirm kann auch Schwarz wiedergeben. Beschreibe, wie das funktioniert.

3 ● In Bild 2 kannst du Spektralfarben und Mischfarben beobachten. Beschreibe den Unterschied zwischen einer Spektralfarbe und einer Mischfarbe.

VERSUCH

1   Setze vor drei Optikleuchten eine rote, eine grüne und eine blaue Glasscheibe.
a) Richte die Optikleuchten so aus, dass sich ihre Lichtkegel teilweise überlagern wie in Bild 2. Nenne die Mischfarben, die du in den überlagerten Bereichen erkennst.
b) Skizziere deine Beobachtungen.

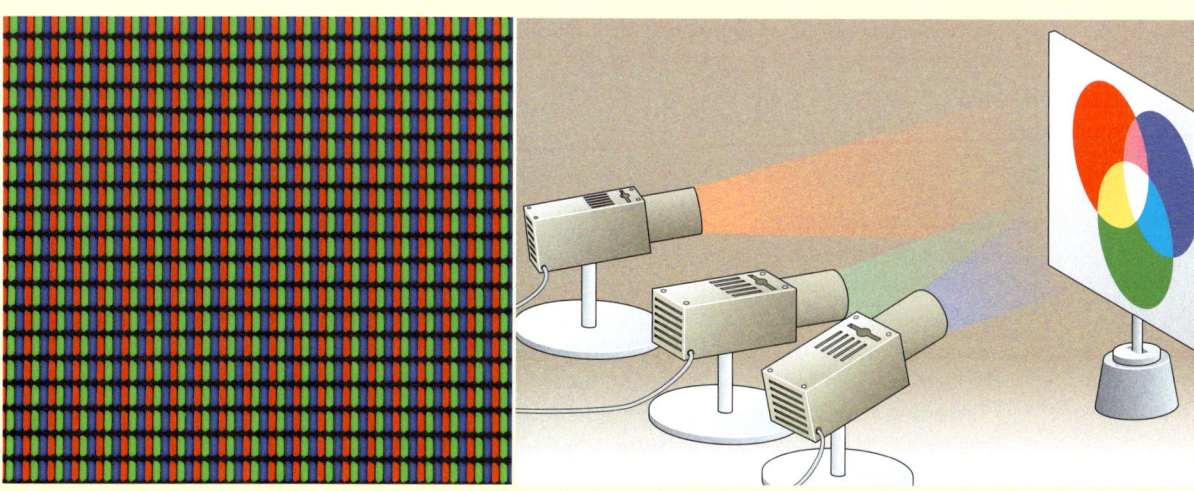

1 Vergrößerte Pixel eines Farbbildschirms   2 Farbiges Licht wird überlagert.

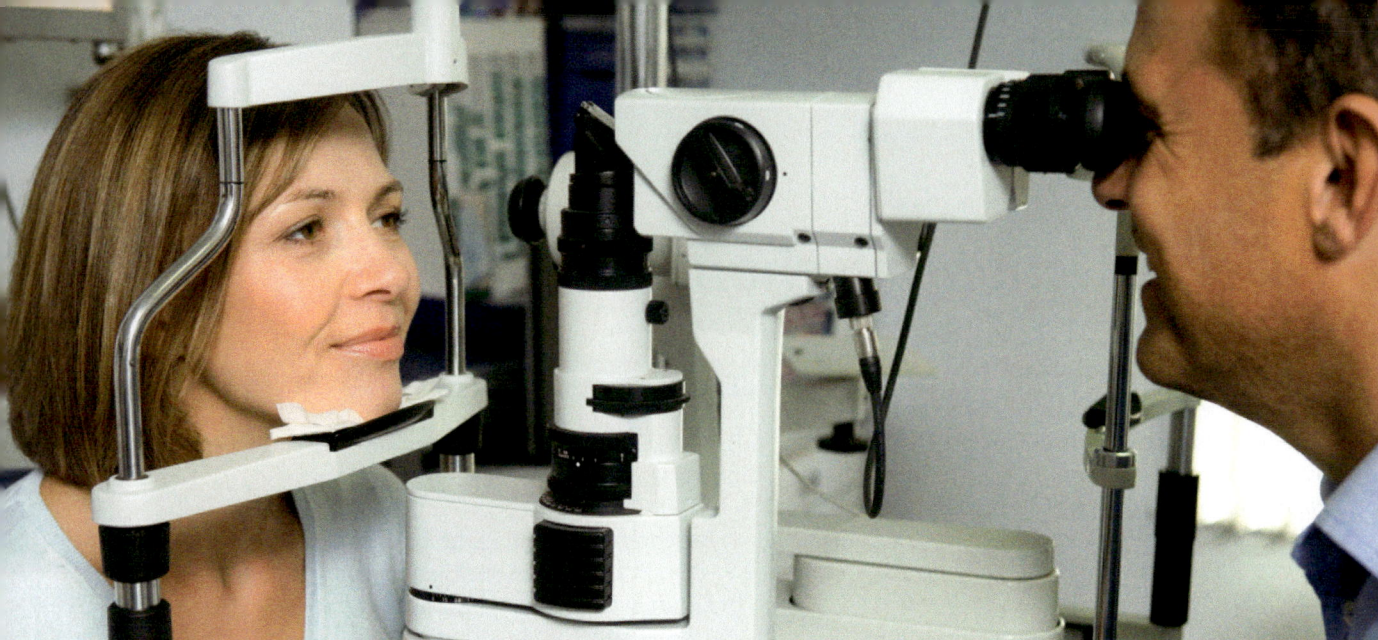

1 Facharzt für Augenheilkunde

Berufe in der Optik

Viele Menschen sind auf optische Linsen angewiesen und benötigen sie zur Teilnahme am täglichen Leben. Wusstest du, dass etwa jeder zweite Erwachsene eine Brille oder Kontaktlinsen trägt?

Auch im Berufsleben benötigt man optische Instrumente (▷ B 1). Uhrmacher brauchen Lupen für ihre feinmechanische Arbeit und Mediziner benutzen Mikroskope zur Untersuchung von Geweben und Krankheitserregern. Astronomen forschen mit großen Teleskopen nach fernen Welten und wir alle benutzen Fotoapparate und Kameras, um Erinnerungen in Bildern festzuhalten.

Berufe mit Durchblick

Feinoptiker/innen fertigen die Gläser und Linsen für viele optische Geräte an (▷ B 2). Dazu fräsen, schleifen und polieren sie Rohlinge aus Glas und Kunststoffen. Einzelne Linsen bauen sie zu optischen Systemen zusammen, die zum Beispiel in medizinische Geräten und in Satelliten eingebaut werden. Feinoptiker/innen müssen sehr genau arbeiten, zum Teil wird eine

Genauigkeit bis in den Millionstel-millimeter-Bereich verlangt. Obwohl mittlerweile viele Arbeitsschritte durch Präzisionsmaschinen erledigt werden, sind ein gutes Auge und feinmechanische Fähigkeiten Voraussetzungen für diesen Beruf.

Wenn du eine Brille oder Kontaktlinsen brauchst, gehst du zum Optiker. **Augenoptiker/innen** führen einen Sehtest durch und bestimmen die Position der Brillengläser. Danach werden die passenden Gläser ausgewählt und bei einem Lieferanten bestellt. Die Rohlinge muss der Optiker in die Brillenfassung einpassen und individuell ausrichten. Die fertige Brille wird anschließend so angepasst, dass sie der Kunde über lange Zeit bequem tragen kann. Nicht zuletzt steht die typgerechte Beratung beim Kauf eines Brillengestells im Vordergrund. Eine Brille soll nicht nur zweckmäßig sein, sondern auch zum Stil des Kunden passen.

Die Ursachen für einen Sehfehler oder eine Augenkrankheit werden vom Augenarzt, einem/r **Facharzt/Fachärztin für**

2 Feinoptiker

3 Auswahl einiger Berufe in der Optik

Augenheilkunde, untersucht (▷ B 1). Viele Augenärzte haben eine eigene Praxis, in der sie ihre Patienten untersuchen, Diagnosen stellen, die Behandlung festlegen und kleinere Operationen durchführen. Die Ausbildung zum Facharzt für Augenheilkunde ist lang. Nach der allgemeinen Hochschulreife (Abitur) besucht der angehende Mediziner für mindestens 6 Jahre eine Hochschule/Universität. Das letzte Jahr arbeitet er praktisch in einer Klinik. Danach schließt sich die Weiterbildung zum Facharzt für Augenheilkunde an. Diese Ausbildung dauert in Deutschland 5 Jahre. Erst danach ist man Facharzt. Der Beruf des Mediziners hat ein hohes Ansehen, stellt aber große Anforderungen an den Bewerber.

In einer Praxis für Augenheilkunde wird der Facharzt durch die/den **medizinische/n Fachangestellte/n** unterstützt. Sie empfangen die Patienten, nehmen ihre Daten auf, geben neue Termine und behalten die Übersicht für die Abrechnungen. Neben den medizinischen Aufgaben arbeiten sie auch im kaufmännischen Bereich und arbeiten häufig am PC. Bei der Untersuchung des Patienten sorgen die medizinischen Fachangestellten dafür, dass die Geräte funktionieren und bereitstehen. Die Arbeitsaufgaben sind vielseitig und erfordern ein hohes Verantwortungsbewusstsein und Freude am Umgang mit Menschen.

In der Optik gibt es zum Beispiel folgende Berufe: Augenoptiker/in, Feinoptiker/in, Facharzt/Fachärztin für Augenheilkunde, medizinische/r Fachangestellte/r.

AUFGABEN

1 ○ Zähle mindestens 5 Berufsfelder auf, in denen man optische Geräte benötigt.

2 ○ Du benötigst eine Brille oder Kontaktlinsen. Zähle die Berufe auf, mit denen du dabei in Kontakt kommst.

3 ◔ Erkundige dich auf den Internetseiten der Bundesagentur für Arbeit nach den Voraussetzungen, die ein Bewerber oder eine Bewerberin für die Berufe in der Optik mitbringen sollte. Stelle deine Ergebnisse in einer Tabelle zusammen.

4 ◔ Verfasse eine Bewerbung für einen Praktikumsplatz in einem Beruf in der Optik.

5 ● Recherchiere das Berufsbild Lasertechniker/in oder eines/r Assistenten/in in der Lasertechnik und stelle es auf einem Plakat vor.

Schallquellen und Schallempfänger

1 Schallquelle Gitarre

2 Die Ohrmuschel ist ein Teil des Ohrs.

Auf dem Nachhauseweg hörst du Straßenbahnen klingeln, Autos hupen oder Bremsen quietschen. Zu Hause schaltest du ein Radio an und hörst vielleicht Musik und Nachrichten. All das, was du hörst, wird als Schall bezeichnet. Schall wird durch Schallquellen erzeugt. Wenn du ein Musikinstrument spielst (▷ B 1), dann ist das Musikinstrument die Schallquelle. Auch Lautsprecherboxen sind Schallquellen, denn sie können Musik und Geräusche erzeugen. Auch du besitzt eine Schallquelle – deine Stimmbänder. Die Stimmbänder können zusammen mit dem Mund ebenfalls Töne und Geräusche erzeugen. Schallquellen senden Schall aus.

Schallempfänger
Damit du die Töne und Geräusche hören kannst, benötigst du deine Ohren (▷ B 2). Deine Ohren wandeln die Schwingungen des Schalls in elektrische Signale um. Der Hörnerv leitet diese Signale zum Gehirn. Erst dort nimmst du den Schall als

Geräusch war. Deine Ohren sind Schallempfänger.

Schall entsteht
Spannst du ein Gummiband über eine leere Dose und zupfst du es an, so entsteht ein Ton.
Bei einer Gitarre zupft oder schlägt man die Saiten an, um Töne zu erzeugen. Gummiband und Saiten der Gitarre erzeugen immer dann Schall, wenn sie schwingen. Auch deine Stimmbänder schwingen, wenn du singst oder sprichst.
Je schneller ein Gegenstand schwingt, desto höher ist der Ton, den wir hören. Je stärker der Gegenstand schwingt, desto lauter ist der Ton, den wir hören. (► Wechselwirkung, S. 198/199)

Schallübertragung in Luft
Wie gelangt der Schall von einem Sender zum Schallempfänger?
Bild 3 hilft dir, die Schallübertragung zu verstehen. Schlägst du die linke

Handtrommel an, so wirst du feststellen, dass sich die Kugel an der rechten Handtrommel bewegt. Sie schwingt.
Der Schall breitet sich in der Luft zwischen den beiden Trommeln aus. Die Luft vor der linken Trommel wird angestoßen. Diese Luft stößt weitere Luftteilchen an. Schließlich stößt die Luft auf die rechte Trommel. Deren Haut wird in Schwingungen versetzt. Die Luft ist also der Schallträger.

Feste und flüssige Schallträger

Auch feste und flüssige Stoffe leiten den Schall weiter.
Das kennst du selbst vom Schwimmen und Tauchen. Wenn du unter Wasser schwimmst, kannst du Geräusche wahrnehmen. Sicher hast du schon einmal gehört, wenn irgendwo im Haus an einem Heizkörper gearbeitet wird. Die Geräusche kann man durch das ganze Haus hören. Das Metall der Rohre und der Heizkörper übertragen den Schall. Ohne Schallträger kann sich Schall nicht ausbreiten.

AUFGABEN

1 ⊖ Erkläre, wie Schall durch Luft übertragen wird.

2 ⊖ Erkläre die Begriffe Schallträger, Schallsender und Schallempfänger.

3 ⊖ Begründe, warum man beim Tauchen unter Wasser Geräusche hören kann.

4 ● Oliver will das laute Ticken seines alten Weckers nicht mehr hören, weil es ihn beim Einschlafen stört. Er stellt den Wecker deshalb in eine kleine Holzkiste und schließt den Deckel. Wird er nun besser einschlafen? Begründe.

5 ● Sicher hast du schon einmal ein Fadentelefon gebaut. Kann man sich mithilfe von 2 Plastikbechern, 2 Büroklammern und einem langen Faden tatsächlich über eine längere Strecke verständigen? Erkläre ausführlich.

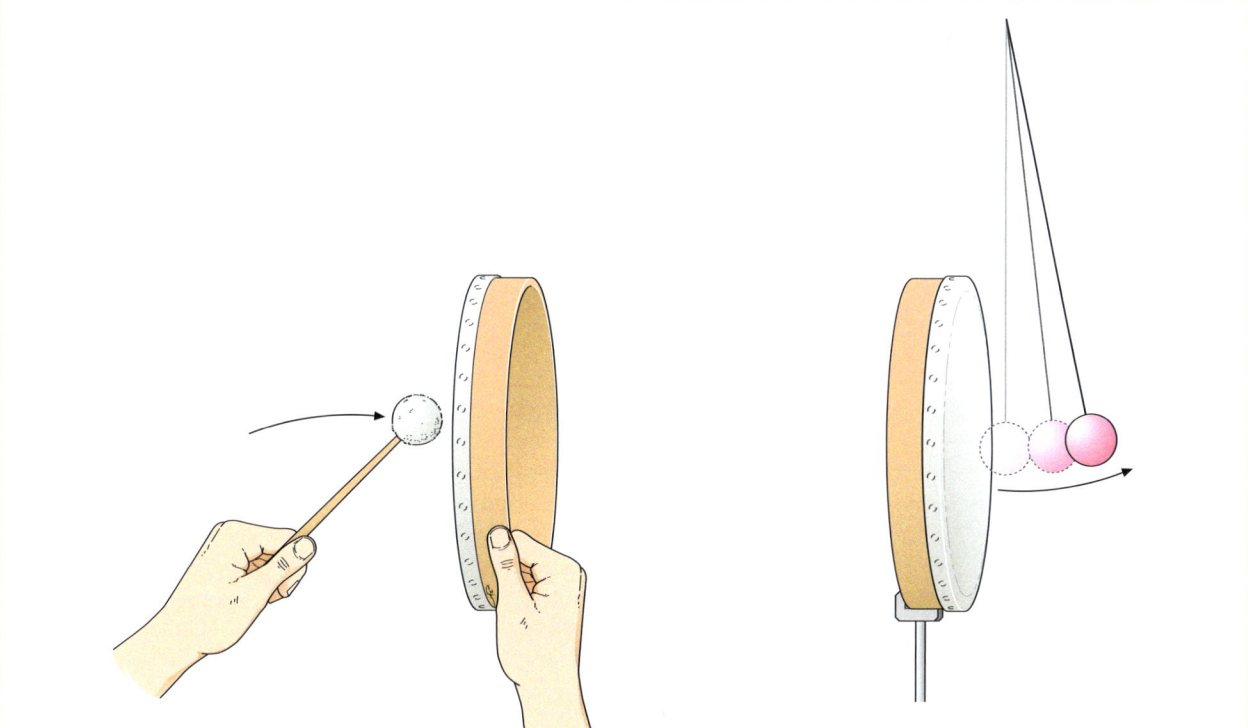

3 Schallübertragung durch die Luft

Schall wahrnehmen

Über dein Gehör hast du ständig einen Zugang zu deiner Umgebung. „Die Ohren verschließen" oder „einfach weghören" ist gar nicht so einfach.

Das Gehör hat verschiedene Aufgaben: Du nimmt Geräusche auf und bekommst damit Informationen über deine Umwelt. Mithilfe beider Ohren kannst du den Ort einer Schallquelle bestimmen. Erst durch das Hören der Sprache ist eine schnelle und genaue Verständigung möglich.

Überprüfe in den folgenden Versuchen das Zusammenspiel von Schall und Gehör.

2 Zu Versuch 3

1 Wie klingt der Schall bei eingeschränktem Gehör?

1 Eingeschränkt hören
Material
Watte, zwei Plastikbecher, langer Stoffstreifen

Versuchsanleitung
Verschließe deine Ohren mit Watte. Fülle auch die Becher mit Watte und setze sie auf deine Ohrmuscheln. Befestige die Becher mit dem Stoffstreifen (▷ B 1).

Beschreibe, wie du die Geräusche aus deiner Umgebung wahrnimmst. Wie klingt es, wenn du selbst sprichst? Finde heraus, wie du dich mit einer Mitschülerin oder einem Mitschüler ohne Worte verständigen kannst.

2 Richtungen hören
Material
Tuch zum Verbinden der Augen, Watte, Plastikbecher, langer Stoffstreifen

Versuchsanleitung
Stelle dich mit verbundenen Augen vor deine Klasse. Mehrere Schülerinnen oder Schüler flüstern dir einige Wörter zu. Zeige in die Richtung, in der du die Sprecherin oder den Sprecher vermutest. Anschließend verschließt du ein einzelnes Ohr wie in Versuch 1. Versuche wieder, die Richtung der Sprecherinnen und Sprecher zu bestimmen. Beschreibe die Unterschiede.

3 Gute und schlechte Schallträger
Material
Mechanischer Wecker oder Armbanduhr, Metallschiene, Holzblock, Schwamm, Steinwolle

Versuchsanleitung
a) Lege die tickende Uhr auf ein Ende der Metallschiene. Auf das andere Ende legst du dein Ohr. Achte darauf, wie laut du das Ticken der Uhr hörst.
b) Lege nacheinander verschiedene Gegenstände (Holzblock, Schwamm, Steinwolle) auf das Ende der Schiene.
Auf den Gegenstand stellst du dann wieder die tickende Uhr (▷ B 2).
Auf das andere Ende der Metallschiene legst du dein Ohr.
Achte bei jedem Gegenstand darauf, wie laut du das Ticken der Uhr jeweils hörst.
c) Finde eine Erklärung dafür, warum du das Ticken des Weckers verschieden laut hörst.

Die Ohren als Schallempfänger

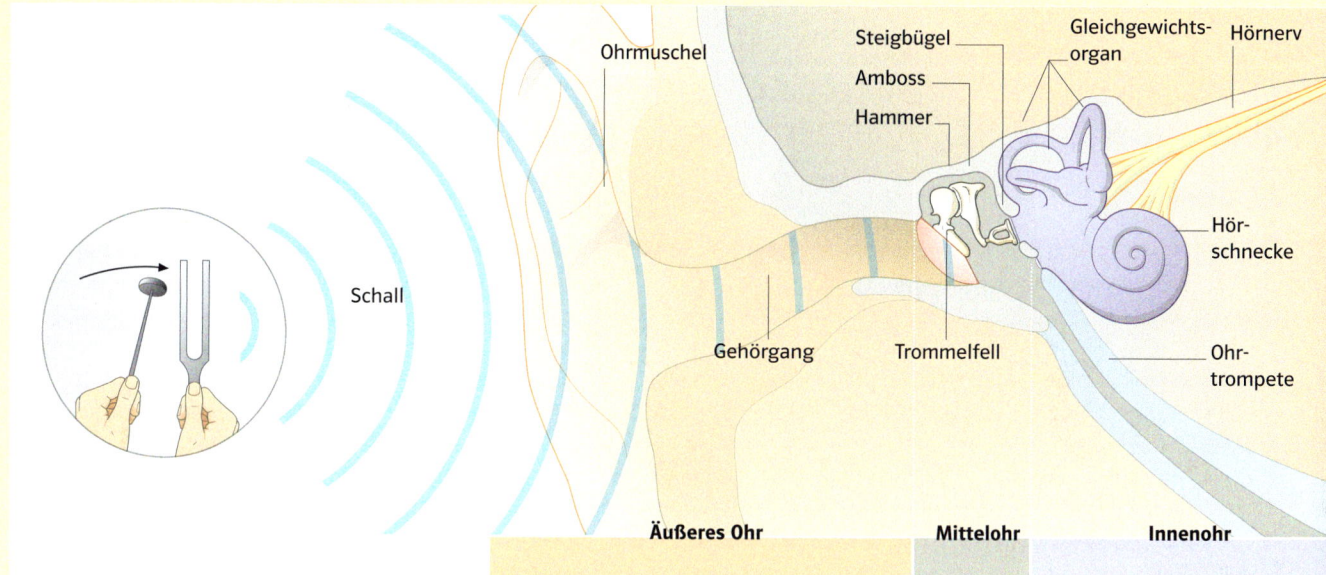

1 Aufbau des Ohres

Bei unseren Ohren unterscheiden wir drei Bereiche. Das Außenohr umfasst den Abschnitt von der Ohrmuschel bis zum Trommelfell. Im Mittelohr sind die Gehörknöchelchen (Hammer, Amboss und Steigbügel) und im Innenohr liegt die Hörschnecke (▷ B 1).

Wie wir Schall hören
Die Ohrmuschel fängt den Schall auf, der vom Gehörgang zum Trommelfell geleitet wird. Das Trommelfell wird durch die Schallwellen in Schwingungen versetzt. Dadurch geraten auch die Gehörknöchelchen in Bewegung. Sie leiten die Schwingungen zur Hörschnecke weiter. Hier werden die Schwingungen in elektrische Signale umgewandelt. Der Hörnerv leitet diese Signale zum Gehirn. Erst jetzt nehmen wir den Schall als Geräusch wahr.

Immer im Gleichgewicht
Drehen wir uns schnell im Kreis, wird uns schwindelig. Dieses Gefühl löst das Gleichgewichtsorgan aus, das neben der Hörschnecke liegt. Seine Bogengänge sind mit Flüssigkeit gefüllt. Bewegen wir uns, drückt die Flüssigkeit in den Bogengängen auf Sinneszellen. Sie wandeln diese Wahrnehmung in elektrische Signale um. Diese gelangen über den Hörnerv zum Gehirn. Es erkennt so, dass sich unsere Lage ändert.

AUFGABEN

1 ⊝ Fertige eine Tabelle an. Zähle in einer Spalte die Teile des menschlichen Ohres auf. Schreibe zu jedem Teil in einem kurzen Satz, welche Funktion es hat.

2 ⊝ Erkläre mithilfe von Bild 1 den Weg von der Entstehung eines Tons bis zu seiner Wahrnehmung.

3 ● Informiere dich, welche Krankheiten sich auf die Ohren auswirken und welche Folgen sie haben können. Stelle deine Ergebnisse als Plakat in der Klasse vor.

Vergleich Licht und Schall

1 Hören und Sehen

Sehen und hören

Schallwellen und Licht haben viele Gemeinsamkeiten, aber es gibt auch Unterschiede.
Wir können Licht mit den Augen wahrnehmen. Schall nehmen wir mit den Ohren wahr. Augen und Ohren sind also die Empfänger.

Schallquellen und Lichtquellen

Schallquellen senden Schall aus. Um Schall zu erzeugen, führen sie Schwingungen aus, wie z. B. die Stimmbänder, Musikinstrumente, die Flügel von Tieren oder Membrane an Lautsprecherboxen.
Lichtquellen senden Licht aus. Unsere wichtigste natürliche Lichtquelle ist die Sonne. Andere künstliche Lichtquellen sind beispielsweise Taschenlampen, Glühlampen, Halogenstrahler oder Feuer.

Die Ausbreitung

Schall benötigt zur Ausbreitung einen Schallträger wie Luft oder feste oder flüssige Stoffe. In Luft breitet sich Schall mit einer Geschwindigkeit von etwa 340 m/s aus. Licht braucht zur Ausbreitung keinen Stoff. Die Lichtgeschwindigkeit beträgt etwa 300 000 km/s.

Wahrnehmungsbereiche

Infrarot-Licht und Ultraviolett-Licht können wir nicht mit den Augen wahrnehmen. Menschen können sehr tiefe Töne (Infraschall) und sehr hohe Töne (Ultraschall) nicht mit den Ohren wahrnehmen. Im Alter nimmt besonders unsere Fähigkeit ab, hohe Töne zu hören. Oft nimmt im Alter auch die Fähigkeit ab, Gegenstände in unterschiedlichen Entfernungen scharf zu sehen.

Reflexion

Beim Begriff Reflexion denkst du sicher zuerst an die Reflexion von Lichtstrahlen an Spiegeln nach dem Reflexionsgesetz. Aber auch für Schallwellen gilt das Reflexionsgesetz. Treffen Schallwellen auf ein Hindernis, so werden sie nach diesem Gesetz reflektiert. Das ist der Grund, warum man im Gebirge manchmal sein Echo hören kann. Eine Bergwand reflektiert den Schall.

AUFGABEN

1 ○ Fertige eine Tabelle an, in der du die Gemeinsamkeiten und Unterschiede von Licht und Schall zusammenfasst.

2 ○ Zu viel ist nie gut! Zu intensives Licht schädigt die Augen. Schall kann unseren Ohren Schaden zufügen.
Nenne Berufe, bei denen man sich gegen Licht oder Lärm schützen muss.

3 ● Welche Strecken legen Schall und Licht in einer Minute zurück? Rechne ausführlich und vergleiche die beiden Ergebnisse.

Die Schallgeschwindigkeit

Blitz und Donner

Bei einem Gewitter hast du bestimmt schon beobachtet, dass du zuerst den Blitz siehst und erst später den Donner hörst (▷ B 1).

Der Zeitunterschied entsteht dadurch, dass sich das Licht und der Schall unterschiedlich schnell ausbreiten. Das Licht ist sehr schnell, es legt in einer Sekunde 300 000 km zurück. Der Schall ist viel langsamer, in einer Sekunde legt er in der Luft ca. 340 m zurück (▷ V 1).

Aus dem Zeitunterschied zwischen dem Blitz und dem Donner kannst du die Entfernung zum Gewitter ausrechnen. Bei einem Zeitunterschied von drei Sekunden war der Blitz 3 · 340 m ≈ 1 km von dir entfernt.

Verschiedene Schallgeschwindigkeiten

Der Schall ist in verschiedenen Stoffen unterschiedlich schnell. Zum Beispiel breitet sich der Schall in Wasser mit 1484 m/s aus. Die Schallgeschwindigkeit in Eisen beträgt 5170 m/s.

Im Gegensatz dazu ist die Luft ein Stoff mit einer kleinen Schallgeschwindigkeit.

AUFGABEN

1 ⬤ a) Erkläre, warum du bei einem Blitz zuerst den Blitz siehst und erst später den Donner hörst.
⬤ b) Bei einem Gewitter vergeht zwischen Blitz und Donner nur eine Sekunde. Erkläre, was dies bedeutet.

2 ⬤ Rechne aus, wie weit der Blitz von dir entfernt war, wenn zwischen dem Blitz und dem Donner 9 Sekunden vergehen.

3 ⬤ Schlage die Schallgeschwindigkeit in verschiedenen Stoffen nach. Finde eine Gemeinsamkeit für alle Stoffe, die eine hohe Schallgeschwindigkeit haben.

VERSUCH

1 Eine Schülerin oder ein Schüler stellt sich an den Anfang einer ca. 100 m langen Strecke und schlägt eine Starterklappe zusammen. Die anderen stellen sich an das Ende der Strecke. Sie beobachten das Zusammenschlagen der Starterklappe und achten darauf, wann sie den Schall hören.

1 Gewitter

Schallarten

Schall ganz unterschiedlich

Die Bilder 1, 2 und 3 zeigen dir verschiedene Arten der Schallerzeugung. Was du dabei hörst, kannst du als Ton (▷ B 2), Geräusch (▷ B 3) und Knall (▷ B 1) unterscheiden.

Schall sichtbar machen

Um Schall sichtbar zu machen, benutzt man ein Oszilloskop (▷ B 5).
Der vom Mikrofon aufgenommene Schall wird auf dem Bildschirm des Gerätes angezeigt. Abhängig von der Art des Signals, das die Schallquelle erzeugt, sind auf dem Bildschirm unterschiedliche Anzeigen zu sehen (▷ B 4). Beim Ton einer klingenden Stimmgabel erscheint z. B. eine regelmäßige Wellenlinie.

Tonhöhe und Frequenz

Auf einer Stimmgabel findest du eine Zahl und dahinter die Abkürzung Hz. Wenn du verschiedene Stimmgabeln anschlägst und sie nach der Höhe der Töne ordnest, wirst du feststellen: Je größer die Zahlenangabe auf der Stimmgabel ist, desto höher ist der Ton, den wir hören.
Die Zahl auf der Stimmgabel gibt an, wie oft sich die Stimmgabel in einer Sekunde hin und her bewegt. Diese Schwingungszahl pro Sekunde bezeichnet man als Frequenz. Die Einheit der Frequenz ist das Hertz (Hz). Die Angabe 256 Hz bedeutet, dass sich diese Stimmgabel 256-mal in einer Sekunde hin- und herbewegt. Der Ton, den wir wahrnehmen, ist tief. Eine 512-Hz-Stimmgabel führt in jeder Sekunde

1 Eine Explosion erzeugt einen Knall.

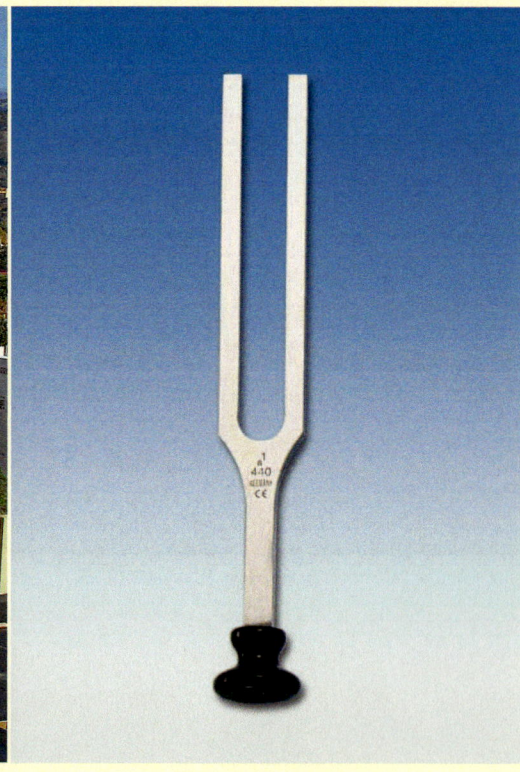

2 Eine Stimmgabel erzeugt einen Ton.

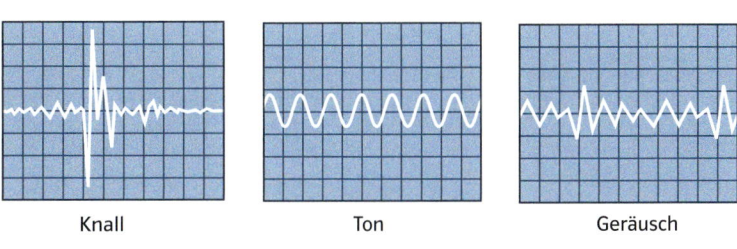

Knall   Ton   Geräusch

3 Die Schleifmaschine erzeugt Geräusche.

4 Anzeigen des Oszilloskops bei verschiedenen Schallquellen

512 Schwingungen aus. Sie erzeugt einen höheren Ton. Die Einheit der Frequenz ist nach dem Physiker HEINRICH HERTZ (1857–1894) benannt. Sehr hohe Frequenzen werden auch in Kilohertz (kHz) angegeben. Es gilt: 1000 Hz = 1 kHz.

Die Lautstärke

Auch mit dem Handy kannst du die Lautstärke eines Tons anzeigen. Lade dir dazu eine geeignete kostenlose App auf dein Handy. Je stärker man eine Stimmgabel anschlägt, desto weiter schlägt sie aus und desto lauter ertönt sie. Der Ausschlag der Wellenlinie auf dem Handybildschirm nach oben und unten nimmt mit der Lautstärke zu.

Der maximale Ausschlag wird als Amplitude bezeichnet. Je größer die Amplitude ist, mit der ein Körper schwingt, desto lauter ist der Ton.

AUFGABEN

1 ⊖ Zeichne in dein Heft das Bild, das du aufzeichnen kannst, wenn ein ein leiser, sehr hoher Ton erzeugt wird.

2 ⊖ Wie ändert sich die Aufzeichnung eines hohen Tons, wenn er immer leiser wird? Erkläre und skizziere.

3 ⊖ Wie unterscheiden sich die Töne von drei Stimmgabeln mit den Aufschriften 440 Hz, 1000 Hz und 256 Hz? Erkläre ausführlich.

4 ● a) Wie kannst du auf einer Gitarrensaite einen lauten bzw. einen leisen Ton erzeugen? Beschreibe.
●   b) Erkläre die Abläufe bei der Gitarre ausführlich.

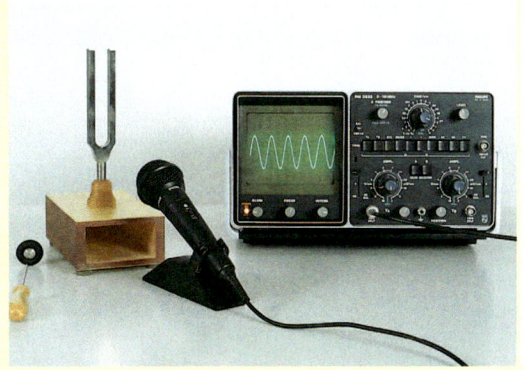

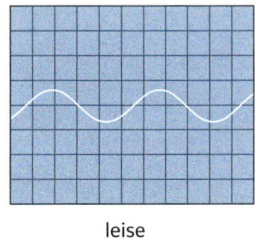

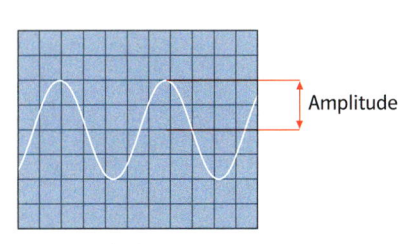

Amplitude

leise   laut

5 Versuch mit dem Oszilloskop

Schall, den wir nicht hören

Vielleicht kennst du Hundepfeifen, mit denen der Besitzer seinen Hund ruft. Wir können den Ton dieser Hundepfeifen nicht wahrnehmen. Der Hund hört den Ton aber noch in großer Entfernung und kommt angelaufen. Welche Töne können wir Menschen überhaupt hören?

Der Hörbereich von Menschen und Tieren

Erwachsene Menschen können Töne hören, deren Frequenz im Bereich zwischen 16 Hz und 16 000 Hz liegt. Kinder und Jugendliche mit gesundem Gehör nehmen auch noch höhere Töne bis zu 21 000 Hz wahr (▷ V 1). Viele Tiere können Töne mit einer sehr hohen Frequenz hören (▷ B 1). So nehmen Hunde Töne bis zu einer Frequenz von 50 000 Hz wahr. Diese Töne können Menschen nicht hören. Man nennt diese Art von Schall Ultraschall.

Andere Tiere, z. B. die Wale, können Töne mit einer sehr niedrigen Frequenz wahrnehmen. Auch diese Töne können Menschen nicht hören. Man nennt diesen Schall Infraschall.

AUFGABEN

1 ◓ Gib den Frequenzbereich an, den Hunde, Katzen und Fledermäuse wahrnehmen können. Vergleiche die Bereiche mit dem Hörbereich jugendlicher Menschen.

2 ◓ Finde andere Tiere heraus, die Infraschall und Ultraschall wahrnehmen können. Stelle deine Ergebnisse in einer Tabelle dar.

3 ● Fledermäuse sind nachtaktive Tiere. Finde heraus, wie Fledermäuse nachts ihre Beute finden und warum sie beim Fliegen nicht an Hindernisse stoßen. Schreibe dazu ein kurzes Referat.

VERSUCH

1 Ein Tongenerator erzeugt sehr tiefe und auch sehr hohe Töne. Findet mit einem Tongenerator heraus, welchen Frequenzbereich ihr noch hören könnt.

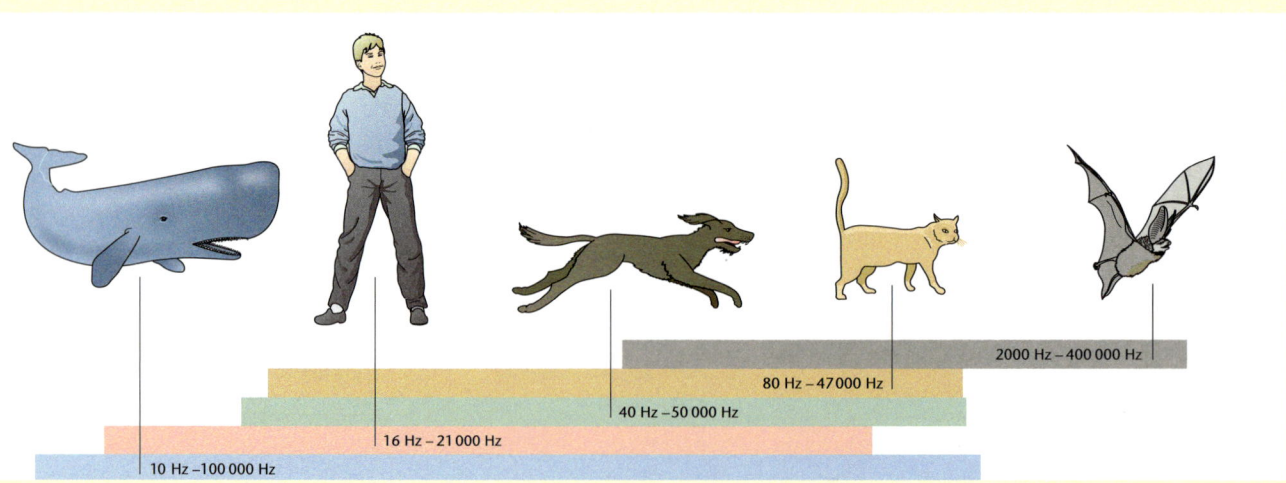

2000 Hz – 400 000 Hz

80 Hz – 47 000 Hz

40 Hz – 50 000 Hz

16 Hz – 21 000 Hz

10 Hz – 100 000 Hz

1 Hörbereiche von Menschen und Tieren

Lärm schadet dem Gehör

1 Schallschutzwand

2 Presslufthammer

Lärm kann schaden

Jede Art von Schall, der uns stört, bezeichnen wir als Lärm – egal, ob es sich um Musik oder Motorengeräusche handelt. Manchmal kann Lärm mehr als nur störend sein. Lärm kann unser Gehör dauerhaft schädigen.

Diese Gefahr besteht zum Beispiel für Jugendliche, die regelmäßig sehr laute Musik hören. Bereits jeder vierte Jugendliche hat aus diesem Grund einen Hörschaden, der nicht mehr zu beheben ist. In bestimmten Berufen müssen die Menschen Lärmschutz tragen (▷ B 2). Die dauerhafte Einwirkung von Lärm kann neben Gehörschäden auch andere Krankheiten auslösen, z. B. Herz-Kreislauf-Erkrankungen oder Schlafstörungen. Deshalb müssen wir uns gegen Lärm schützen.

Lärmschutzmaßnahmen

Du hast sicher schon festgestellt, dass Straßengeräusche bei Schneefall viel leiser sind. Der Schall, den die Autos erzeugen, dringt in die Hohlräume zwischen den Schneekristallen ein. Der Lärm, der sonst von der Straße reflektiert wird, wird vom Schnee absorbiert („verschluckt"). Der Schall wird gedämpft. Dieses Prinzip nutzt man an vielen Stellen zur Schalldämpfung z. B. in der Auspuffanlage eines Autos oder beim Schallschutz bei Bauarbeitern. Lärm kann krank machen. Deshalb müssen wir uns vor Lärm schützen.

AUFGABEN

1 ○ In welchen Berufen sind Menschen schädlichem Lärm ausgesetzt? Erkundige dich und notiere deine Ergebnisse. Suche mindestens 10 Berufe.

2 ○ Erkundige dich darüber, welche weiteren Maßnahmen zum Schallschutz es gibt (▷ B 1). Stelle deine Ergebnisse auf einem Plakat dar.

3 ● Für die Lämbelästigung in Wohngebieten gibt es gesetzliche Grenzwerte: 50 dB(A) am Tag, 35 dB(A) bei Nacht. Im Internet findest du Lärmkarten verschiedener Städte. Vergleiche eine solche Karte einer Stadt mit den Grenzwerten.

Zusammenfassung

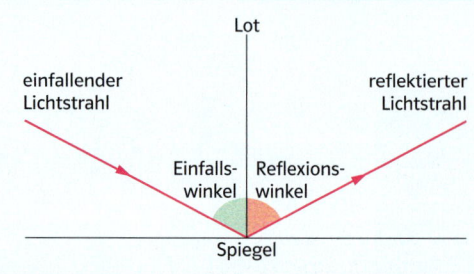

1 Reflexionsgesetz

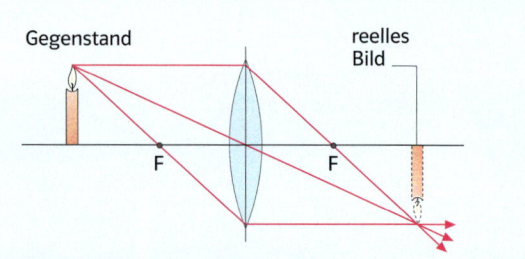

2 Hauptstrahlen einer Sammellinse

Die Ausbreitung des Lichts
Licht breitet sich geradlinig in alle Richtungen aus. Sehr dünne Lichtbündel nennt man Lichtstrahlen.

Licht und Schatten
Ein Schattenraum entsteht, wenn eine Lichtquelle einen lichtundurchlässigen Körper beleuchtet.

Reflexion und Absorption
Die Oberflächen von Körpern können Licht reflektieren und absorbieren.
Helle Flächen reflektieren Licht besser als dunkle Flächen. Dunkle Flächen absorbieren Licht.

Reflexion am Spiegel
Ein Lichtstrahl wird an einem Spiegel reflektiert. Dabei gilt: der Einfallswinkel ist genauso groß wie der Reflexionswinkel (▷ B 1).

Lichtbrechung
Beim Übergang zwischen Luft und Glas oder zwischen Luft und Wasser wird ein Lichtstrahl gebrochen.

Linsen
Linsen, die Lichtstrahlen bündeln, heißen Sammellinsen. Die Lichtstrahlen werden hinter der Sammellinse in einem Brennpunkt F gesammelt. Der Abstand von der Linsenmitte bis zum Brennpunkt heißt Brennweite f (▷ B 2).

Die Zerlegung des weißen Lichts
Ein Prisma zerlegt weißes Licht in seine Spektralfarben. Die Anordnung der Farben nennt man Spektrum oder Farbspektrum (▷ B 3).

Schallquellen
Ein Gegenstand erzeugt einen Ton, wenn er schwingt.

Ultraschall und Infraschall
Erwachsene Menschen können Töne mit einer Frequenz von ca. 16 Hz bis ca. 16 000 Hz hören. Liegt die Frequenz unter 16 Hz, so spricht man von Infraschall.

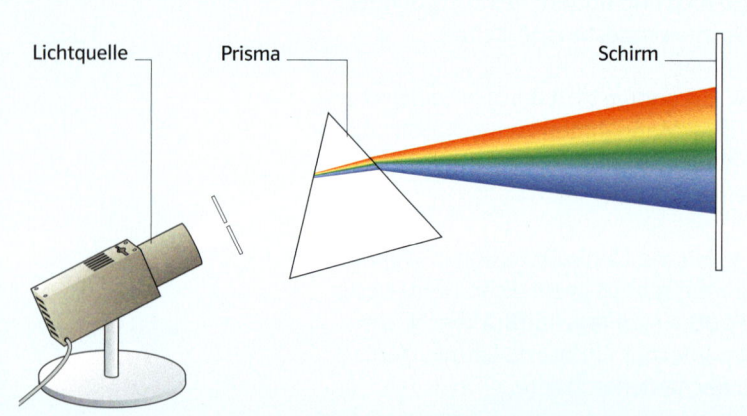

3 Die Zerlegung des weißen Lichts

AUFGABEN

1 ○ Beschreibe, wie sich Licht von einer Lichtquelle ausbreitet.

👍 Super! ❓ ► S. 30/31, 33

2 ○ Beschreibe, wie eine Lochkamera funktioniert. Erkläre, warum das entstehende Bild auf dem Kopf steht.

👍 Super! ❓ ► S. 35

3 ○ Wie kannst du die Größe eines Schattens vergrößern oder verkleinern? Erkläre mithilfe von Skizzen.

👍 Super! ❓ ► S. 36 – 39

4 ◒ a) Erkläre, warum bei der Arbeit am Schreibtisch Schatten stören können.
◒ b) Beschreibe eine Lösung, wie man störende Schatten am Schreibtisch verhindern kann.

👍 Super! ❓ ► S. 38/39

5 ◒ Fertige eine Skizze an, mit der du die Entstehung von Vollmond und Neumond darstellst.

👍 Super! ❓ ► S. 40/41

6 ◒ Du gehst nachts auf einer Straße ohne Gehweg. Beschreibe, wie du dich für die Autofahrer gut sichtbar machen kannst.

👍 Super! ❓ ► S. 47

7 ◒ Fertige eine beschriftete Skizze an, die zeigt, was das Reflexionsgesetz aussagt.

👍 Super! ❓ ► S. 44

8 ◒ Julian steht mit seinen Beinen in einem Pool. Er sieht den im Wasser befindlichen Teil seiner Beine etwas verkürzt. Erkläre, wie es dazu kommt.

👍 Super! ❓ ► S. 50/51

9 ◒ Begründe mithilfe einer Skizze, warum auf der Netzhaut im Auge die Bilder auf dem Kopf stehen.

👍 Super! ❓ ► S. 56/57

10 ◒ Beschreibe, wie ein Prisma weißes Licht in die Spektralfarben zerlegen kann.

👍 Super! ❓ ► S. 58/59

11 ◒ Erkläre folgende Begriffe: Schallquelle, Schallträger, Schallsender, Schallempfänger.

👍 Super! ❓ ► S. 66/67

12 ● Farah sagt: „Wenn man einen Gegenstand mit zwei Lichtquellen beleuchtet, entstehen immer zwei Schatten." Nimm Stellung zu dieser Aussage.

👍 Super! ❓ ► S. 38/39

13 ● Schallwellen und Licht haben Gemeinsamkeiten und Unterschiede. Fertige ein Poster an, auf dem du Schallwellen und Licht miteinander vergleichst und die Gemeinsamkeiten und Unterschiede deutlich machst.

👍 Super! ❓ ► S. 70

3 Elektrische Stromkreise

- Warum stehen dir manchmal die Haare zu Berge, wenn du den Pullover ausziehst?

- Wie entstehen Blitz und Donner?

- Was ist elektrischer Strom?

- Wie werden elektrische Geräte angeschlossen?

- Kann elektrischer Strom gefährlich sein?

1 Elektrisch geladener Bernstein

2 Haare und Luftballon sind elektrisch geladen.

Elektrisch geladene Gegenstände

Reibst du einen Gegenstand aus Bernstein mit einem Tuch, dann kannst du mit dem Gegenstand Haare und Federn anziehen (▷ B 1). Dies wussten schon vor über 2500 Jahren die Griechen. Erklären konnten die Menschen damals diese Erscheinung nicht. Erst etwa 2000 Jahre später erkannte der englische Forscher WILLIAM GILBERT (1544–1603), dass auch viele andere Gegenstände durch Reiben elektrisch geladen werden können.

Gegenstände werden elektrisch geladen

Paula reibt einen Luftballon kräftig an ihren Haaren. Danach stehen ihr plötzlich „die Haare zu Berge" (▷ B 2).
Vielleicht hat sie dabei auch ein Knistern gehört oder sogar Funken gesehen. Hast du auch schon einmal eine ähnliche Erfahrung gemacht?
Paulas Haare und der Luftballon haben sich beim Reiben elektrisch aufgeladen. Luftballon und Haare sind nach dem Reiben unterschiedlich geladen: Ein Gegenstand ist **elektrisch positiv (+)**, der andere ist **elektrisch negativ (–)** geladen.

Die Glimmlampe

Wenn du einen geladenen Luftballon mit der Glimmlampe berührst, leuchtet die Glimmlampe kurz auf. Hältst du die Glimmlampe an einen ungeladenen Gegenstand, dann leuchtet die Glimmlampe nicht. Das Aufleuchten der Glimmlampe weist nach, dass ein Gegenstand elektrisch geladen ist.

Gegenstände können elektrisch geladen werden, indem man sie aneinander reibt und wieder voneinander trennt. Dann ist ein Gegenstand elektrisch positiv (+), der andere ist elektrisch negativ (–) geladen.

AUFGABEN

1 ○ Beschreibe, wie Gegenstände elektrisch geladen werden können.

2 ◑ Erkläre, wie man elektrisch geladene Körper nachweisen kann.

3 ● Wenn du einen Pullover ausziehst, stehen dir manchmal die „Haare zu Berge". Erkläre, wie es dazu kommt.

Versuche mit geladenen Körpern

Diese Versuche könnt ihr auch an verschiedenen Stationen durchführen.

1 Trennung von Pfeffer und Zucker

1 Pfeffer in der Zuckerdose
Material
Glasschale, Zucker, Pfeffer, Kunststoffstab, Wolltusch

Versuchsanleitung
Mische in der Glasschale Zucker mit etwas Pfeffer. Reibe den Kunststoffstab kräftig mit dem Wolltuch. Nähere den Kunststoffstab langsam von oben der Mischung in der Glasschale (▷ B 1).

2 Tanzende Papierschnipsel
Material
Blechboden einer Backform, Bücher, Glasscheibe, Seidenpapier, Schere, Wolltuch

Versuchsanleitung
a) Stelle den Blechboden einer Backform auf den Tisch. Lege links und rechts davon jeweils ein oder zwei Bücher flach auf den Tisch. Lege die Glasscheibe darüber.
b) Schneide kleine Schnipsel aus Seidenpapier aus und lege sie auf den Blechboden. Reibe die Glasscheibe kräftig mit dem Tuch.

3 Geladene Folien
Material
Kunststofffolie, Wolltuch, Glimmlampe

Versuchsanleitung
a) Reibe die Kunststofffolie mehrmals kräftig mit einem Wolltuch.
b) Nähere die geladene Folie den Haaren eines Mitschülers.
c) Nähere deine Nasenspitze der geladenen Folie.
d) Berühre die geladene Folie mit der Glimmlampe.

4 Die rollende Getränke-Dose
Material
leere Getränke-Dose, Luftballon, Wolltuch

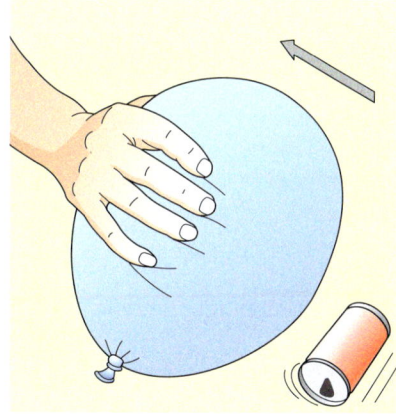

2 Rollende Dose

Versuchsanleitung
a) Lege die leere Dose auf den Tisch. Reibe den Luftballon kräftig mit dem Wolltuch. Bringe mit dem geladenen Luftballon die Dose in Bewegung (▷ B 2).
b) Testet zu zweit oder zu mehreren, wer die Dose am weitesten bewegen kann.

5 Papier elektrisch laden
Material
Knete, Bleistift, Seidenpapier, Aluminiumfolie, Trinkglas, Kunststofffolie (oder Luftballon), Wolltuch

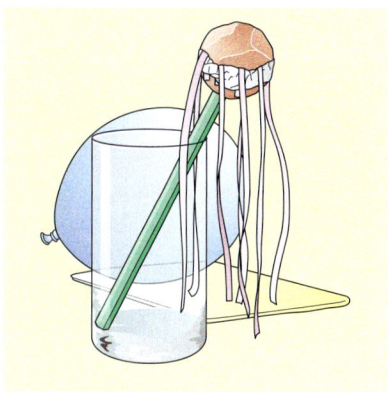

3 Papier elektrisch laden

Versuchsanleitung
a) Forme die Knete zu einer Kugel und stecke sie auf den Bleistift (▷ B 3). Schneide einige sehr dünne Streifen Seidenpapier zu (etwa 10 cm lang, 1–2 mm breit). Lege einen Streifen Aluminiumfolie als Ring um die Kugel. Befestige damit gleichzeitig die Papierstreifen so, dass sie nach unten hängen.
b) Reibe die Kunststofffolie mit dem Wolltuch. Nähere die geladene Folie der Kugel.

AUFGABE

1 ☻ Wähle einen Versuch aus. Führe den Versuch in deiner Klasse vor. Präsentiere deine Ergebnisse auf einem Plakat.

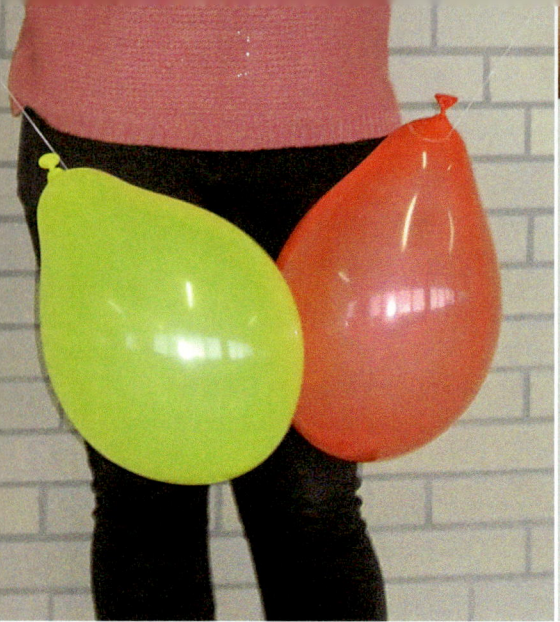 

1 Ein positiv und ein negativ geladener Luftballon ziehen einander an.   **2** Zwei gleich geladene Luftballons stoßen einander ab.

Elektrische Kräfte

Anziehung und Abstoßung

Elektrisch geladene Gegenstände können einander abstoßen oder anziehen. Das hängt davon ab, wie die Gegenstände geladen sind. Wenn du zwei Luftballons kräftig aneinander reibst und wieder trennst, ist danach der eine Luftballon positiv und der andere negativ geladen. Du beobachtest, dass die unterschiedlich geladenen Luftballons einander anziehen (▷ B 1). Eine andere Feststellung wirst du machen, wenn du zwei gleich geladene Luftballons einander näherst. Wenn beide Luftballons positiv oder beide negativ geladen sind, dann stoßen sie einander ab (▷ B 2).

Geladene Gegenstände ziehen ungeladene an

Elektrische Kräfte wirken auch zwischen elektrisch geladenen und neutralen Gegenständen. Deshalb zieht beispielsweise ein elektrisch geladener Luftballon ungeladene Papierschnipsel an. (► Wechselwirkung, S. 198/199)

Gleich geladene Gegenstände stoßen einander ab. Unterschiedlich geladene Gegenstände ziehen einander an.

1 ○ Nenne die Kraftwirkungen zwischen elektrisch geladenen Gegenständen.

2 ◒ Eine geriebene Folie „klebt" ohne weitere Hilfsmittel an einer Wand. Probiere es aus und erkläre.

3 ● Anna behauptet: „Mit einem Kunststoffstab kann ich die Richtung eines Wasserstrahls ändern." Prüfe, ob Annas Aussage stimmt, und begründe.

1 Schneide zwei breite Streifen Folie von einem Tiefkühlbeutel ab. Reibe die Folien kräftig aneinander und trenne sie danach voneinander. Beobachte, wie sich die Folien verhalten.

2 Lege einen Streifen Folie auf den Tisch und reibe ihn kräftig. Greife den Streifen in der Mitte und ziehe ihn vom Tisch ab. Beobachte das Verhalten der Folie.

Woher kommen die Ladungen?

Das Atom

Alle Körper sind aus kleinsten Teilchen – den Atomen aufgebaut. Ein **Atom** ist unvorstellbar klein, sein Radius beträgt nur etwa 0,000 000 1 mm.

Jedes Atom hat einen **Atomkern** und eine **Atomhülle** (▷ B 1). Der Atomkern ist positiv geladen.

Um den Atomkern bewegen sich negativ geladene **Elektronen**. Sie bilden die Atomhülle.

Neutrale Atome

Jedes Atom ist nach außen elektrisch neutral geladen. Dies bedeutet, dass es gleich viele Elektronen in der Atomhülle wie positive Ladungen im Atomkern gibt.

Aus der Atomhülle können einzelne Elektronen entfernt werden. In diesem Fall ist das „Restatom" positiv geladen.
Es können aber auch Elektronen der Atomhülle hinzugefügt werden. In diesem Fall überwiegt die negative Ladung der Elektronen.

In diesen Fällen ist das Atom nicht mehr elektrisch neutral.

Was passiert beim Aufladen?

Wenn du einen Kunststoffstab mit einem Tuch reibst, kommen beide Körper in Kontakt. Dabei gehen einige Elektronen vom Tuch auf den Stab über (▷ B 2).
Das Tuch gibt Elektronen ab. Es ist dann positiv geladen. Der Kunststoffstab nimmt die Elektronen auf. Er ist negativ geladen.

Ein Atom besteht aus einem positiv geladenen Atomkern und der Atomhülle. Die Atomhülle wird durch die negativ geladenen Elektronen gebildet.
Beim Aufladen eines Körpers gehen Elektronen von einem Körper auf den anderen Körper über.

AUFGABEN

1 ○ Beschreibe den Aufbau eines Atoms.

2 ◒ Mara meint: „Alle Gegenstände besitzen elektrische Ladungen." Beurteile ihre Aussage.

3 ● An eine positiv geladene Kugel wird eine negativ geladene Kugel gehalten. Erkläre, was passiert, wenn beide Kugeln sich berühren. Fertige eine Skizze dazu an.

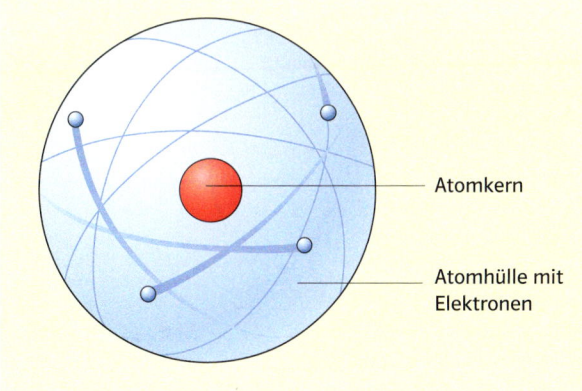

1 Vereinfachtes Kern-Hülle-Modell

Atomkern

Atomhülle mit Elektronen

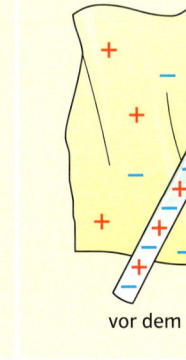

vor dem Reiben

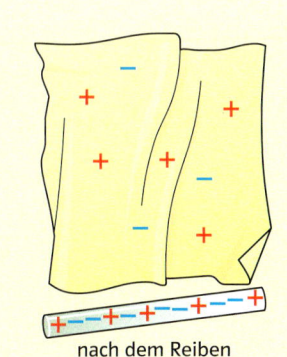

nach dem Reiben

2 Der Übergang von Elektronen führt zur Aufladung.

Das Elektroskop

Der Aufbau des Elektroskops

Du kannst mit einem Elektroskop elektrische Ladungen nachweisen.
Oben auf dem Elektroskop befindet sich ein Metallteller. Dieser Metallteller ist über einen Metallstab mit einem drehbaren Zeiger verbunden (▷ B 2).

Die Funktionsweise des Elektroskops

Hältst du eine negativ geladene Kugel an das Elektroskop, so schlägt der Zeiger des Elektroskops aus (▷ B 1). Elektronen springen von der negativ geladenen Kugel auf den Metallteller des Elektroskops. Diese Elektronen verteilen sich vom Teller in den Metallstab und den Zeiger, weil sich die Elektronen gegenseitig abstoßen.
Jetzt sind der Metallstab und der Zeiger negativ geladen. Der Metallstab und der Zeiger stoßen einander ab, weil sich gleichartige Ladungen einander abstoßen. Der Zeiger schlägt aus.
Der Zeiger des Elektroskops schlägt auch aus, wenn du eine positive Ladung an das Elektroskop hältst.
Ein Elektroskop weist elektrische Ladungen nach.

1 ○ Beschreibe die Funktion des Elektroskops.

2 ◐ Wie wird sich der Zeiger des Elektroskops verhalten, wenn du zunächst eine negative geladene Kugel und anschließend eine positive geladene Kugel an das Elektroskop hältst? Begründe.

3 ● Eine positiv geladene Kugel wird an ein Elektroskop gehalten. Erkläre den Zeigerausschlag des Elektroskops mithilfe der Elektronenwanderung.

VERSUCH

1 Reibe zwei Folien aneinander, sodass sie sich aufladen. Halte zunächst die eine Folie an das Elektroskop. Halte anschließend die andere Folie an das Elektroskop. Erkläre den Ausschlag des Elektroskops, wenn du die erste Folie daran hältst. Begründe, warum der Zeigerausschlag zurückgeht, wenn du die andere Folie an das Elektroskop hältst.

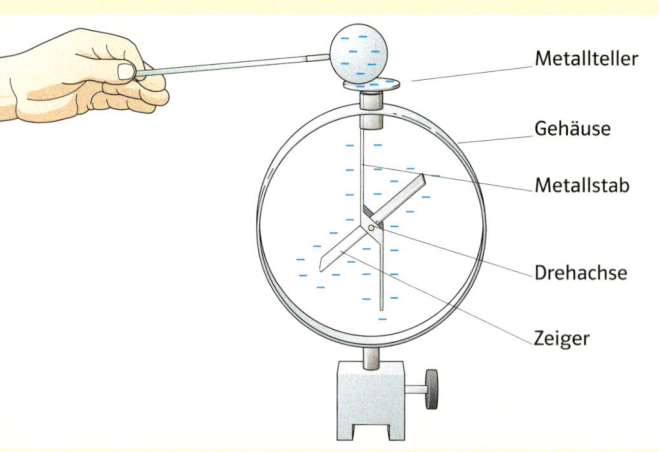

1 Zeigerausschlag aufgrund abstoßender Kräfte

Metallteller

Gehäuse

Metallstab

Drehachse

Zeiger

2 Elektroskop

Ein selbst gebautes Elektroskop

1 Materialien für ein einfaches Elektroskop

3 Ein selbst gebautes Elektroskop

Für deine Untersuchungen, ob Körper elektrisch geladen sind, kannst du dir mit einfachen Mitteln selbst ein Elektroskop bauen.

Material
durchsichtiges Gefäß mit Schraubdeckel, Bohrer, dicker und fester Metalldraht (etwa 10 cm), Abisolierzange, Korken, Messer, Klebstoff, Aluminiumfolie (mind. 16 cm lang), Schere

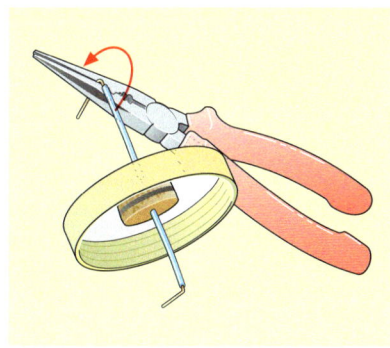

2 Zu Versuchsteil b

Versuchsanleitung
a) Bohre in den Deckel des Gefäßes ein Loch, dessen Größe etwa der Dicke des Metalldrahts entspricht. Schiebe den Metalldraht durch das Loch. Schneide vom Korken zwei etwa 0,5 cm dicke Scheiben ab. Stecke jeweils eine Scheibe von oben und von unten auf den Metalldraht. Klebe die Korkscheiben am Deckel fest.
b) Biege die Enden des Metalldrahts auf etwa 2 cm Länge um (▷ B 2). Sofern der Metalldraht isoliert ist, entferne die Isolierung an den abgebogenen Stücken mit der Zange.
c) Schneide einen etwa 16 cm langen und 1 cm breiten Aluminiumstreifen aus. Knicke den Aluminiumstreifen in der Mitte und lege ihn auf das untere Ende des Metalldrahts.
Du kannst den Aluminiumstreifen auch festkleben, achte dann aber

darauf, dass er Kontakt zum Draht hat.
Schneide den Aluminiumstreifen so weit ab, dass er den Boden des Glases nicht berührt.
Schraube den Deckel auf das Glas, und fertig ist dein Elektroskop.
d) Du kannst auch noch eine Kugel aus Aluminiumfolie formen und auf das obere Ende des Elektroskops stecken (▷ B 3). Mit der Aluminiumkugel schlägt der Zeiger noch besser aus.
e) Prüfe verschiedene geladene und ungeladene Stoffe mit deinem Elektroskop, indem du die Aluminiumfolie beobachtest.
f) Berühre dein Elektroskop mit einem geladenen Luftballon. Beschreibe deine Beobachtungen.

85

Elektrizität zwischen Himmel und Erde

Gewitter sind beeindruckend. Zuerst ziehen dunkle Wolken auf. Dann zucken helle Blitze über den Himmel, die von lautem Donnergrollen begleitet werden.

Wie entsteht ein Gewitter?

In den oberen Schichten der Wolke ist es so kalt, dass die Wassertröpfchen zu Eiskörnchen gefrieren. In der Wolke bewegen sich Eiskörnchen und Wassertröpfchen auf und ab. Dabei reiben sie aneinander und laden sich elektrisch auf. Die Eiskörnchen laden sich positiv auf, sie sammeln sich im oberen Bereich der Wolke. In der unteren Schicht überwiegen die negativ geladenen Wassertröpfchen.

Erst sehen – dann hören

Blitz und Donner entstehen fast gleichzeitig. Wir sehen allerdings zuerst den Blitz, bevor der Donner zu hören ist. Das liegt daran, dass Licht und Schall unterschiedlich schnell sind: Der Lichtblitz bewegt sich mit einer Geschwindigkeit von etwa 300 000 km/s, der Schall des Donners aber nur mit etwa 340 m/s.

Wie weit ist das Gewitter entfernt?

Du kannst einschätzen, wie weit ein Gewitter ungefähr entfernt ist. Hörst du den Donner drei Sekunden, nachdem es geblitzt hat, ist das Gewitter ungefähr 3 x 340 m, also etwa 1 km entfernt.

Ein Gewitter braut sich zusammen ...

Ein Gewitter entwickelt sich oft, wenn es sehr warm ist und feuchte Luftmassen zusammenströmen. Die feuchte Luft steigt nach oben und es bilden sich Wolken. Wenn die kleinen Wassertröpfchen in der Wolke noch weiter aufsteigen, kann eine Gewitterwolke entstehen. Sie kann bis zu 18 km hoch sein.

Ladungsausgleich in der Wolke
Die unterschiedlichen Ladungen in der Wolke können sich durch einen Blitz ausgleichen.

Ladungsausgleich zwischen Wolken
Die unterschiedlichen Ladungen zwischen den Wolken können sich durch einen Blitz ausgleichen. Ein Blitz dauert nur Sekunden-Bruchteile.

Bei einem Gewitter können sich die unterschiedlichen Ladungen innerhalb einer Wolke durch einen Blitz ausgleichen. Der Ladungsausgleich kann auch zwischen zwei Wolken oder zwischen Wolke und Erde erfolgen.

AUFGABEN

1 ○ Beschreibe, wie eine Gewitterwolke entsteht.

2 ○ Gib an, wie schnell ein Lichtblitz ist und wie schnell der Schall ist.

3 Erläutere, wie es in der Wolke zu einem Blitz kommt.

4 Timo meint: „Der Donner tritt immer erst nach dem Blitz auf." Nimm Stellung zu dieser Aussage.

5 Markus hört den Donner eines Blitzes nach 5 s. Berechne, wie weit der Blitz von Markus entfernt ist.

6 ● Beschreibe, wie du erkennen kannst, ob ein Gewitter sich auf dich zubewegt oder von dir wegbewegt.

7 ● Informiere dich, wie du dich draußen beim einem Gewitter verhalten solltest. Präsentiere deine Ergebnisse auf einem Plakat.

Ladungsausgleich zwischen Wolke und Erde
Auch die unterschiedlichen Ladungen zwischen Wolke und Erde können sich ausgleichen. Diese Blitze schlagen bevorzugt in die höchsten Punkte, z. B. Bäume oder Häuser, ein.

Blitz und Donner
Bei einem Blitz erhitzt sich die Luft sehr stark. Es entstehen Temperaturen bis zu 30 000 °C. Die erhitzte Luft dehnt sich explosionsartig aus. Dies hörst du als Donner.

Elektrische Geräte richtig anschließen

Elektrische Geräte benutzt du jeden Tag ganz selbstverständlich. Aber welche Voraussetzungen müssen erfüllt sein, damit ein Gerät auch funktioniert? In den folgenden Versuchen kannst du es selbst herausfinden. Beachte die Versuchsanweisungen.
Vorsicht: Experimentiere niemals mit elektrischem Strom aus der Steckdose!

1 Der einfache Stromkreis
Material
Flachbatterie (4,5 V), Kabel, Glühlampe (3,8 V) mit Fassung, Glühlampe eines Fahrrads mit Fassung, Halogenglühlampe (aus dem Haushalt) mit Fassung

Versuchsanleitung
a) Bringe mithilfe der Batterie und der Kabel die Glühlampe (3,8 V) zum Leuchten (▷ B 1).
b) Vertausche die Kabel an der Fassung. Beobachte und notiere, was passiert.
c) Schließe nun zunächst eine Fahrradlampe und anschließend eine Halogenglühlampe an die Batterie an. Beobachte und notiere die Veränderungen.

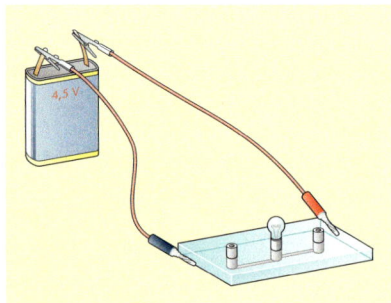

1 Wann leuchtet die Lampe?

2 Elektromotor

2 Der Elektromotor
Material
Flachbatterie (4,5 V), Solarzellen, Elektromotor, Glühlampe (3,8 V) mit Fassung, Kabel, starke Lichtquelle (z. B. Taschenlampe)

Versuchsanleitung
a) Schließe die Glühlampe an die Batterie an und bringe sie zum Leuchten. Vertausche die Kabel an der Fassung. Notiere deine Beobachtungen.
b) Ersetze die Glühlampe durch den Elektromotor (▷ B 2) und bringe ihn zum Laufen. Vertausche die Kabel an den Anschlüssen. Beobachte und notiere die Veränderungen.
c) Ersetze die Batterie durch die Solarzellen. Bringe den Motor mithilfe einer Lichtquelle (Sonne, Taschenlampe) zum Laufen. Verändere die Beleuchtung (Abstand, Helligkeit, Richtung). Beobachte und notiere, wann der Motor sich dreht.

3 Die LED als Lichtquelle
Material
Flachbatterie (4,5 V), Leuchtdiode (LED) mit eingebautem Vorwiderstand, Kabel

Versuchsanleitung
Schließe die Leuchtdiode an die Batterie an und bringe sie zum Leuchten. Vertausche die Anschlüsse an der LED. Notiere deine Beobachtungen.

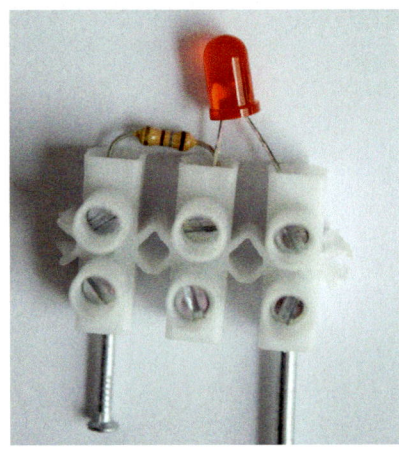

3 Leuchtdiode (LED) mit Vorwiderstand

AUFGABEN

1 ○ Zähle alle Geräte auf, die du für die elektrischen Stromkreise auf dieser Seite benötigst.

2 ◒ Vergleiche die Ergebnisse aller Versuche: Welche Bedingungen müssen erfüllt sein, damit ein elektrischer Strom fließt?

3 ◒ Vergleiche Batterie und Solarzelle miteinander. Zähle Vorteile und Nachteile dieser Spannungsquellen auf.

Der elektrische Stromkreis

Ein Tag ohne Elektrogeräte?

Elektrische Geräte erleichtern unser Leben. Musik hören, Haare trocknen oder den Computer benutzen – ohne elektrische Geräte ist unser Alltag nicht mehr vorstellbar.

Elektrische Geräte anschließen

Um elektrische Geräte nutzen zu können, müssen sie mit Energie versorgt werden. Dazu brauchst du eine Spannungsquelle. Oft reicht beispielsweise eine Batterie oder eine Solarzelle. Die meisten Haushaltsgeräte werden jedoch an die Steckdose angeschlossen, die über das öffentliche Stromnetz mit Kraftwerken verbunden ist. Der Strom aus der Steckdose ist lebensgefährlich – experimentiere niemals damit!

Die richtige Polung

Jede Spannungsquelle hat zwei Anschlüsse. Die Anschlüsse nennt man Pole. Batterien haben einen **Pluspol (+)** und **Minuspol (–)**. Bei vielen elektrischen Geräten ist die richtige Polung wichtig: Ein Elektromotor ändert beispielsweise die Drehrichtung, wenn du die Batteriepole vertauschst. Andere Geräte funktionieren bei falscher Polung gar nicht oder können zerstört werden.

Der elektrische Stromkreis

Elektrische Geräte funktionieren nur dann, wenn sie Teil eines geschlossenen Stromkreises sind: Beide Pole der Spannungsquelle müssen mit dem Gerät verbunden sein.

Oft wird in den Stromkreis noch ein Schalter eingebaut. Damit kannst du den Stromkreis nach Bedarf unterbrechen oder schließen.

Im Bild 1 siehst du einen geschlossenen Stromkreis. Er führt von der Batterie (Minuspol) zum Schalter, von dort aus zur

1 Ein geschlossener elektrischer Stromkreis

Lampe und von der Lampe zum Pluspol der Batterie. Die elektrische Verbindung ist an keiner Stelle unterbrochen.

Ein elektrisches Gerät funktioniert nur dann, wenn es an eine geeignete Spannungsquelle angeschlossen ist und der Stromkreis geschlossen ist.

AUFGABEN

1 ○ Beschreibe, was ein geschlossener Stromkreis ist.

2 ◔ Schreibe eine genaue Aufbauanleitung für den im Bild 1 dargestellten Stromkreis.

3 ◔ Finde heraus und beschreibe, welche Hinweise es auf einer Fernbedienung gibt, damit die Batterien richtig eingelegt werden.

4 ● Skizziere einen geschlossenen Stromkreis mit zwei Lampen, einem Schalter und einem Experimentiermotor.

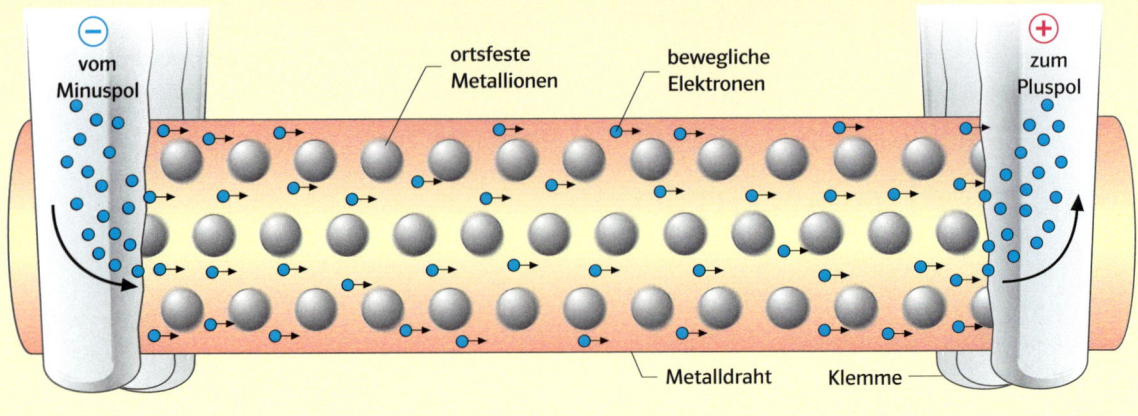

1 Elektronenfluss in einer Leitung

Was ist elektrischer Strom?

Verschiedene Ströme

Du kennst unterschiedliche Ströme (▷ B 1 – B 3). Ein großer Fluss wird als Strom bezeichnet. Auf der Autobahn fließen Verkehrsströme. Aus einem Luftballon strömt Luft. All diese Ströme haben eine Gemeinsamkeit: Sie bestehen aus „Teilchen". Es bewegt sich etwas in eine Richtung. Beim Wasserstrom bewegen sich Wasserteilchen in eine Richtung, beim Verkehrsstrom bewegen sich Fahrzeuge in eine Richtung.

Elektrischer Strom

Im elektrischen Stromkreis fließen die Elektronen in der Leitungen in eine gemeinsame Richtung (▷ B 1). Im elektrischen Stromkreis aus Batterie und Lampe fließen die Elektronen vom Minuspol der Batterie zum Pluspol. (▶ System, S. 200/201)

In elektrischen Leitungen ist der elektrische Strom ein Elektronenstrom.

AUFGABEN

1   ○ Beschreibe die Gemeinsamkeiten von Strömen.

2   ○ Vergleiche die Ströme in Bild 1 bis Bild 3. Nenne die Gemeinsamkeiten und Unterschiede.

3   ◐ Zeichne einen elektrischen Stromkreis aus Batterie, Kabeln und Lampe. Kennzeichne die Richtung, in die sich die Elektronen bewegen.

4   ◐ Erstelle eine Tabelle mit den auf dieser Seite vorkommenden Strömen und was sich bewegt.

5   ● Begründe, warum das Herumlaufen von Schulkindern in der großen Pause auf dem Schulhof kein Strom ist.

2 Der Fluss – Strom aus Wasser   **3** Verkehrsstrom

Leiter und Nichtleiter

Welche Stoffe leiten den elektrischen Strom?

Wenn du untersuchen möchtest, welche Stoffe den elektrischen Strom leiten, musst du mit verschiedenen Gegenständen einen Stromkreis schließen (▷ B1).

Alle Gegenstände bestehen aus Stoffen. Ein Bleistift zum Beispiel besteht aus Holz und Graphit. Manche Stoffe leiten den elektrischen Strom, manche Stoffe nicht. Wenn die Glühlampe leuchtet, dann leitet der verwendete Stoff den elektrischen Strom. Wenn die Glühlampe hingegen nicht leuchtet, dann leitet dieser Stoff den elektrischen Strom nicht oder nur sehr schlecht. Wenn du die Lampe durch ein empfindliches Strommessgerät (Ampere-meter) ersetzt, dann kannst du manchmal einen geringen Stromfluss feststellen.

Leiter und Nichtleiter

Leitende Stoffe sind zum Beispiel alle Me-talle, aber auch Graphit. Diese Stoffe nennt man **Leiter**.

Zu den nichtleitenden Stoffen zählen zum Beispiel Kunststoff, Glas, Porzellan und Kalk. Diese Stoffe nennt man **Nichtleiter** oder **Isolatoren**.

Stoffe, die den elektrischen Strom leiten, werden Leiter genannt.

Stoffe, die den elektrischen Strom nicht leiten, werden Isolatoren (Nichtleiter) genannt.

AUFGABEN

1 ○ Nenne mindestens drei leitende und drei nichtleitende Gegenstände.

2 ◒ Begründe an zwei Beispielen, wo Isolatoren besonders wichtig sind.

3 ● Betrachte ein Experimentierlämp-chen mit einer Lupe. Zeichne das Lämp-chen ab. Benenne die leitenden und die nicht leitenden Teile des Lämpchens.

VERSUCH

1 Baue den Prüfstromkreis aus Bild 1 auf. Schließe den Stromkreis mit verschie-denen Gegenständen. Notiere deine Beobachtungen in einer Tabelle.

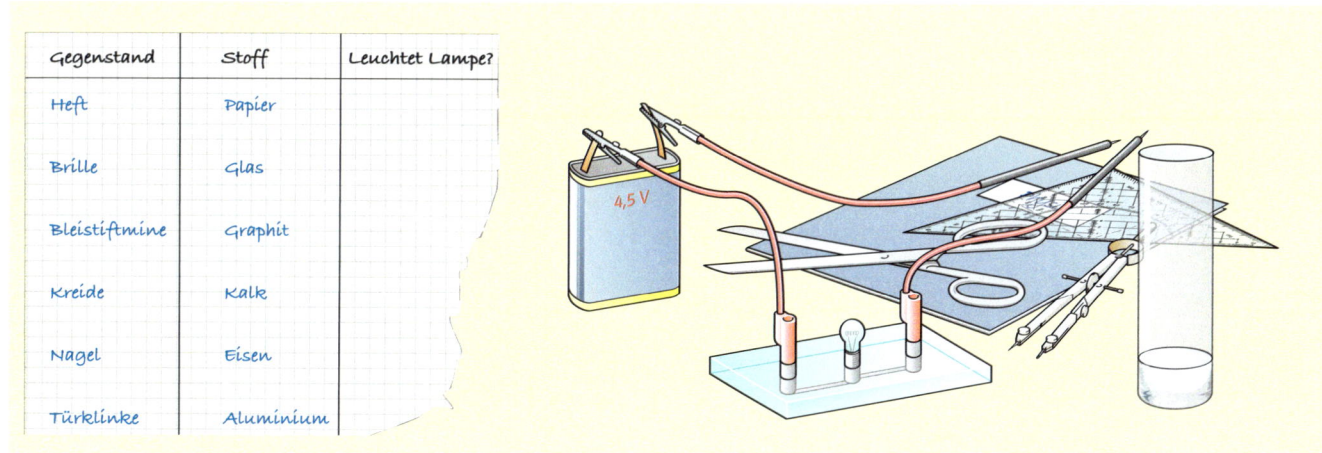

Gegenstand	Stoff	Leuchtet Lampe?
Heft	Papier	
Brille	Glas	
Bleistiftmine	Graphit	
Kreide	Kalk	
Nagel	Eisen	
Türklinke	Aluminium	

1 Leiter oder Nichtleiter?

Lernen an Modellen

Modelle helfen, die Natur zu verstehen

Ein Modell ist ein vereinfachtes Abbild von der Wirklichkeit. Mithilfe von Modellen können wir die Erscheinungen in der Natur besser verstehen und Ideen für ihre Erklärung finden.

Ein Modell kann ein Gegenstand sein. So ist z. B. die verkleinerte Nachbildung eines Oldtimers, das von einem wirklichen Auto angefertigt wurde, ein gutes Anschauungsmodell. Besonders wichtige Eigenschaften des Originals werden hervorgehoben, unwichtige weggelassen.

Ein Modell kann auch die Funktionsweise einer technischen Anlage verdeutlichen. Ein Beispiel siehst du im Bild 1.

Modelle helfen auch bei der Erklärung von Dingen, die du nicht sehen kannst (▷ B 2).

Das Magnetfeld der Erde: Modell und Wirklichkeit (▷ B 2)

Die Erde ist von einem Magnetfeld umgeben. Ein Kompass richtet sich im Magnetfeld der Erde aus. Das Magnetfeld gibt es tatsächlich – aber es ist unsichtbar. Wie kann man dann erklären, warum die Kompassnadel genau in eine bestimmte Richtung zeigt?

Weil das Magnetfeld der Erde in Wirklichkeit sehr kompliziert ist, nutzen wir ein Modell:
Wir stellen uns vor, dass sich in der Erde ein Stabmagnet befindet. (▷ B 2) Nach diesem Modell steckt der Magnet so in der Erde, dass sein Südpol nach Norden zeigt. Dort, wo die Feldlinien aus der Erde austreten, befinden sich die Magnetpole der Erde. In Wirklichkeit gibt es keinen Stabmagneten in der Erde. Aber dieses Modell hilft, die Erscheinungen, wie z. B. die Ausrichtung der Kompassnadel, zu erklären.

Jedes Modell hat Grenzen

Nicht alle Erscheinungen können mit einem einzige Modell erklärt werden. Jedes Modell hat seine Stärken und Schwächen.

Mit dem Stabmagnet-Modell kannst du begründen, warum die Erde zwei Magnetpole hat und wo sie liegen. Aber du kannst z. B. damit nicht erklären, warum die Magnetpole von Jahr zu Jahr ihre Position verändern.

AUFGABEN

1 ○ Gib an, warum Menschen Modelle nutzen.

2 ◒ Schau dir das Modell im Bild 2 an. Beschreibe das Modell. Nenne seine Grenzen.

3 ● Erläutere zwei weitere Modelle, die du im Unterricht kennengelernt hast.

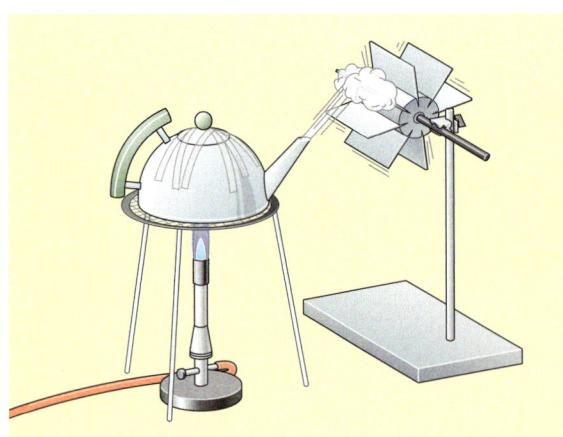

1 Das Modell eines Wärmekraftwerks

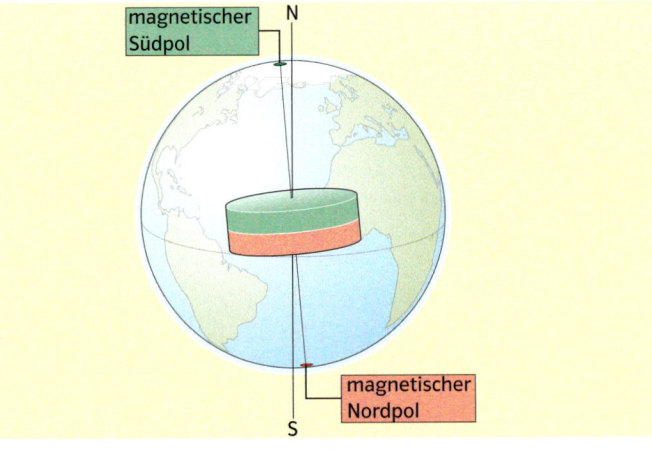

magnetischer Südpol

N

magnetischer Nordpol

S

2 Das Magnetfeld der Erde im Modell

Modelle für den Stromkreis

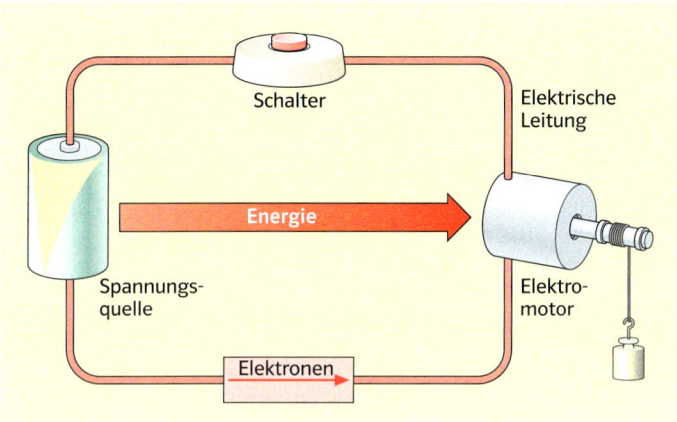

1 Der elektrische Stromkreis

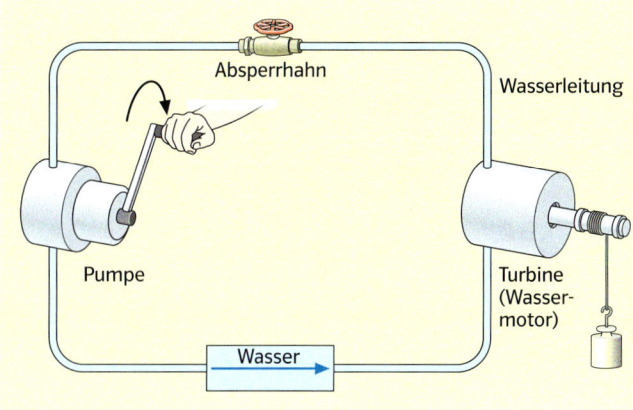

2 Modell: Wasserstromkreis

Den elektrischen Strom können wir nicht sehen. Trotzdem versuchen wir uns vorzustellen, wie der Strom in einem Stromkreis fließt. Es gibt mehrere Modelle für den elektrischen Stromkreis. Zwei davon werden auf dieser Seite vorgestellt.

Der Stromkreis im Bild 1 besteht hauptsächlich aus einer Spannungsquelle und einem Elektromotor. In der Spannungsquelle ist Energie gespeichert. Die Bauteile sind durch Leiter verbunden.
Wenn der Stromkreis geschlossen ist, dann treibt die Spannungsquelle die Elektronen an. Sie bewegen sich in eine gemeinsame Richtung – es fließt ein elektrischer Strom. Der Strom transportiert elektrische Energie. Der Motor wandelt die elektrische Energie um und kann damit beispielsweise einen Gegenstand anheben.

Ein Modell: Der Wasserstromkreis

Dieses Modell vergleicht den elektrischen Strom mit einem Wasserstrom (▷ B 2). Die Wasserteilchen stellen die Elektronen dar. Die Pumpe treibt das Wasser durch einen geschlossenen Kreis aus Wasserleitungen. Der Wasserstrom transportiert Energie. Die Turbine entnimmt daraus Energie, wandelt sie um und kann damit ein Massestück anheben.

Das Fahrradketten-Modell

In diesem Modell wird der elektrische Stromkreis mit einer geschlossenen Kette an einem Fahrrad verglichen. Das vordere große Kettenrad ist der Antrieb. Das Rad treibt die einzelnen Kettenglieder an. So setzt sich die ganze Kette in Bewegung und transportiert Energie zum Hinterrad des Fahrrads. Das Rad kommt in Schwung und beginnt sich zu drehen.

Der Wasserstromkreis und das Kettenmodell sind Modelle für den elektrischen Stromkreis.

AUFGABEN

1 ○ Ergänze den Satz: „Strommodelle sind hilfreich, weil …."

2 ◔ Beschreibe die Gemeinsamkeiten der Stromkreise in den Bildern 1 und 2.

3 ● a) Vergleiche den elektrischen Stromkreis mit den im Text genannten Modellen. Stelle Gemeinsamkeiten heraus, indem du einander entsprechende Teile in einer Tabelle zuordnest.
● b) Versuche, das Kettenmodell in einer Zeichnung zu verdeutlichen.

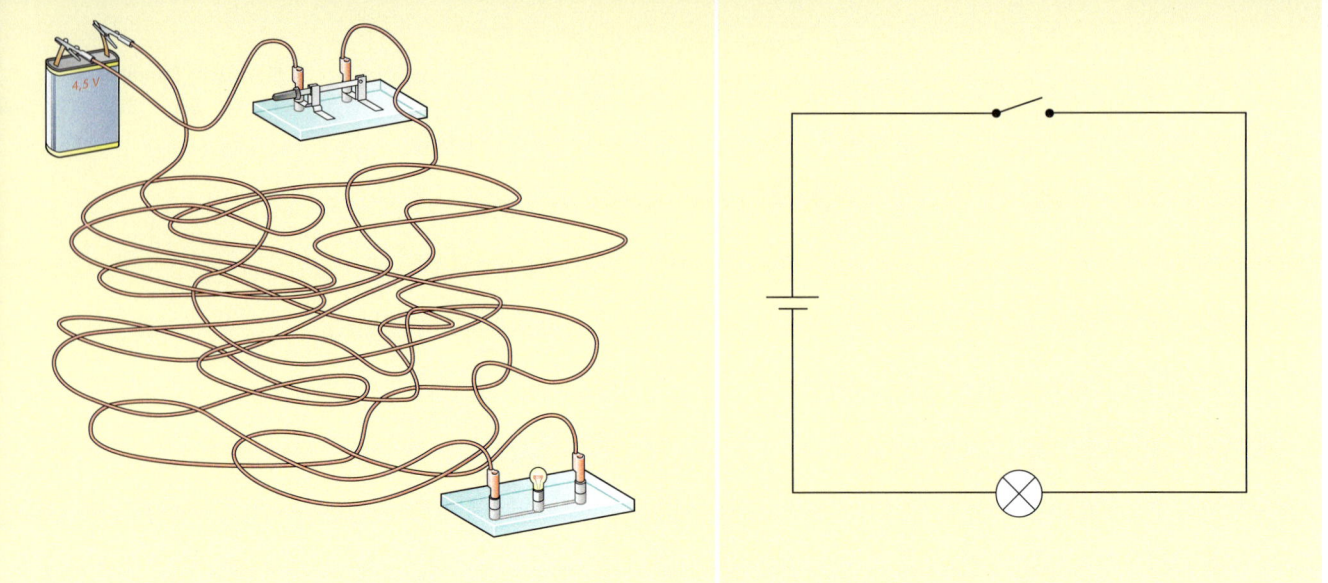

1 Stromkreis …   **2** … mit passendem Schaltplan

Schaltpläne zeichnen

Ein schneller Plan für jeden Stromkreis

Wenn du den elektrischen Stromkreis in Bild 1 als Versuchsskizze zeichnen müsstest, dann wäre das sicher sehr aufwendig. Vermutlich würde auch jeder von euch zu unterschiedlichen Ergebnissen kommen.

Für das Zeichnen von Stromkreisen verwendet man daher **Schaltzeichen** (▷ B 3). Die Schaltzeichen sind in fast allen Ländern gleich.

Den unübersichtlichen Stromkreis kannst du nun mit Schaltzeichen ganz einfach und schnell zeichnen. Eine solche Zeichnung heißt **Schaltplan** (▷ B 2).

Vom Stromkreis zum Schaltplan

Beginne beim Zeichnen immer an einem Pol der Spannungsquelle. Verfolge in Gedanken den Weg durch den Stromkreis von Bauteil zu Bauteil bis zum anderen Pol der Spannungsquelle. Ergänze dann weitere Bauteile.

Wenn du einen Stromkreis nach Vorlage eines Schaltplans aufbauen sollst, gehst du genauso vor. Beginne auch hier an einem Pol der Spannungsquelle.

Mit einem Schaltplan kannst du Stromkreise übersichtlich darstellen. Dabei stellt man die Bauteile als Schaltzeichen dar.

Regeln für das Zeichnen:

- *Kabel werden als gerade Linien gezeichnet.*

- *Bei Richtungsänderungen werden Kabel im rechten Winkel weitergezeichnet.*

- *Stellen, an denen Kabel miteinander verbunden sind, können mit einem kleinen Punkt gekennzeichnet werden.*

- *Bauteile werden nie in eine Ecke gezeichnet.*

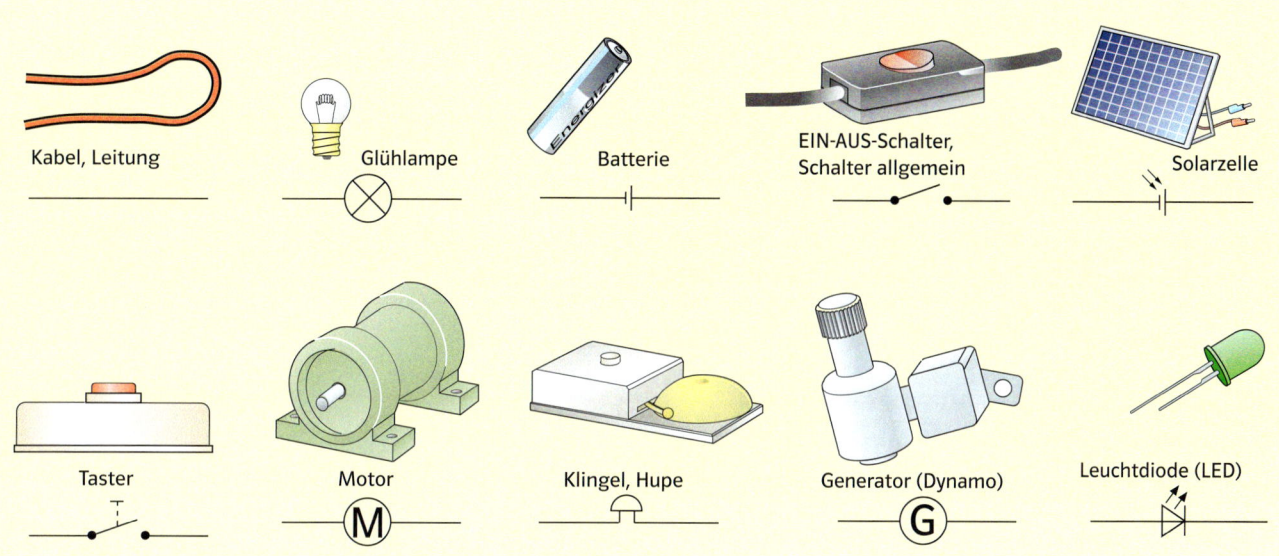

3 Bauteile und ihre Schaltzeichen

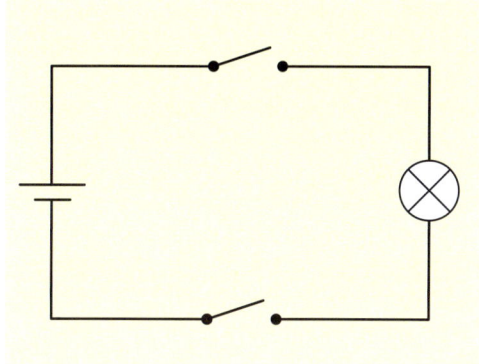

4 Zu Versuch 2

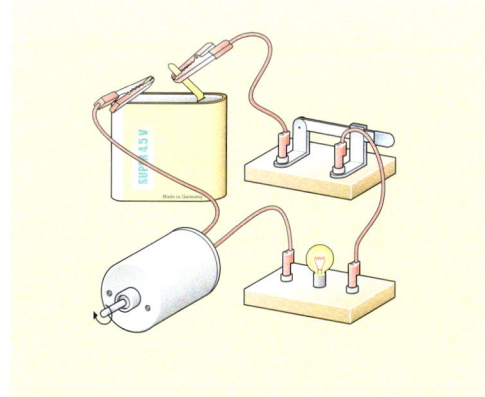

5 Zu Versuch 3

AUFGABEN

1 ○ Nenne die Vorteile eines Schaltplans.

2 ○ Zeichne die Schaltzeichen aus Bild 3 ab. Schreibe die Namen der Bauteile dazu.

3 ◐ Zeichne einen Schaltplan zu einem Stromkreis, der aus einer Batterie, einem Taster und einer Klingel besteht.

4 ◐ Begründe, warum es sinnvoll ist, einheitliche Schaltzeichen zu verwenden.

5 ● Zeichne einen Schaltplan mit zwei Glühlampen. Beide Glühlampen sollen leuchten.

VERSUCHE

1 Baue einen Stromkreis aus einer Batterie, zwei Lampen und einem Schalter auf. Fertige den dazu passenden Schaltplan an.

2 In Bild 4 siehst du einen Schaltplan. Baue den Stromkreis mit Materialien aus der Schulsammlung auf.

3 Fertige zum Versuchsaufbau in Bild 5 den dazu passenden Schaltplan an und baue den Stromkreis auf.

1 Lichterkette   **2** Deckenlampe

Reihen- und Parallelschaltung

Eine Quelle für mehrere Lampen
Bei einem Fahrrad, in einem Auto oder
in deinem Zimmer leuchten oft mehrere
Lampen gleichzeitig. Die Lampen werden
meistens von einer einzigen Spannungsquelle versorgt.

Wenn du zwei oder mehrere Lampen an
eine Spannungsquelle anschließen möchtest, dann hast du zwei Möglichkeiten:
Die Lampen können in Reihe oder parallel
geschaltet werden.

Reihenschaltung
In einer **Reihenschaltung** sind alle Lampen
nacheinander in einer Reihe geschaltet
(▷ B 3). Alle Bauteile sind in einem einzigen
Stromkreis.
Je mehr gleiche Lampen du in Reihe
schaltest, desto schwächer leuchtet jede
einzelne. Drehst du eine der Lampen aus
der Fassung, dann ist der gesamte Stromkreis unterbrochen.
Eine Reihenschaltung von Lampen findest
du in vielen Lichterketten (▷ B 1).

Mithilfe des Wassermodells kannst du die
Reihenschaltung erklären. Von der Pumpe
müssen die Wasserteilchen erst durch die
erste Turbine und dann durch die zweite
Turbine. Wenn eine Turbine defekt ist, dann
kann das Wasser dort nicht mehr weiter-
strömen.
Genauso verhält es sich in einem elektrischen Stromkreis: Von der Batterie wan-
dern die Elektronen zur ersten Lampe und
dann zur zweiten. Ist eine Lampe defekt,
dann können die Elektronen nicht weiter-
fließen. Der Stromkreis ist unterbrochen.

Parallelschaltung
Bei einer Parallelschaltung ist jede Lampe
einzeln an die Spannungsquelle angeschlossen (▷ B 2, B 4). Somit hat jede Lampe einen eigenen Stromkreis. Häufig wird
ein Stück Kabel als gemeinsame Zuleitung
benutzt. Im Schaltplan im Bild 6 sind diese
Kabel in der Mitte eingezeichnet.
Jede Lampe bildet mit der Spannungsquelle einen eigenen Stromkreis. An der
Verzweigung teilt sich der Strom auf.

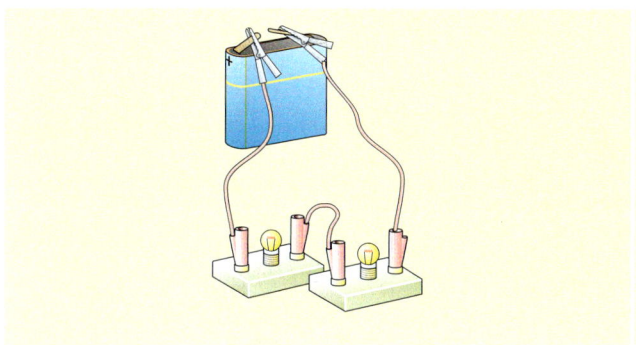

3 Aufbau einer Reihenschaltung

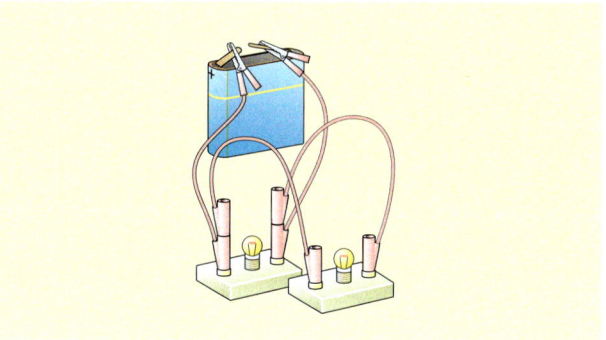

4 Aufbau einer Parallelschaltung

Du kannst weitere Lampen parallel hinzuschalten, ohne dass die Lampen schwächer leuchten. Ist eine der Lampen defekt, so ist nur der betreffende Stromkreis unterbrochen – die anderen Lampen leuchten weiter.

Auch die Parallelschaltung von Lampen lässt sich mit dem Wassermodell erklären. Von der Pumpe gelangen die Wasserteilchen zur Verzweigung. Ein Teil der Wasserteilchen fließt durch die erste Turbine. Der andere Teil fließt durch die zweite Turbine. Ist eine Turbine defekt, dann können die Wasserteilchen immer noch durch die andere Turbine fließen.

Zwei oder mehrere Lampen können in Reihe oder parallel geschaltet werden. Eine Reihenschaltung besteht aus einem Stromkreis.
Eine Parallelschaltung besteht aus mehreren Stromkreisen mit einer gemeinsamen Zuleitung.

AUFGABEN

1 ○ Nenne die Merkmale einer Reihen- und einer Parallelschaltung.

2 ○ Beschreibe die Funktionsweise der Reihen- und der Parallelschaltung mithilfe des Wassermodells.

3 ◒ Wo würdest du in den Schaltungen in den Bildern 3 und 4 einen Schalter einbauen, mit dem man beide Lampen gleichzeitig an- oder ausschalten kann? Begründe deine Lösung.

4 ◒ Stelle den Stromfluss in einer Reihenschaltung und in einer Parallelschaltung grafisch dar.

5 ● Mara möchte eine Parallelschaltung mit zwei Lampen und Schaltern bauen. Jede Lampe soll einzeln an- und ausgeschaltet werden können. Zeichne den Schaltplan und begründe deine Lösung.

6 ● Ferdinand möchte eine Reihenschaltung mit zwei Lampen und Schaltern bauen. Jede Lampe soll einzeln an- bzw. ausgeschaltet werden können. Zeichne den Schaltplan und begründe deine Lösung.

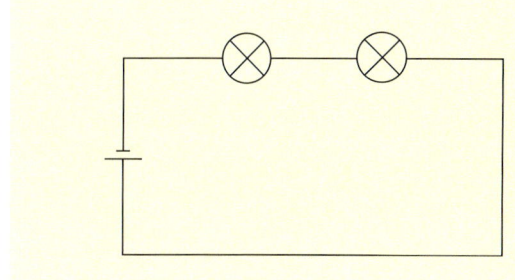

5 Schaltplan einer Reihenschaltung

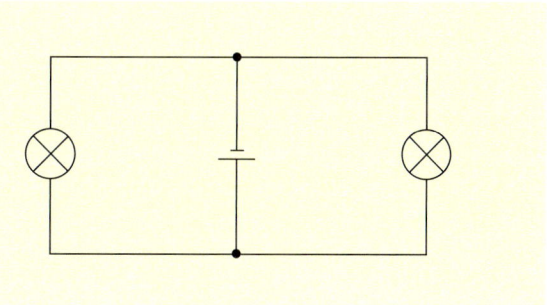

6 Schaltplan einer Parallelschaltung

Versuche mit Schaltern

Bislang hast du haupsächlich einfache Stromkreise aufgebaut, zum Beispiel mit Batterie, Glühlampe, Fassung und Kabeln. Um eine Lampe auszuschalten, kann man den Stromkreis immer an einer Stelle unterbrechen. Dies ist allerdings auf die Dauer unpraktisch.
Mit Schaltern kannst du einen Stromkreis ganz einfach unterbrechen oder schließen.

Die Versuche könnt ihr am besten in verschiedenen Gruppen durchführen. Fertigt jeweils ein Versuchsprotokoll an.

1 Der Taster
Material
Batterie, Klingel, Taster, Kabel

Versuchsanleitung
Verbindet mithilfe der Kabel die Batterie, die Klingel und den Taster zu einem geschlossenen Stromkreis. Wenn ihr den Knopf des Tasters drückt, soll die Klingel läuten. Probiert aus, ob euer Klingelaufbau funktioniert.

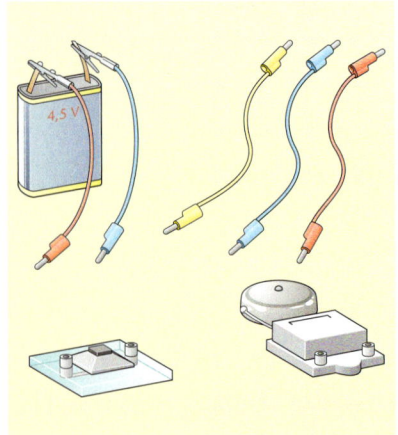

1 Zu Versuch 1

2 Der Wippschalter im Haushalt
Material
Batterie, Glühlampe mit Fassung, Haushaltsschalter (Wippschalter), Kabel

Versuchsanleitung
Baut einen Stromkreis aus Batterie, Lampe und Haushaltsschalter auf. Beachtet dabei, dass der Haushaltsschalter verschiedene Anschlüsse hat.
Findet heraus, wie der Schalter angeschlossen werden muss, damit sich das Licht ein- und ausschalten lässt.

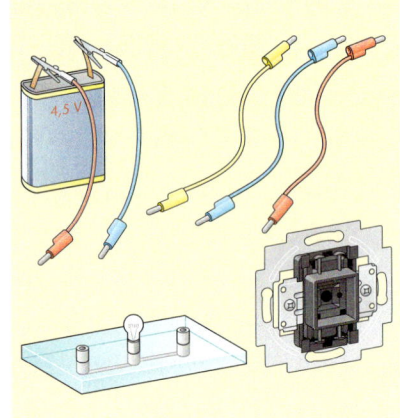

2 Zu Versuch 2

3 Die Sicherheitsschaltung mit zwei Tastern
Material
Batterie, Elektromotor, zwei Taster, Kabel

Versuchsanleitung
Baut einen Stromkreis mit einem Elektromotor und zwei Tastern auf. Dabei müsst ihr zwei Bedingungen erfüllen: Erstens müssen die beiden Taster weit voneinander entfernt sein. Zweitens soll der Elektromotor nur dann laufen, wenn einer von euch die Taster mit beiden Händen gleichzeitig drückt.

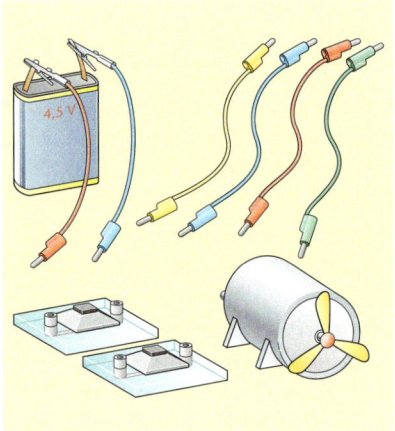

3 Zu Versuch 3

AUFGABE

1 ⊖ Beschreibe den Unterschied zwischen den Schaltern in Versuch 1 und Versuch 2.

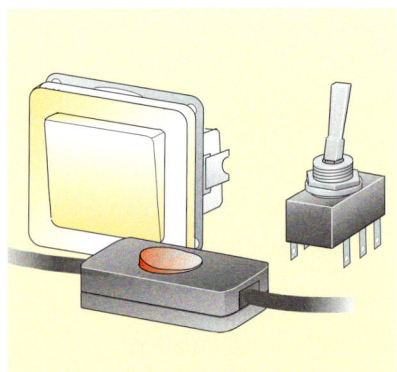

4 Verschiedene Schalter

Schalter

1 Der Wippschalter ist ein Beispiel für einen EIN-AUS-Schalter.

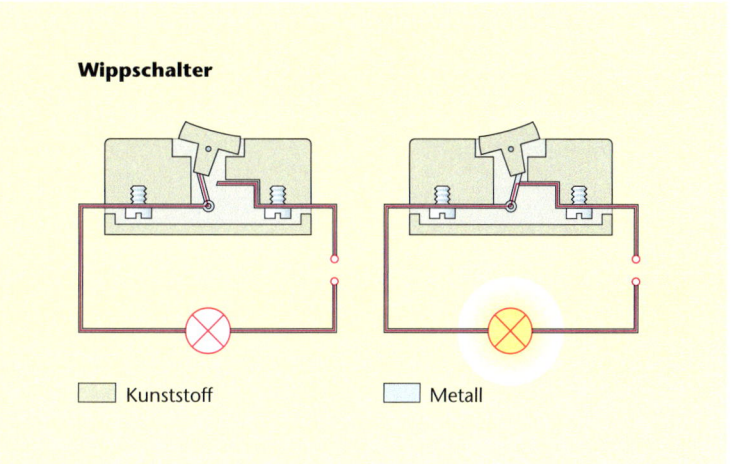

Wippschalter

Kunststoff   Metall

2 Querschnitt eines Wippschalters

Schalterarten

Schalter können unterschiedlich aussehen. Alle Schalter haben aber denselben Zweck: Schalter sollen den Stromkreis unterbrechen oder schließen.

EIN-AUS-Schalter

Wenn du abends ein dunkles Zimmer betrittst, schaltest du das Licht am Lichtschalter ein. Wenn du das Zimmer verlässt, schaltest du das Licht aus. Der Stromkreis muss dauerhaft geschlossen oder unterbrochen sein, nachdem du den Schalter betätigt hast. Ein solcher Schalter heißt **EIN-AUS-Schalter**. Ein besonderer EIN-AUS-Schalter ist der **Wippschalter** (▷ B 1, B 2).

Taster

Die Haustürglocke soll nur so lange läuten, wie jemand auf den Klingelknopf drückt. Dazu verwendet man einen so genannten **Taster**. Wenn der Taster gedrückt wird, dann schließt ein Kontaktstück aus Blech den Stromkreis: Es läutet. Wenn man den Taster loslässt, dann federt das Kontaktstück zurück: Der Stromkreis ist wieder unterbrochen.

Schalter unterbrechen oder schließen den elektrischen Stromkreis.

AUFGABEN

1 ○ Beschreibe die Funktion von Schaltern im elektrischen Stromkreis.

2 ○ Beschreibe den Unterschied zwischen einem EIN-AUS-Schalter und einem Taster.

3 ○ Ist der Wippschalter ein Taster oder ein EIN-AUS-Schalter? Ordne zu.

4 ◒ Beschreibe jeweils drei Beispiele für die Verwendung von Tastern und EIN-AUS-Schaltern im Alltag.

5 ◒ Recherchiere weitere Schalterarten und notiere ihre Namen.

6 ● Zeichne den Querschnitt eines Tasters. Beachte, dass der Taster den Stromkreis beim Drücken schließt.

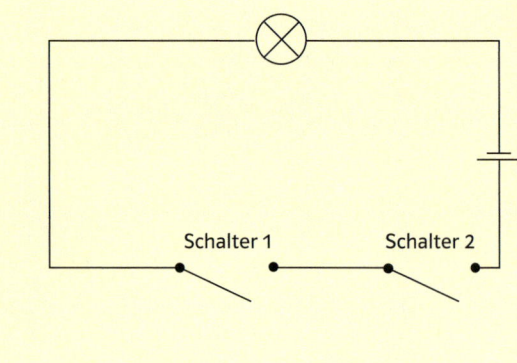

1 Schneidemaschine mit UND-Schaltung

2 Schaltplan der UND-Schaltung

Schaltungen

Schaltungen sind überall

Wenn du elektrische Bauteile in einem Stromkreis anordnest, dann spricht man von einer elektrischen **Schaltung**. Eine Schaltung hat einen ganz bestimmten Zweck, zum Beispiel soll eine Lampe leuchten.

Elektrische Schaltungen findest du fast überall, ob in einem Haushalt oder in deinem Handy.

Die UND-Schaltung

Herr Dittmer arbeitet in einer Druckerei. Er kann mit seiner Papierschneidemaschine über 1000 Blätter auf einmal zuschneiden. Herr Dittmer könnte aus Versehen mit der einen Hand den Schneidemotor einschalten, während er mit der anderen Hand das Papier zurechtrückt. Damit das nicht passiert, ist an der Maschine eine **Sicherheitsschaltung** eingebaut: Die Maschine lässt sich nur einschalten, wenn mit jeder Hand ein Schalter betätigt wird (▷ B 1). Die Schaltung heißt auch **UND-Schaltung**, weil beide Schalter (Schalter 1 und Schalter 2 in Bild 2) betätigt werden müssen.

Auch in der Waschmaschine findest du eine UND-Schaltung: Außer dem EIN-AUS-Schalter gibt es in der Tür einen weiteren Schalter. Dieser Schalter schließt den Stromkreis erst dann, wenn die Tür zu ist.

Die ODER-Schaltung

In Mehrfamilienhäusern findest du meist zwei Klingelknöpfe für jede Wohnung: einen an der Haustür und einen an der Wohnungstür (▷ B 3). Probiere es aus: Wenn der untere, der obere oder sogar alle beide Klingelknöpfe gedrückt werden, läutet die Türklingel. Die Schaltung heißt **ODER-Schaltung**, weil nur ein Schalter (Schalter 1 oder Schalter 2 in Bild 4) betätigt werden muss.

Die Wechselschaltung

In langen Fluren gibt es noch eine weitere Schaltung. Manchmal gibt es eine Lampe, die du von zwei Schaltern aus betätigen kannst. Mit der **Wechselschaltung** kannst du das Licht an einer Stelle einschalten und an einer anderen Stelle wieder ausschalten (▷ B 5). Das ist praktisch, da du nicht durch den ganzen Flur laufen musst.

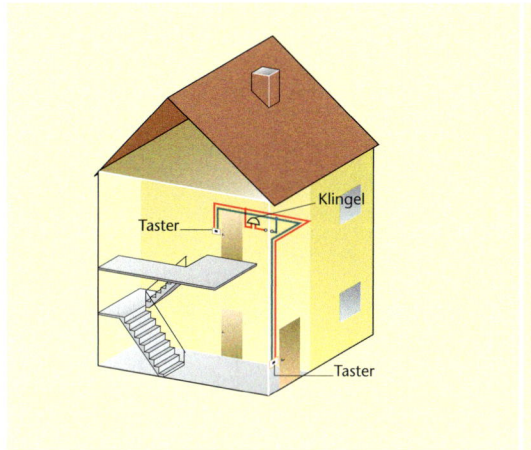

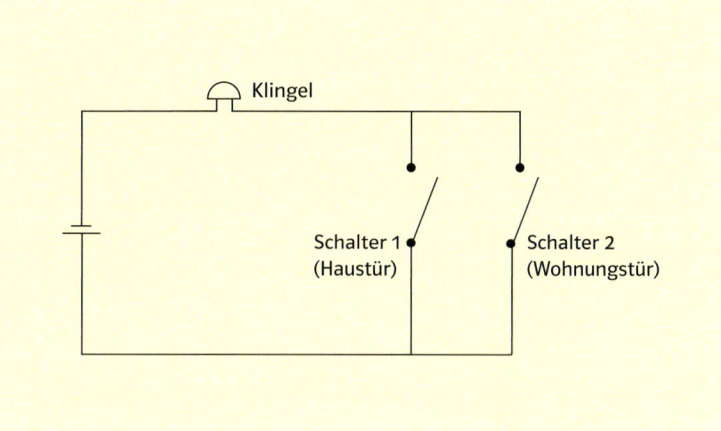

3 ODER-Schaltung bei einer Wohnungsklingel

4 Schaltplan der ODER-Schaltung

Bei der UND-Schaltung ist der Stromkreis nur geschlossen, wenn Schalter 1 und Schalter 2 geschlossen sind.

Bei der ODER-Schaltung ist der Stromkreis geschlossen, wenn Schalter 1 oder Schalter 2 geschlossen ist.

Bei der Wechselschaltung lässt sich an jedem Schalter der Stromkreis öffnen und schließen.

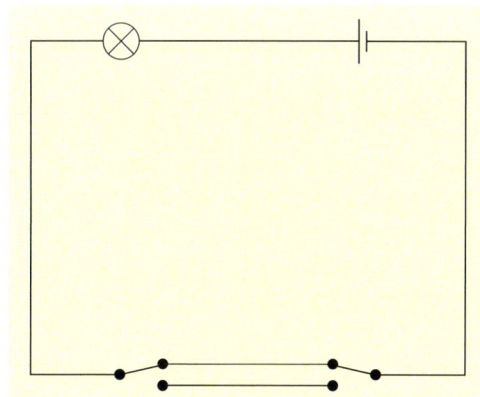

5 Schaltplan einer Wechselschaltung

AUFGABEN

1   ○ a) Zeichne den Schaltplan einer UND-Schaltung.
    ○ b) Zeichne den Schaltplan einer ODER-Schaltung.
    ○ c) Zeichne den Schaltplan einer Wechselschaltung.

2   ○ Gib zu allen im Text genannten Schaltungen ein Anwendungsbeispiel aus dem Alltag an.

3   ◒ Beschreibe die Vorteile der Wechselschaltung anhand eines eigenen Beispiels.

4   ◒ Begründe, warum die UND-Schaltung auch Sicherheitsschaltung genannt wird.

5   ● Zeichne den Schaltplan einer Innenbeleuchtung eines Autos. Bei einem Auto wird die Innenbeleuchtung eingeschaltet, sobald eine der vier Türen geöffnet ist.

VERSUCH

1   a) Baue die Schaltung nach Bild 4 auf. Bestimme, bei welchen Schalterstellungen die Klingel leuchtet. Stelle deine Ergebnisse in einer geeigneten Tabelle übersichtlich dar.
    b) Wiederhole den Versuch für die Schaltung in Bild 5.

Wege für den elektrischen Strom

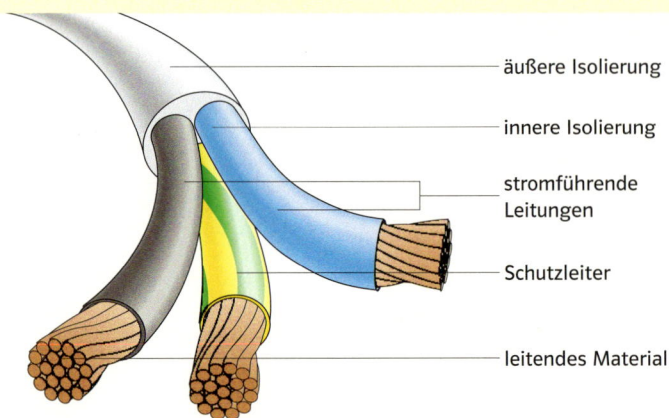

äußere Isolierung

innere Isolierung

stromführende Leitungen

Schutzleiter

leitendes Material

1 Aufbau eines Kabels

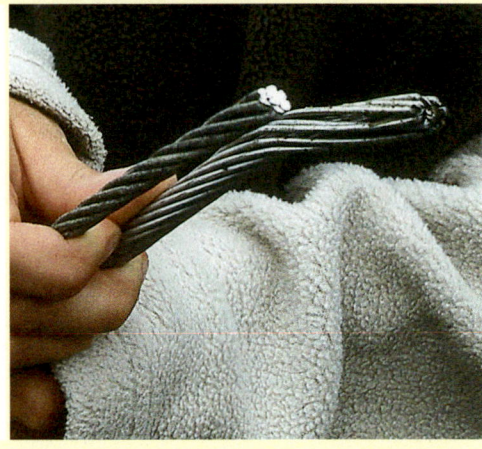

2 Leiterseile für Freileitung

Ein einfaches Experimentierkabel besteht aus einem Leiter und einem Nichtleiter. Als Leiter werden meistens viele feine Kupferdrähte verwendet (▷ B 3). Kupfer wird eingesetzt, weil es ein sehr guter elektrischer Leiter ist. Durch die vielen dünnen Drähte bleibt das Kabel biegsam. Das Drahtbündel ist von Kunststoff umhüllt. Kunststoff ist ein Nichtleiter. Dadurch wird verhindert, dass Menschen versehentlich die Leitungen berühren und gefährdet werden.

Elektrokabel im Haushalt
Die Kabel für elektrische Haushaltsgeräte bestehen meist aus drei einzelnen Leitungen (▷ B 1). Sie enthalten ebenfalls

Kupferdrähte. Sie sind jedoch dicker als im Experimentierkabel, weil ein stärkerer Strom fließt. Alle drei Leitungen sind voneinander gut isoliert. Außen sind alle Leitungen noch einmal von einem Mantel aus Kunststoff umgeben.

Freileitungen
Der elektrische Strom wird vom Elektrizitätswerk in Freileitungen über große Entfernungen transportiert (▷ B 2). Freileitungen müssen leicht sein. Sie bestehen aus einem stabilen Stahlkern, der mit gut leitenden Aluminiumseilen umwickelt ist. Freileitungen sind keine Kabel, weil sie nicht mit einem Isolator ummantelt sind.

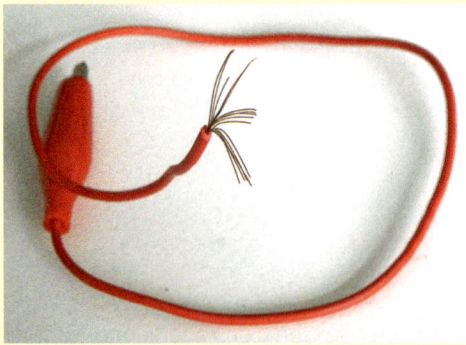

3 Experimentierkabel

AUFGABEN

1 ⬤ Beschreibe den Aufbau eines Haushaltskabels. Begründe die verwendeten Materialien.

2 ⬤ Begründe, warum Leiterseile nicht vollständig aus Stahl bestehen.

3 ⬤ Begründe den unterschiedlichen Aufbau eines Leiterseils und eines Experimentierkabels.

Sicherer Umgang mit elektrischem Strom

Strom kann gefährlich sein

Elektrischer Strom ist nützlich. Wenn Menschen jedoch unvorsichtig mit elektrischem Strom umgehen, können sie schwer verletzt oder sogar getötet werden. In unserem Alltag gibt es viele gefährliche Situationen: Ungesicherte Steckdosen oder beschädigte Kabel im Haushalt sind nur einige Beispiele dafür.

Wasser leitet den Strom

Besonders gefährlich ist es, wenn elektrische Geräte mit Feuchtigkeit in Berührung kommen. Im Wasser sind Stoffe gelöst, die dafür sorgen, dass der Strom fließen kann. Sei deshalb besonders vorsichtig. Es besteht Lebensgefahr.

Der Mensch ist ein elektrischer Leiter

Auch der menschliche Körper kann elektrischen Strom leiten. Die Gefährlichkeit hängt davon ab, wie stark der Strom ist, wie lange er fließt und welchen Weg er durch den Körper nimmt.

Lebensgefährlich ist es beispielsweise, die Anschlüsse einer Steckdose zu berühren. Dabei fließen so starke Ströme, dass es zu schwersten Verbrennungen mit tödlichem Ausgang kommen kann.

Kurzschluss

Bei einem Kurzschluss fließt der Strom von der Hinleitung direkt in die Rückleitung. Dadurch ist der Strom sehr stark und es kann ein Brand entstehen. Im Haushalt entstehen Kurzschlüsse, wenn sich elektrische Leitungen berühren. Darum ist es gefährlich, eine Stromleitung anzubohren.

Vorsicht! Experimentiere niemals mit elektrischem Strom aus der Steckdose. Es besteht Lebensgefahr!

AUFGABEN

1 ○ Beschreibe die Situationen im Bild 1. Verdeutliche deiner Klasse, warum diese gefährlich sind.

2 ◐ Erkläre deiner Klasse, wie ein Kurzschluss entstehen kann.

3 ● Welche Vorsichtsmaßnahmen müssen in einer Wohnung getroffen werden, damit es für Kleinkinder zu keinem Stromunfall kommen kann? Begründe deine Auswahl.

4 ● Elektrischer Strom ist gefährlich. Bereite ein Referat zu dem Thema vor.

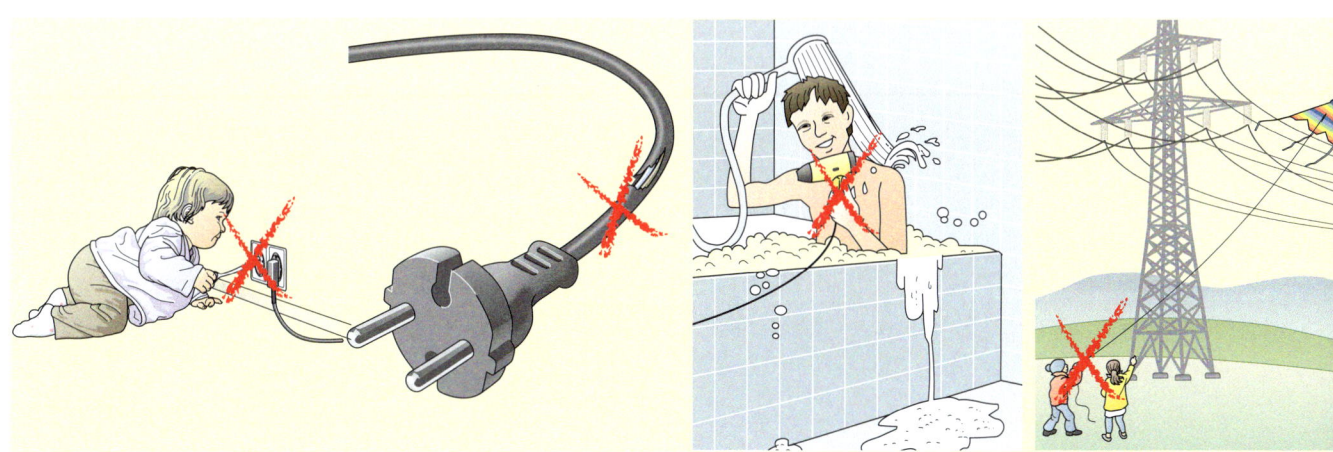

1 Gefährliche Situationen

Zusammenfassung

Elektrisch geladene Gegenstände

Zwei Körper können elektrisch positiv (+) und negativ (–) aufgeladen werden, wenn man sie aneinander reibt und anschließend trennt. Werden die Körper vollständig entladen, sind sie wieder elektrisch neutral. Mit einer Glimmlampe oder einem Elektroskop kannst du elektrische Ladungen nachweisen.

Elektrische Kräfte

Gleich geladene Körper stoßen einander ab. Unterschiedlich geladene Körper ziehen einander an. Geladene Körper und ungeladene Körper ziehen einander ebenfalls an.

Das Atom

Ein Atom besteht aus einem positiv geladenen Atomkern und aus negativ geladenen Elektronen. Die Elektronen bilden die Atomhülle.

Der elektrische Strom

Ein elektrischer Strom besteht aus elektrischen Ladungen, die in eine gemeinsame Richtung fließen. In festen elektrischen Leitungen ist der elektrische Strom ein Elektronenstrom zum Pluspol.

Der elektrische Stromkreis

Ein elektrischer Stromkreis führt von einem Pol der Spannungsquelle über ein elektrisches Gerät zum anderen Pol der Spannungsquelle.
Ein elektrisches Gerät kann nur funktionieren, wenn es an eine geeignete Spannungsquelle angeschlossen wird. Außerdem muss der Stromkreis geschlossen sein.

Leiter und Isolatoren

Stoffe, die den elektrischen Strom gut leiten, bezeichnet man als Leiter. Leiter sind z. B. alle Metalle und Graphit. Stoffe, die den elektrischen Strom nicht leiten, sind Isolatoren (Nichtleiter). Nichtleiter sind z. B. Kunststoffe.

Schaltzeichen

Mithilfe von Schaltzeichen können elektrische Schaltungen übersichtlich dargestellt werden. Jedes Bauteil hat ein eigenes Schaltzeichen.

Schalter

Schalter findet man in vielen Elektrogeräten. Mit Schaltern kann der elektrische Stromkreis unterbrochen werden.

Reihen- und Parallelschaltung

In einer Reihenschaltung sind alle Bauteile hintereinander in einem Stromkreis geschaltet.

In einer Parallelschaltung bildet jede Lampe zusammen mit der Spannungsquelle einen eigenen Stromkreis.

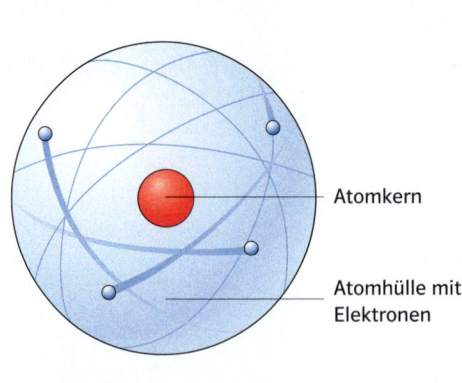

Atomkern

Atomhülle mit Elektronen

1 Atomaufbau

AUFGABEN

1 ○ Gegenstände können elektrisch geladen werden. Gib an, wie sie geladen sein können.

👍 Super! ❓ ► S.80

2 ○ Nenne den Unterschied zwischen Leitern und Isolatoren. Gib Beispiele für Leiter und Isolatoren an.

👍 Super! ❓ ► S.91

3 ○ Gib Beispiele für Gefahren beim Umgang mit dem elektrischen Strom an.

👍 Super! ❓ ► S.103

4 ◒ Erkläre, warum du manchmal einen „elektrischen Schlag" bekommst, wenn du aus dem Auto aussteigst.

👍 Super! ❓ ► S.80, 83

5 ◒ Zwei Luftballons werden aneinander gerieben und danach getrennt. Verdeutliche mithilfe des Atommodells, was dabei geschieht.

👍 Super! ❓ ► S.83

6 ◒ Stelle dar, welche Voraussetzungen gegeben sein müssen, damit ein elektrisches Gerät funktioniert.

👍 Super! ❓ ► S.89

7 ◒ Zeichne die Schaltzeichen von Batterie, Glühlampe, Motor, Schalter und LED.

👍 Super! ❓ ► S.94/95

8 In einem Stromkreis befinden sich folgende Bauteile: Lampe, Motor, Batterie.
◒ a) Zeichne den Schaltplan einer Reihenschaltung.
◒ b) Zeichne den Schaltplan einer Parallelschaltung.

👍 Super! ❓ ► S.96/97

9 ● a) In Bild 2 siehst du drei Lampen. Die Schaltung ist in der Kiste versteckt. Wird die Lampe A herausgedreht, leuchten noch die Lampen B und C. Dreht man die Lampe B heraus, leuchtet nur noch Lampe A. Begründe, welche der Schaltskizzen aus Bild 1 sich in der Kiste verbirgt.
● b) Überlege dir eine Schaltung mit drei Lampen, für die gilt: Dreht man die Lampe C heraus, leuchtet keine Lampe mehr. Wird Lampe B herausgedreht, leuchten die Lampen A und C.

👍 Super! ❓ ► S.96/97

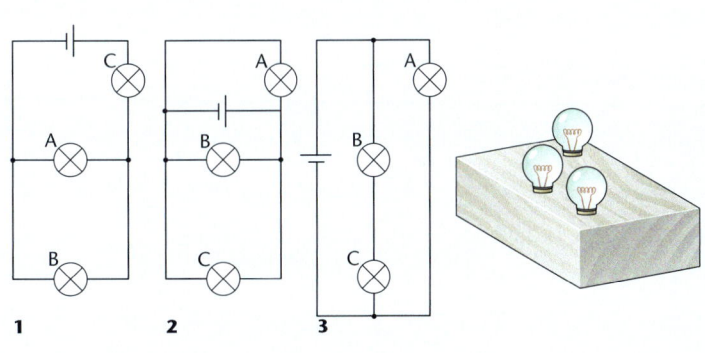

2 Zu Aufgabe 9

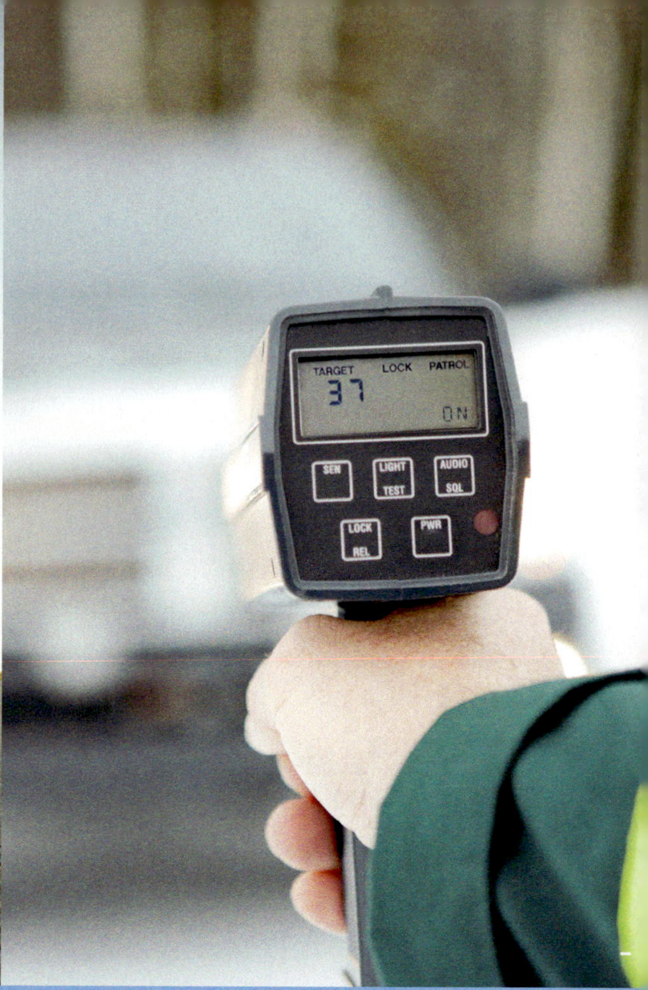

4 Körper und Bewegung – Kinematik

- Welche unterschiedlichen Bewegungen führen Fahrzeuge aus?

- Wie können Geschwindigkeiten gemessen werden?

- „Mein Auto schafft es von 0 auf 100 in 8,5 Sekunden!" Was bedeutet das?

- Wie lange dauert es, bis ein Auto bis zum Stillstand abgebremst hat?

1 Ein Flugzeug beim Start

2 Achterbahn

Was ist Bewegung?

Viele unterschiedliche Bewegungen

Eine Achterbahnfahrt ist ein tolles Erlebnis (▷ B 2). Hast du in einem Wagen Platz genommen, wird er mit einer Kette gleichmäßig nach oben gezogen. Am höchsten Punkt der Achterbahn geht es steil nach unten: Der Wagen wird immer schneller. In Kurven wirst du nach außen gedrückt und bei einem Looping in den Sitz gepresst. Am Ende der Fahrt muss der Wagen abgebremst werden, damit er zum Stehen kommt.

Vergleichst du die Achterbahnfahrt mit der Fahrt eines Rennautos, so kannst du Gemeinsamkeiten der beiden Bewegungen erkennen: Es verändern sich die **Richtung** und die **Geschwindigkeit** der **Bewegung**.

Die Richtung der Bewegung

Fährt der Wagen in eine Kurve, ändert sich seine Fahrtrichtung. Die Richtung der Bewegung hat sich verändert. Auch bei einem Looping verändert sich ständig die Bewegungsrichtung.

Die Geschwindigkeit

Bei einer Achterbahnfahrt ändert sich aber nicht nur die Fahrtrichtung. Auch die Geschwindigkeit des Wagens verändert sich: Nach dem Start wird der Wagen mit kleiner Geschwindigkeit nach oben gezogen. Abwärts wird der Wagen jedoch immer schneller. Die Geschwindigkeit wird größer. Fährst du mit dem Wagen wieder nach oben, wird der Wagen langsamer. Die Geschwindigkeit wird kleiner.

Auf einem ebenen Stück ändert sich die Geschwindigkeit des Wagens nicht. Die Geschwindigkeit bleibt gleich.

Auf der Rennstrecke

In Zweierreihen stehen die Formel-1-Rennwagen am Start. Gespannt sehen die Rennfahrer auf die Startampel. Bei Grün geht es los. Die Rennwagen werden beschleunigt, die Geschwindigkeit wird größer. Dies ist eine **beschleunigte Bewegung**. Aber vor der ersten Kurve müssen die Fahrer den Rennwagen abbremsen. Die Geschwindigkeit wird kleiner. Die Rennwagen führen eine **verzögerte Bewegung** aus. In der Kurve verändert sich die Richtung der Bewegung. Danach folgt oft eine gerade Strecke, auf der die Fahrer den Rennwagen wieder beschleunigen. Höchstgeschwindigkeiten von ungefähr 350 km/h können auf geraden Streckenabschnitten erreicht werden. Wenn auf einem geraden Streckenabschnitt die Geschwindigkeit der Rennwagen gleichbleibt, dann führen sie eine **gleichförmige Bewegung** aus.

Die Rennstrecke zwingt die Fahrer ständig abzubremsen und in die Kurve zu fahren. Beschleunigte Bewegungen, verzögerte Bewegungen, **Kurvenfahrten** und Streckenabschnitte mit gleichförmiger Bewegung wechseln auf einer Rennstrecke ständig ab.

Bei einer gleichförmigen Bewegung hat ein Körper immer die gleiche Geschwindigkeit.
Bei einer Kurvenfahrt ändert sich die Richtung der Bewegung.
Bei einer beschleunigten Bewegung wird ein Körper immer schneller.
Bei einer verzögerten Bewegung wird ein Körper immer langsamer.

AUFGABEN

1 ○ Nenne die Begriffe im Text, mit denen du Bewegungen beschreiben kannst.

2 ○ Beschreibe die Bewegung bei einer Achterbahnfahrt. Benutze die Begriffe Richtung und Geschwindigkeit.

3 ○ a) Nenne fünf Beispiele für Bewegungen aus deinem Alltag.
○ b) Ordne deine Beispiele nach der Bewegungsart.

4 ○ In Bild 3 siehst du den Verlauf einer Rennstrecke. Beschreibe die Bewegungsarten eines Rennwagens ab dem Start.

5 ● Ein Flugzeug bringt Urlaubsgäste an ihren Ferienort. Beschreibe, welche Bewegung das Flugzeug vom Start (▷ B1) bis zur Landung ausführt.

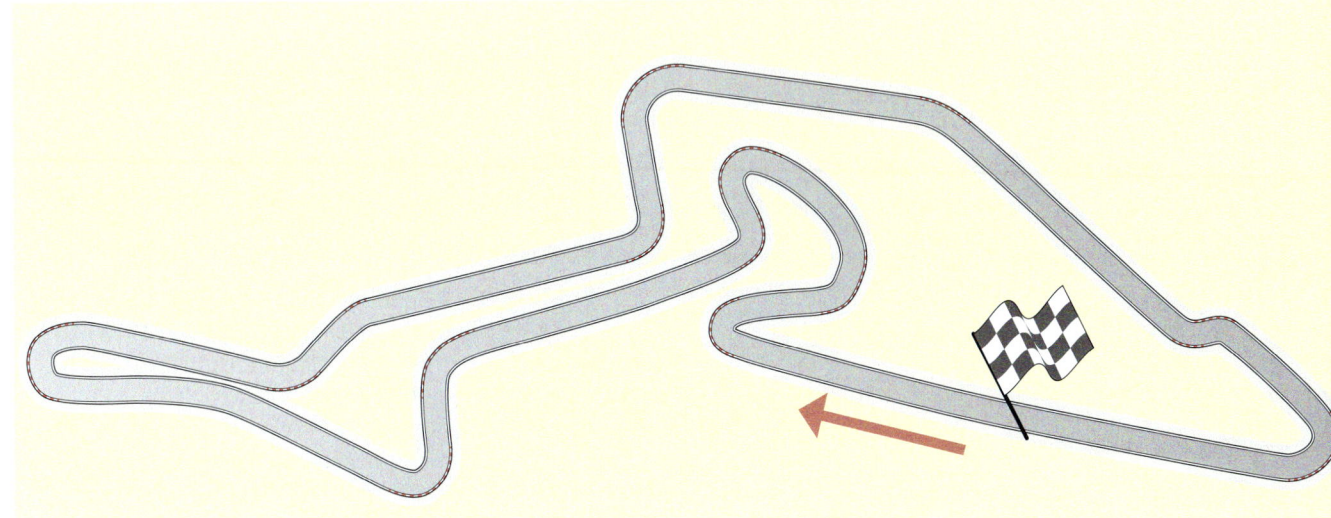

3 Die Formel-1-Rennstrecke auf dem Nürburgring

Die Geschwindigkeit

Wer war schneller?

Sonja lief im Sportunterricht 75 m in 12 s. Nun möchte Sonja ihre Geschwindigkeit mit ihrer älteren Schwester Lisa vergleichen. Lisa hat beim 100-m-Lauf eine Zeit von 17 s benötigt. Beide sind unterschiedlich lange Strecken gelaufen und haben unterschiedliche Zeiten dafür gebraucht. Um die Geschwindigkeiten zu vergleichen, muss sie rechnen.

Berechnung der Geschwindigkeit

Die Geschwindigkeit ist der Quotient aus der Strecke und der Zeit. Das Formelzeichen für die Geschwindigkeit ist v.

$$\text{Geschwindigkeit} = \frac{\text{Strecke}}{\text{Zeit}}$$

2 Wer läuft am schnellsten?

$$v = \frac{s}{t}$$

Die Geschwindigkeit wird in m/s (lies: Meter pro Sekunde) angegeben.

Eine andere Einheit für die Geschwindigkeit kennst du von Autos. Dort wird km/h (lies: Kilometer pro Stunde) verwendet. 1 m/s sind 3,6 km/h.

**Die Geschwindigkeit ist der Quotient aus der Strecke und der Zeit.
Die Einheit der Geschwindigkeit ist m/s oder km/h.**

Rechenbeispiel: Wer war schneller, Sonja oder Lisa?

Sonja: Gegeben: s = 75 m und t = 12 s
Gesucht: v

$$v = \frac{s}{t}$$

$$v = \frac{75\,m}{12\,s}$$

$$v = 6,25\,\frac{m}{s}$$

Sonjas Geschwindigkeit betrug also 6,25 Meter pro Sekunde.

Lisa: Gegeben: s = 100 m und t = 17 s
Gesucht: v

$$v = \frac{s}{t}$$

$$v = \frac{100\,m}{17\,s}$$

$$v = 5,88\,\frac{m}{s}$$

Lisas Geschwindigkeit betrug also 5,88 m/s.
Sonja war somit schneller als ihre Schwester Lisa.

1 Wer war schneller?

AUFGABEN

1 ○ Auf der Jagd legt ein Gepard eine Strecke von 60 m in einer Zeit von nur 2 s zurück. Berechne seine Geschwindigkeit.

2 ◐ Sabine kommt mit dem Fahrrad zur Schule. Für die Strecke von 6 km benötigt sie 30 min. Berechne ihre Geschwindigkeit.

3 ● Begründe, warum die berechnete Geschwindigkeit bei einer Autofahrt nicht immer mit der Tachometer-Anzeige übereinstimmt.

Wir messen Bewegungen

1 Wer benötigt die geringste Zeit?

Mehrere Schülerinnen und Schüler sollen eine Strecke von 50 m laufen (▷ B 1). Wer benötigt die kleinste Zeit?

Material

Stoppuhren, Maßband, Heft, Stift, Kreide

Versuchsanleitung

a) Messt auf dem Schulhof oder dem Sportplatz eine gerade Strecke von 50 m ab. Markiert den Anfang und das Ende der Strecke mit Kreide.

b) Bestimmt jemanden, der das Startzeichen gibt. Bestimmt mehrere Schülerinnen und Schüler, die die Zeit messen. Außerdem benötigt ihr einen Protokollanten, der die gemessenen Zeiten in einer Tabelle notiert (▷ B 2).

c) Auf ein Kommando starten die Läuferinnen und Läufer. Gleichzeitig beginnen die Zeitnehmer die Zeitmessung. Im Ziel stoppen die Zeitnehmer ihre Stoppuhren.

Der/Die Protokollant/in trägt die gemessenen Zeiten in die Tabelle ein.

d) Begründet mithilfe der Tabelle, welche Läuferin und welcher Läufer die größte Geschwindigkeit hatte.

Name	Zeit
Meriton	
Anja	
Lisa	

2 Tabelle zu Versuch 1

2 Wer läuft am weitesten?

Mehrere Schülerinnen und Schüler sollen 2 min lang laufen. Wer legt in dieser Zeit die längste Strecke zurück?

Material

Stoppuhr, Maßbänder, Heft, Stift, Kreide

Versuchsanleitung

a) Bestimmt einen Zeitnehmer, einen Protokollanten sowie mehrere Schülerinnen und Schüler, die die gelaufenen Strecken abmessen.

b) Die Läuferinnen und Läufer starten auf ein gemeinsames Kommando. Gleichzeitig beginnt der/die Zeitnehmer/in mit der Zeitmessung. Nach 2 min stoppt der/die Zeitnehmer/in den Lauf und gibt ein Kommando. Alle Läuferinnen und Läufer müssen stehen bleiben. Messt nun die einzelnen Strecken, die in dieser Zeit zurückgelegt wurden.

Der/Die Protokollant/in trägt die Werte in eine Tabelle ein.

c) Begründet mithilfe der Messtabelle, welche Läuferin und welcher Läufer die größte Geschwindigkeit hatten.

AUFGABEN

1 ○ Fasst die Ergebnisse beider Versuche zusammen. Es sollen die Wörter „je", „desto" und „Geschwindigkeit" vorkommen.

2 ◔ Berechne für die jeweiligen Messergebnisse aus den Versuchen 1 und 2 die entsprechenden Geschwindigkeiten.

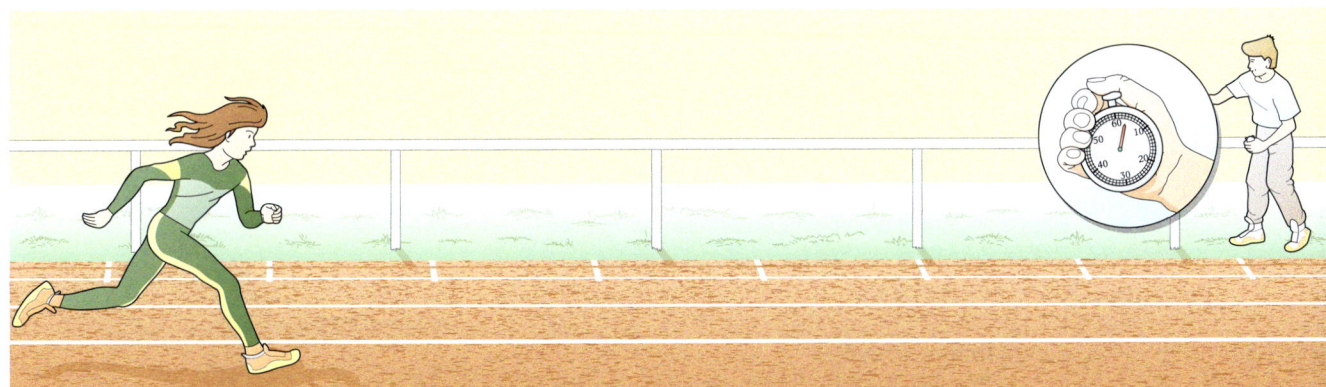

1 Mit einer Stoppuhr kannst du messen, wer am schnellsten ist.

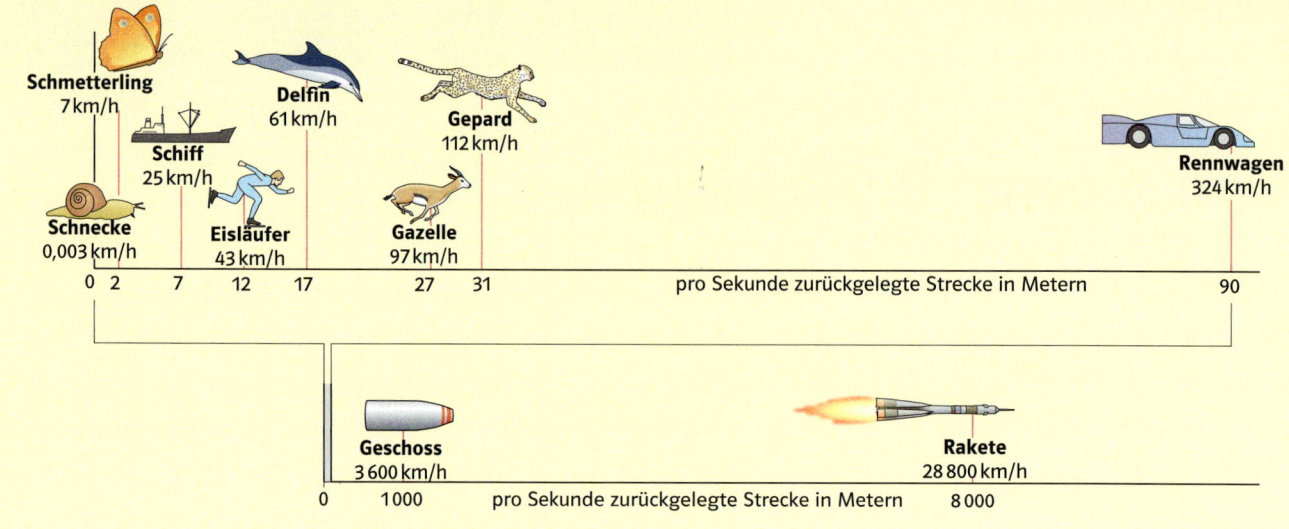

1 Unterschiedliche Geschwindigkeiten

Geschwindigkeiten in der Umwelt

Erstaunliche Geschwindigkeiten

In der Tierwelt hängt das Überleben oft von der Schnelligkeit des einzelnen Tieres ab.

Geparden müssen schnell sein, um erfolgreich jagen zu können. Sie können bis zu 112 km/h schnell laufen. Aber Gazellen sind für Geparden nur schwer einzuholen. Gazellen sind nämlich fast genauso schnell wie Geparden und zudem sehr wendig (▷ B 4).

Vogelflug

Im Herbst fliegen viele Vögel nach Afrika, um dort zu überwintern. Sie finden nämlich im Winter nicht genügend Nahrung bei uns. Die Geschwindigkeit der Zugvögel ist unterschiedlich: Weißstörche fliegen mit einer Geschwindigkeit von rund 50 km/h. Schwalben können sogar 100 km/h erreichen. An einem Tag können Zugvögel mehrere Hundert Kilometer zurücklegen.

Immer schneller

Bei vielen Sportarten geht es darum, der Schnellste zu sein (▷ B 2).

Der Amerikaner THOMAS BURKE siegte im Jahr 1896 im 100-m-Lauf mit einer Zeit von 12,0 s.
Bei der Leichtathletik-Weltmeisterschaft in Berlin im Jahr 2009 gewann USAIN BOLT (Jamaika) mit 9,58 s den 100-m-Lauf der Männer. Das ist eine Geschwindigkeit von 37,58 km/h.

	Zeit	Geschwin-digkeit
Marathon (Männer)		
1900 (40,260 km)	2:59:45 h	13,4 km/h
2011 (42,195 km)	2:03:02 h	20,6 km/h
800-m-Lauf (Frauen)		
1928	2:16,80 min	21,0 km/h
2003	1:53,28 min	25,4 km/h
3000-m-Eisschnelllauf (Frauen)		
2006	3:53,34 min	46,3 km/h
Viererbob (1450 m)		
2010	50,86 s	102,6 km/h

2 Sportliche Spitzenleistungen

Wie schnell ist ein Regentropfen?

Bei Sprühregen bemerkst du nur ganz feine, langsame Regentropfen. Bei einem sommerlichen Wolkenbruch sind die Regentropfen groß und sehr schnell (▷ B 3).

Sprühregen	ca. 0,5 m/s
normaler Regen	ca. 2–3 m/s
Wolkenbruchregen	ca. 8 m/s

3 Geschwindigkeiten von Regentropfen

In der Umwelt gibt es ganz unterschiedliche Geschwindigkeiten. Wir können Geschwindigkeiten dann vergleichen, wenn sie die gleiche Einheit (km/h oder m/s) haben.

4 Gepard jagt Gazelle.

5 Usain Bolt benötigt für die Strecke von 100 Metern weniger als 10 Sekunden.

AUFGABEN

1 ○ Wer ist schneller: Gepard oder Gazelle? Lies die Information aus Bild 1 ab.

2 ○ Ordne alle im Text genannten Geschwindigkeiten von Zugvögeln der Größe nach.

3 ◐ Recherchiere im Internet, wie schnell sich die Erde um die Sonne bewegt.

4 ◐ a) Fährt ein Schiff mit einer Geschwindigkeit von 1 Knoten, so legt es 1 Seemeile pro Stunde zurück. 1 Seemeile sind ungefähr 1852 m. Erstelle eine Tabelle für die Umrechnung der Geschwindigkeit von Knoten in km/h.
◐ b) Recherchiere im Internet, wie die Bezeichnung „Knoten" für die Geschwindigkeit eingeführt wurde.

5 ◐ Für den Fall aus einer Wolke benötigt ein Regentropfen etwa eine Zeit von 2000 Sekunden. Berechne, mit welcher Geschwindigkeit der Regentropfen in Richtung Erdboden fällt, wenn sich die Wolke in einer Höhe von circa fünf Kilometern befindet.

6 ● Der Amerikaner Thomas Burke siegte im Jahr 1896 im 100-m-Lauf mit einer Zeit von 12,0 s. Berechne die Geschwindigkeit des Läufers in km/h.

113

Hilfen beim Lösen physikalischer Aufgaben

Oft werden im Physik-Unterricht Aufgaben gestellt, die du mithilfe einer Formel lösen kannst.

Manchmal sind die Aufgaben aber so gestellt, dass du die Formel nicht direkt anwenden kannst. Diese Seite zeigt dir, wie du sowohl mit Formeln als auch mit anderen Lösungswegen eine Aufgabe lösen kannst.

Ab in die Ferien!
Am ersten Ferientag, früh am Morgen, startet Familie Klingen in den Urlaub (▷ B 1). Von Heidelberg aus geht die Urlaubsfahrt an den Wörthersee in Kärnten (Österreich). Auf der Hinfahrt wollen sie die Großeltern in Stuttgart besuchen.

Michael hat im letzten Schuljahr in der Schule gelernt, wie die Geschwindigkeit berechnet werden kann (▷ B 3).
Stolz erzählt er seinem Opa: „Wir sind durchschnittlich 102 km/h gefahren."

Eine Aufgabe – mehrere Lösungswege
Am nächsten Tag hört der Vater im Radio von mehreren Staus auf der Strecke zum Urlaubsort. Es müssen noch ungefähr 680 km gefahren werden.

„Mit den Staus und Pausen können wir heute vielleicht eine Durchschnittsgeschwindigkeit von 85 km/h erreichen", sagt der Vater.

Wie lange braucht die Familie an den Urlaubsort?

Die Formel, die Michael zur Berechnung der Geschwindigkeit gelernt hat, kann er zunächst nicht anwenden. Gesucht ist nicht die Geschwindigkeit, sondern die Zeit.

Du siehst jetzt einige Lösungswege, die dir helfen, diese und ähnliche Aufgaben zu lösen.

Die Tabelle
Die Strecke beträgt 680 km. Die geschätzte Durchschnittsgeschwindigkeit ist 85 km/h. In einer Stunde wird also eine Strecke von 85 km zurückgelegt.

1 Die Familie packt das Auto.

2 Die Fahrstrecke

3 Michaels Rechnung

In der Tabelle (▷ B 4) sind damit
ausgerechnete weitere Werte
aufgeführt.

Die Zuordnung
Die Durchschnittsgeschwindigkeit
beträgt 85 km/h. Das bedeutet,
dass 85 km in 1 Stunde zurückgelegt werden.
85 km entsprechen 1 h.
Für das Wort „entspricht" benutzt
man folgendes Zeichen: ≙.
Man kann also schreiben: 85 km ≙ 1 h.

Fahrtzeit	geschätzte Strecke
1 h	85 km
2 h	170 km
3 h	255 km
4 h	340 km
5 h	425 km
6 h	510 km
7 h	595 km
8 h	680 km

4 Tabelle

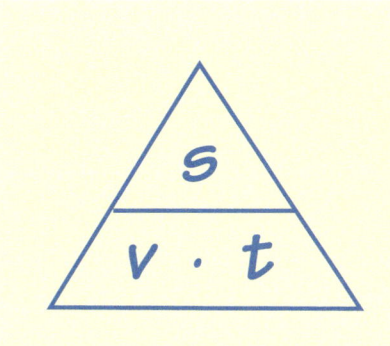

5 Rechendreieck

Für 1 km braucht die Familie also
den 85. Teil einer Stunde.

$1\,km ≙ \dfrac{1}{85}\,h.$

$680\,km ≙ \dfrac{1 \cdot 680}{85\,h} = 8\,h.$

Auch mithilfe der Zuordnung
kannst du also die Zeit berechnen.

Das Rechendreieck
Im Physik-Unterricht gibt es zum
Lösen einfacher Aufgaben ein
geeignetes Hilfsmittel, das Rechendreieck. Dazu schreibst du die
bekannte Formel für die Geschwin-
digkeits-Berechnung $v = s/t$ in ein
„geteiltes" Dreieck.

Übertrage in das Dreieck zuerst die
rechte Seite der Formel (s/t). Der
Trennstrich entspricht dabei dem
Bruchstrich. Trage nun die Größe
auf der linken Seite vom Gleich-
heitszeichen in die linke untere
Ecke des Dreiecks ein (▷ B 5).

Anwendung des Rechendreiecks
Vor dem Lösen einer Aufgabe
überlegst du dir, welche der drei
Größen gesucht ist. In unserem
Beispiel ist es die Strecke s in einer
Zeit t von 8 h. Halte die gesuchte

6 Anwendung des Rechendreiecks

Größe z. B. mit der Hand zu (▷ B 6).
Du siehst jetzt, wie du rechnen
musst:

$s = v \cdot t$

$s = 85\,km/h \cdot 8\,h$

$s = 680\,km$

Bei einer Durchschnittsgeschwindigkeit von 85 km/h wird in 8 h eine
Strecke von 680 km/h zurückgelegt.

1 ○ a) Zeichne das Rechen-
dreieck für die Formel der
Geschwindigkeit auf.
○ b) Benenne die einzelnen
Formelzeichen mit ihren
Größen.

2 Bei einer Fahrtzeit von 9 h hat
die Durchschnittsgeschwindigkeit 115 km/h betragen.
◔ a) Berechne die zurückgelegte Strecke mit der Dreisatz-
Rechnung.
● b) Berechne mit dem Re-
chendreieck die zurückgelegte
Strecke.

1 Unterschiedliche Geschwindigkeiten

2 Geschwindigkeitskontrolle

Geschwindigkeiten im Straßenverkehr

Unterschiedliche Geschwindigkeiten

Auf einer langen, geraden Straße fährt ein langsam fahrender Traktor. Jens fährt mit seinem Auto hinter dem Traktor her und ist über die geringe Geschwindigkeit des Traktors genervt. Der Traktor fährt mit einer Geschwindigkeit von 15 km/h. Jens will unbedingt den Traktor überholen. Zwar sieht Jens in der Ferne ein entgegenkommendes Auto. Er denkt sich aber, dass er das noch schafft – aber dann ist es auch schon passiert, ein Unfall!

Geschwindigkeiten einschätzen

Häufig schätzen wir Geschwindigkeiten im Straßenverkehr falsch ein. Eine überlegte Fahrweise und ein Blick auf das Tachometer helfen, Unfälle zu vermeiden.

Geschwindigkeitskontrollen

Vor allem an Unfallschwerpunkten, Baustellen oder Ortseingängen werden Geschwindigkeitskontrollen durchgeführt (▷ B 2). Autofahrer sind häufig überrascht, wie schnell sie gefahren sind.

Gerade im alltäglichen Straßenverkehr werden Geschwindigkeiten meistens falsch eingeschätzt. Vermeidbare Unfälle sind die Folge.

AUFGABEN

1 ○ Beschreibe, was Jens falsch gemacht hat.

2 ◕ Janina fährt auf eine Kreuzung zu. Wenn ein Auto von rechts kommt, muss sie ihm die Vorfahrt lassen. Ein Auto kann sie 1 s vorher sehen und sie hat dann noch 5 m bis zur Kreuzungsmitte. Sie durchfährt die Kreuzung mit 20 km/h. Sie sagt: „Rechtzeitig bremsen kann ich ja immer noch." Bewerte ihre Fahrweise.

3 ● Recherchiere, welche Maximalgeschwindigkeiten im Straßenverkehr (z. B. Ortschaft, Spielstraße, Landstraße, Autobahn) erlaubt sind. Erstelle eine Tabelle.

Momentangeschwindigkeit

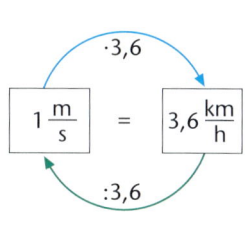

1 Umrechnung der Einheiten

2 Mit dem Fahrrad unterwegs

Zeitpunkt und Ort bei Bewegungen

Antje fährt mit ihrem Fahrrad über eine lange gerade Strecke (▷ B 2). Da sie in Bewegung ist, wird sich Antje zu unterschiedlichen Zeitpunkten an jeweils anderen Orten befinden. Sie weiß, dass sie für eine Strecke von 100 Metern exakt 20 Sekunden benötigt hat. Sie möchte nun wissen, mit welcher Geschwindigkeit sie momentan fährt.

Momentangeschwindigkeit

Die Momentangeschwindigkeit ist die Geschwindigkeit, die ein Körper im Moment hat. In einem Auto wird die Momentangeschwindigkeit am Tachometer angezeigt.

Berechnung der Momentangeschwindigkeit

In der Physik wird die Geschwindigkeit mit dem kleinen Buchstaben v abgekürzt. Der kleine Buchstabe s steht für den Weg. Für die Zeit schreibt man ein t. Um in der Physik Differenzen darzustellen, verwendet man das „große griechische Delta" Δ. Somit kann Antje aus dem zurückgelegten Weg Δs und die dafür benötigte Zeit Δt ihre Momentangeschwindigkeit berechnen:

$$v = \frac{\Delta s}{\Delta t} = 100\,\text{m}/20\,\text{s} = 5\,\text{m/s}$$

Einheit der Geschwindigkeit

Der zurückgelegte Weg wird in der Einheit Meter (m) gemessen. Die Messung der benötigten Zeit erfolgt in der Einheit Sekunde (s). Wenn die Geschwindigkeit das Ergebnis der Division von Weg und Zeit ist, dann ist die Einheit der Geschwindigkeit Meter pro Sekunde (m/s). Sehr häufig wird für die Angabe von Geschwindigkeiten auch die Einheit Kilometer pro Stunde (km/h) verwendet (▷ B 1).

AUFGABEN

1 ◯ Wandele Antjes Momentangeschwindigkeit von 5 m/s in die Einheit Kilometer pro Stunde um.

2 ◯ Für eine Strecke von 50 m benötigt Antje nun eine Zeit fünf Sekunden. Berechne ihre Momentangeschwindigkeit.

3 ● Elaine fährt zum Zeitpunkt 14:00 Uhr mit einer Geschwindigkeit von 20 km/h auf ihrem Fahrrad von Zuhause los. Berechne, wie weit sie nach einer Fahrtzeit von 30 Minuten von ihrem Zuhause entfernt ist.

Die gleichförmige Bewegung

1 ICE

Momentangeschwindigkeit

Für die Fahrgäste im ICE (▷ B 1) saust die Landschaft am Fenster vorbei. Eine Informationstafel zeigt den Fahrgästen die Geschwindigkeit an, die der Zug im Moment hat. Diese Geschwindigkeit wird Momentangeschwindigkeit genannt.

Durchschnittsgeschwindigkeit

Ein ICE kann aber nicht immer mit seiner Höchstgeschwindigkeit von über 300 km/h fahren. Bahnhöfe, Kurven oder Baustellen darf der ICE aus Sicherheitsgründen nur mit geringeren Geschwindigkeiten durchfahren. Seine Momentangeschwindigkeit bleibt also nicht auf der ganzen Fahrtstrecke gleich. Für eine Bewegung mit unterschiedlichen Geschwindigkeiten kannst du eine durchschnittliche Geschwindigkeit berechnen. Dafür musst du die gesamte zurückgelegte Strecke durch die insgesamt benötigte Zeit dividieren. Man bezeichnet diese Geschwindigkeit als Durchschnittsgeschwindigkeit.

Messen mit einer Modelleisenbahn

Auf einer geraden Strecke fährt eine Modelleisenbahn mit gleichbleibender Geschwindigkeit. Nach gleichbleibenden Zeitabschnitten wird der insgesamt zurückgelegte Weg gemessen (▷ B 2).

Nach der doppelten (3-fachen, 4-fachen, …) Zeit legt die Eisenbahn auch den doppelten (3-fachen, 4-fachen, …) Weg zurück. Man sagt hierzu auch: Die Zeit und der Weg verhalten sich bei einer gleichförmigen Bewegung proportional zueinander.

Zeit in Sekunden	Weg in Metern
0	0
1	3
2	6
3	9
4	12
5	15

2 Zeit-Weg-Tabelle

3 Zeit-Weg-Diagramm

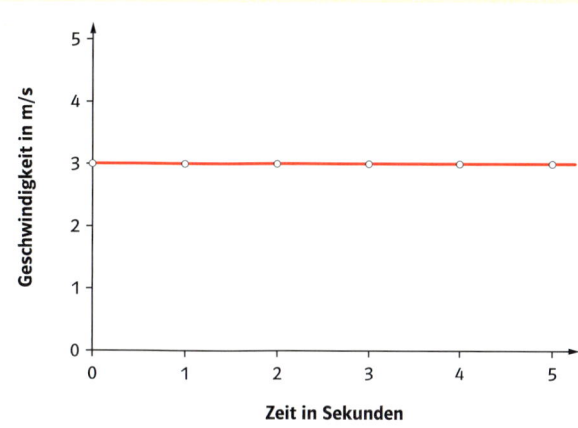

4 Zeit-Geschwindigkeits-Diagramm

Das Zeit-Weg-Diagramm

Die Bewegung der Modelleisenbahn kannst du zeichnerisch darstellen. Dazu werden die Werte der Tabelle (▷ B 2) in ein Zeit-Weg-Diagramm übertragen. Auf der x-Achse wird die Zeit und auf der y-Achse wird der Weg eingetragen. Verbindest du die eingetragenen Messpunkte, so erhältst du eine ansteigende Gerade (▷ B 3).

Das Zeit-Geschwindigkeits-Diagramm

Berechnest du für die Wertepaare in der Tabelle (▷ B 2) die jeweilige Geschwindigkeit, so erhältst du einen Wert von 3 m/s.

Den Zusammenhang zwischen Zeit und Geschwindigkeit kann man ebenfalls in einem Diagramm darstellen. Im Zeit-Geschwindigkeits-Diagramm wird auf

der x-Achse die Zeit eingetragen. Auf der y-Achse wird die Geschwindigkeit eingetragen (▷ B 4).

1 ○ Vervollständige folgenden Satz zur gleichförmigen Bewegung: „In der doppelten Zeit wird der … Weg zurückgelegt."

2 ○ Im ICE wird die Geschwindigkeit angezeigt, die der Zug im Moment hat. Nenne den Fachbegriff für diese Geschwindigkeit.

3 ◕ Erkläre den Unterschied zwischen der Momentangeschwindigkeit und der Durchschnittsgeschwindigkeit.

4 Eine Modelleisenbahn hat eine gleichbleibende Geschwindigkeit von 0,5 m/s.
◕ a) Fertige eine Tabelle mit mindestens 5 möglichen Messwerten an.
◕ b) Erstelle ein Zeit-Weg-Diagramm für diese Bewegung.

5 ◕ a) Beschreibe Bild 5 in eigenen Worten.
◕ b) Überlege und begründe, welche Lok in Bild 5 schneller ist.

6 ● „Ein ICE fährt zunächst mit einer konstanten Geschwindigkeit. Dann wird er etwas schneller und fährt ein Stück mit größerer Geschwindigkeit weiter. Nun bremst der ICE so lange ab, bis er zum Stillstand kommt." Erstelle zu diesem Text ein passendes t-v-Diagramm.

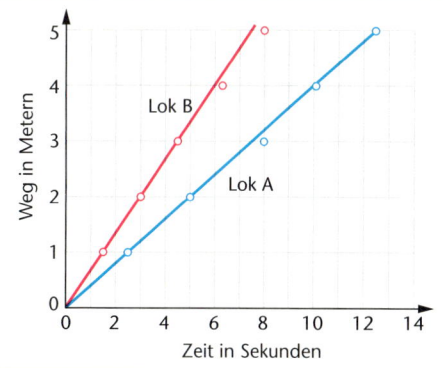

5 Zu Aufgabe 5

Arbeit mit Diagrammen

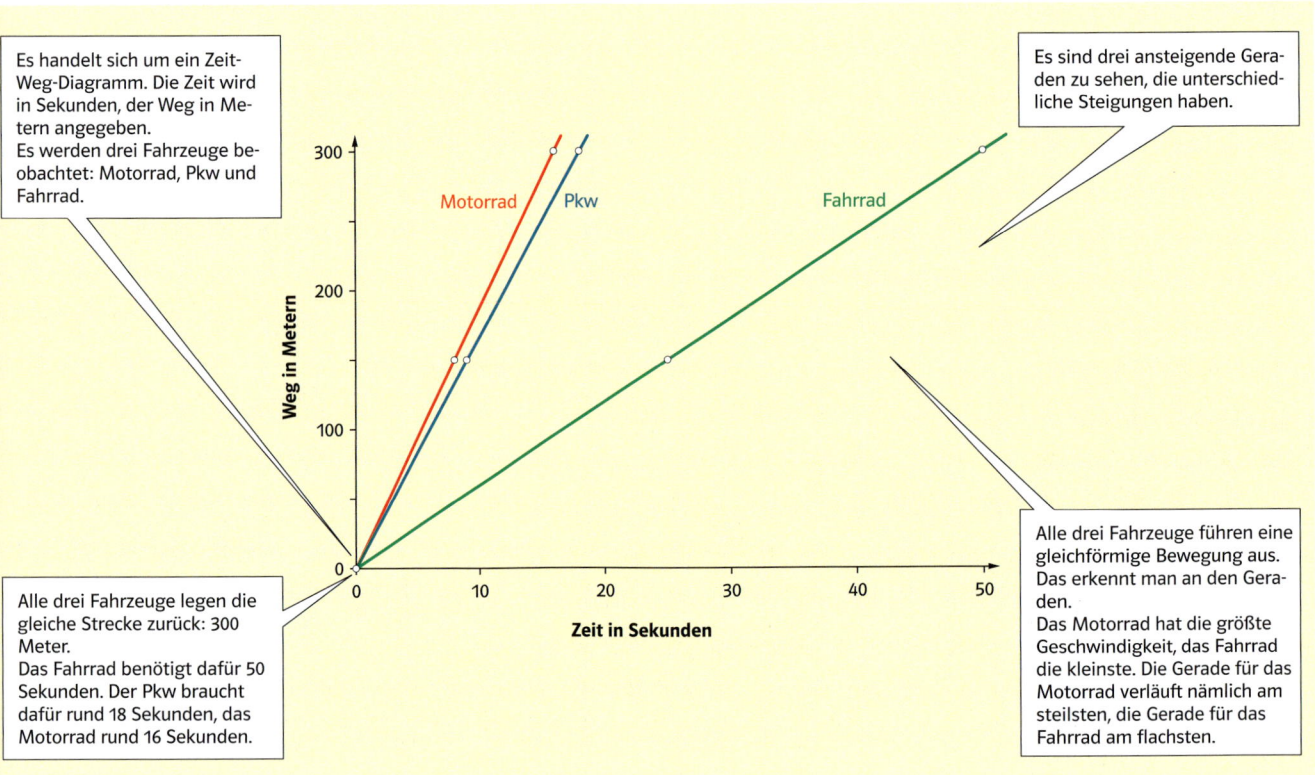

Es handelt sich um ein Zeit-Weg-Diagramm. Die Zeit wird in Sekunden, der Weg in Metern angegeben.
Es werden drei Fahrzeuge beobachtet: Motorrad, Pkw und Fahrrad.

Es sind drei ansteigende Geraden zu sehen, die unterschiedliche Steigungen haben.

Alle drei Fahrzeuge legen die gleiche Strecke zurück: 300 Meter.
Das Fahrrad benötigt dafür 50 Sekunden. Der Pkw braucht dafür rund 18 Sekunden, das Motorrad rund 16 Sekunden.

Alle drei Fahrzeuge führen eine gleichförmige Bewegung aus. Das erkennt man an den Geraden.
Das Motorrad hat die größte Geschwindigkeit, das Fahrrad die kleinste. Die Gerade für das Motorrad verläuft nämlich am steilsten, die Gerade für das Fahrrad am flachsten.

1 Zeit-Weg-Diagramm für drei gleichförmige Bewegungen

Erstellen eines Diagramms

Im Physik-Unterricht kannst du häufig Messergebnisse in Diagrammen darstellen. Dazu musst du dir zuerst überlegen, welche gemessene Größe welcher Achse zugeordnet werden muss.
Dann musst du eine geeignete Achseneinteilung wählen, um deine Messwerte möglichst genau eintragen zu können.

Besonders wichtig ist die Beschriftung des Diagramms. Ein kurzer Titel soll eine Aussage über den Sachverhalt geben, den das Diagramm darstellt. Die Beschriftung der Achsen muss zeigen, welche Größen dargestellt sind.

Manchmal zeigt dir dein Diagramm, dass einzelne Messwerte nicht genau waren. Sie liegen nicht wie die meisten Messpunkte auf der Geraden oder auf der Kurve. Gründe dafür können Messungenauigkeiten sein, Ablesefehler oder eine fehlerhafte Eintragung in das Diagramm. In Bild 5 kannst du eine solche Abweichung erkennen. Der Wert bei 4,5 Sekunden ist wahrscheinlich falsch gemessen worden. Der genaue Wert war vermutlich 6,75 m.

Zeit t in min	Weg s in km
0	0
5	1
10	2
15	3
30	6

3 Messwerte eines Langstreckenläufers

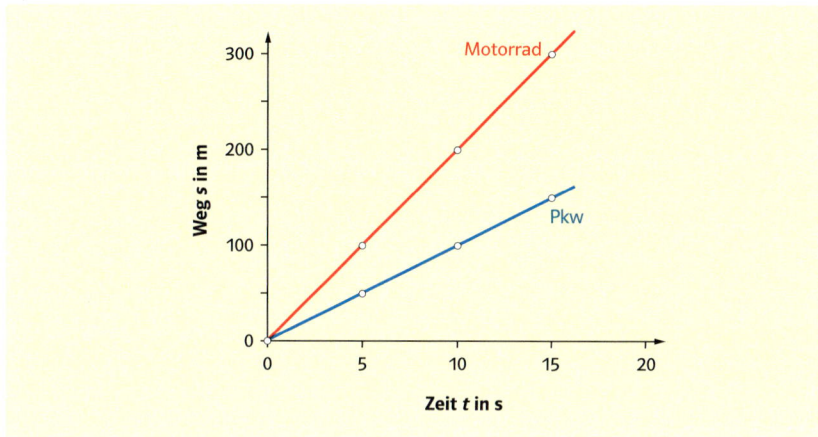

2 Zeit-Weg-Diagramm

Interpretieren eines Diagramms

Um ein Diagramm richtig lesen zu können und zu interpretieren, sind folgende Schritte sinnvoll:
– Lies dir den Titel des Diagramms durch.
– Sieh dir die Beschriftung der beiden Achsen an. Daran erkennst du, welche Größen dargestellt werden. Du kannst so auch ihre Einheiten bestimmen.
– Beschreibe, was im Diagramm zu erkennen ist.
– Sind mehrere Geraden oder Kurven abgebildet, kannst du deren Verlauf miteinander vergleichen.
– Überlege dann, welche Schlussfolgerungen du aus dem Verlauf der Geraden oder Kurven ziehen kannst.
– Gib an, welche physikalischen Zusammenhänge zwischen den dargestellten Größen zu erkennen sind.
Man kann sich zum Beispiel fragen: Sind die Größen proportional oder antiproportional zueinander?

AUFGABEN

1 ○ Schau dir Bild 2 an. Lies ab, welchen Weg das Motorrad nach einer Zeit von 15 Sekunden zurückgelegt hat.

2 ○ Beschreibe Bild 2 in eigenen Worten. Verwende folgende Wörter: Geschwindigkeit, größer, kleiner, steiler, flacher.

3 Bei einem Langstreckenläufer wurden Zeit und Weg gemessen (▷ B 3).
◖ a) Formuliere eine Vermutung, wie das Zeit-Weg-Diagramm aussieht. Begründe deine Vermutung.
◖ b) Zeichne eigenhändig zu den Messwerten ein Zeit-Weg-Diagramm und überprüfe deine Vermutung.

4 ● Erstelle mit selbst ausgedachten Werten ein Diagramm für die Rückwärtsfahrt eines Autos.

Zeit in Sekunden	Weg in Metern
0	0
1,5	2,25
3	4,5
4,5	5,75
6	9
7,5	11,25

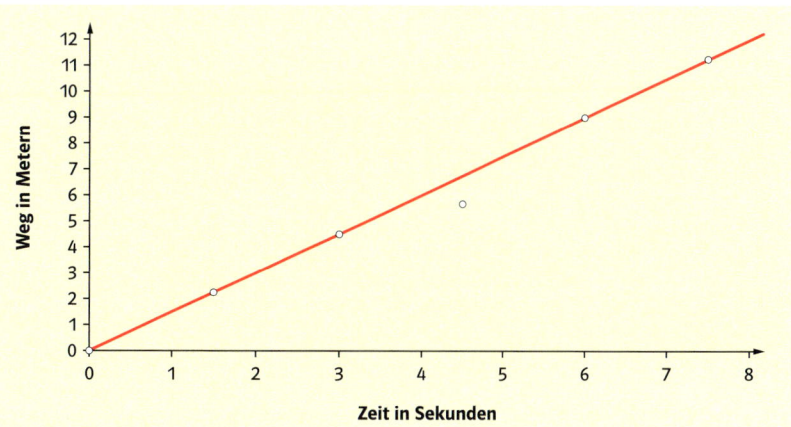

4 Messung an einer Modelleisenbahn   **5** Diagramm zur Modelleisenbahn

Die beschleunigte Bewegung

Beim Start eines Formel-1-Rennens wird es sehr laut. Wenn die Ampel ausgeht, drücken die Fahrer auf die Gaspedale (▷ B 1). Die Rennwagen werden immer schneller, die Geschwindigkeit nimmt zu. Man sagt: Die Fahrzeuge werden beschleunigt.

Was genau ist die Beschleunigung?

Die Beschleunigung gibt an, um wie viel die Geschwindigkeit in einer bestimmten Zeit zunimmt:

$$\text{Beschleunigung} = \frac{\text{Geschwindigkeitszunahme}}{\text{Zeit}}$$

Die Beschleunigung hat das Formelzeichen a.

Beschleunigung in der Formel 1

Bei einer beschleunigten Bewegung ändert sich die Geschwindigkeit.

Die Formel-1-Fahrer sehen dies am Tachometer ihrer Fahrzeuge. Solange ein Fahrzeug beschleunigt wird, nimmt die Geschwindigkeit immer weiter zu, z. B. um 36 km/h pro Sekunde. Dieser Wert gilt für einen Formel-1-Rennwagen. Autos im Straßenverkehr haben kleinere Werte.

Von 0 auf 100 in zehn Sekunden

In Autotests findet man häufig Aussagen wie „von 0 auf 100 in 10 Sekunden". Diese verkürzte Sprechweise soll Folgendes bedeuten: Ein Auto beschleunigt aus dem Stillstand (0 km/h) heraus und erreicht nach einer Zeit von 10 Sekunden die Geschwindigkeit von 100 km/h.

Einheit der Beschleunigung

In den Beispielen oben hat man die Einheit km/h verwendet.

1 Start eines Formel-1-Rennens

t in s	v in m/s
0	0
2	4
4	8
6	12
8	16
10	20

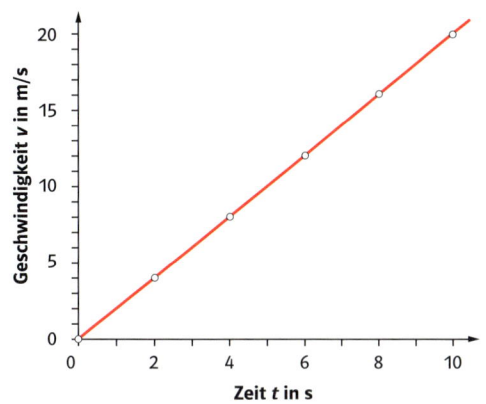

2 – 3 Tabelle und t-v-Diagramm

Es ist aber geschickt, die Geschwindigkeit in der Einheit m/s anzugeben. Für den Formel-1-Rennwagen gilt dann: Seine Beschleunigung beträgt 10 m/s pro Sekunde. Dies kann man auch als 10 m/s^2 schreiben. Mit dem Formelzeichen schreibt man es so: $a = 10$ m/s^2.

Gleichmäßig beschleunigt

In unseren Beispielen gehen wir davon aus, dass die Beschleunigung a immer gleich bleibt. Dies nennt man eine gleichmäßig beschleunigte Bewegung. In der Realität gibt es manchmal Abweichungen. Diese können wir aber vernachlässigen.

Zeit-Geschwindigkeits-Diagramm

Eriona möchte in einem Experiment herausfinden, wie die Beschleunigung ihres neuen Autos ist. Dazu beschleunigt sie ihr Auto, während ihr Freund Darius alle notwendigen Messwerte in einer Tabelle

t in s	v in m/s
0	0
1	1,5
2	3
3	4,5
4	6
5	7,5

4 Messwerte eines ICE

festhält (▷ B 2). Eriona und Darius erkennen, dass das Auto pro Sekunde um 2 m/s schneller wird. Die in der Tabelle stehenden Messwerte kann man in ein t-v-Diagramm (Zeit-Geschwindigkeits-Diagramm) übertragen (▷ B 3). Es entsteht eine ansteigende Gerade.

AUFGABEN

1. ◌ Erkläre, woran man eine beschleunigte Bewegung erkennt.

2. ◌ Christoph sagt: „Mein neuer Wagen beschleunigt von 0 auf 100 in 7,5 Sekunden." Erkläre mit physikalischen Fachbegriffen, was Christophs Aussage bedeutet.

3. ◌ Vergleiche die im Text genannten Beschleunigungen von Formel-1-Rennwagen und Autos im Straßenverkehr.

4. ◌ Begründe, warum es sich in Bild 3 um eine beschleunigte Bewegung handelt.

5. In Bild 4 siehst du die Messwerte für einen ICE.
   ◌ a) Erstelle zu den Messwerten ein t-v-Diagramm.
   ● b) Beurteile, ob es sich um eine gleichmäßig beschleunigte Bewegung handelt. Begründe dein Ergebnis.

6. ● Paul stellt fest: Von 0 auf 50 beschleunigt sein Auto in 6,9 Sekunden, von 50 auf 100 aber in 7,1 Sekunden. Paul sagt: „Das ist ja überhaupt keine gleichmäßig beschleunigte Bewegung." Beurteile, ob seine Aussage angemessen ist.

7. ● Erkläre, wie man aus Bild 3 die Beschleunigung bestimmen kann.

Die verzögerte Bewegung

Achtung, rote Ampel!

Schaltet eine Ampel vor einem fahrenden Auto auf Rot, muss der Fahrer abbremsen. Die Geschwindigkeit des Autos wird kleiner. Dies bezeichnet man als verzögerte Bewegung.

In Bild 2 ist das Zeit-Geschwindigkeits-Diagramm von zwei Fahrzeugen dargestellt, die eine verzögerte Bewegung ausführen. Beide Fahrzeuge haben zu Beginn eine Geschwindigkeit von 24 m/s. Nach 1 s hat Fahrzeug A nur noch eine Geschwindigkeit von 18 m/s. Pro Sekunde nimmt die Geschwindigkeit von Fahrzeug A um 6 m/s ab. Nach 4 s kommt Fahrzeug A zum Stillstand. Fahrzeug B kommt hingegen schneller zum Stehen. Seine Geschwindigkeit nimmt um 8 m/s pro Sekunde ab.

Verzögerung

Die sogenannte Verzögerung gibt an, wie schnell sich die Geschwindigkeit verringert. Beispiel: Für Fahrzeug A verringert sich die Geschwindigkeit um 6 m/s pro Sekunde. Die Verzögerung hat dann einen Wert von 6 m/s². Für Fahrzeug B hingegen beträgt die Verzögerung 8 m/s².

Vergleich Verzögerung – Beschleunigung

Bei einer beschleunigten Bewegung wird die Geschwindigkeit immer größer. Bei einer verzögerten Bewegung wird die Geschwindigkeit hingegen immer kleiner. Man kann also sagen: Die Verzögerung ist eine umgekehrte Beschleunigung. Man nennt dies auch eine negative Beschleunigung.

AUFGABEN

1. ⊖ Betrachte das t-v-Diagramm in B 2. Lies ab, welche Geschwindigkeiten die Fahrzeuge A und B nach einer Zeit von drei Sekunden haben.

2. ⊖ Denke dir ein Beispiel für die verzögerte Bewegung eines Autos, Fahrrads oder Flugzeugs aus. Zeichne das t-v-Diagramm. Dein Sitznachbar muss nun herausfinden und begründen, um welches Fahrzeug es sich handelt.

3. ● Eine Videokamera nimmt auf, wie ein Auto bremst. Beschreibe, was du siehst, wenn du die Aufnahme rückwärts abspielst.

1 Achtung, Rot!

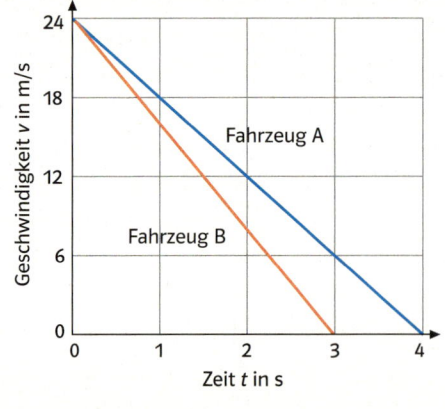

2 Zeit-Geschwindigkeits-Diagramm

Der beschleunigte Mensch

Kennst du die Lügengeschichten des BARON VON MÜNCHHAUSEN?

Der BARON VON MÜNCHHAUSEN (1720–1797) war Soldat in einem russischen Regiment und nahm an mehreren Feldzügen teil. Noch zu Lebzeiten erzählte er Lügengeschichten über seine angeblichen Abenteuer. Eine davon handelte von seinem Ritt auf einer fliegenden Kanonenkugel. Was damals fantasievolle Prahlerei war, wurde Jahre später in abgeänderter Form Wirklichkeit: Dem Zirkusartisten EMANUEL ZACCHINI gelang 1940 ein Flug aus einer Kanone (▷ B1) über drei Riesenräder hinweg. Er legte dabei eine horizontale Strecke von 69 m zurück und landete dann in einem aufgespannten Netz.

Wo aber liegen die Grenzen der menschlichen Belastbarkeit für Beschleunigungen? Mittlerweile fliegt der Mensch in den Weltraum. Die bemannte internationale Raumstation ISS umkreist die Erde in einer Höhe von ungefähr 400 Kilometer mit einer Geschwindigkeit von ca. 28 000 km/h. Die Astronauten müssen auf diese Geschwindigkeit beschleunigt werden.

2 Astronauten

Aus Beschleunigungstests mit Tieren weiß man, dass lebende Organismen große Beschleunigungen unbeschadet überstehen können, wenn diese von kurzer Dauer sind.

Astronauten (▷ B2) werden beim Start einer maximalen Beschleunigung ausgesetzt, die die Insassen eines Pkws erfahren würden, wenn ihr Wagen in einer Sekunde aus dem Stillstand auf 100 km/h beschleunigt würde.

1 Die menschliche Kanonenkugel

AUFGABEN

1 ⊖ Begründe, warum Astronauten auf hohe Geschwindigkeiten beschleunigt werden müssen.

2 ⊖ Berechne die ungefähre Beschleunigung von Astronauten beim Start in der Einheit m/s^2.

3 ● Vergleiche die Beschleunigung von Astronauten beim Start mit der Beschleunigung eines Formel-1-Rennwagens.

Bremsweg und Anhalteweg

Im Straßenverkehr muss man häufig rechtzeitig vor einem Hindernis stehen bleiben. Man kann aber mit einem Auto nicht sofort stehen bleiben.

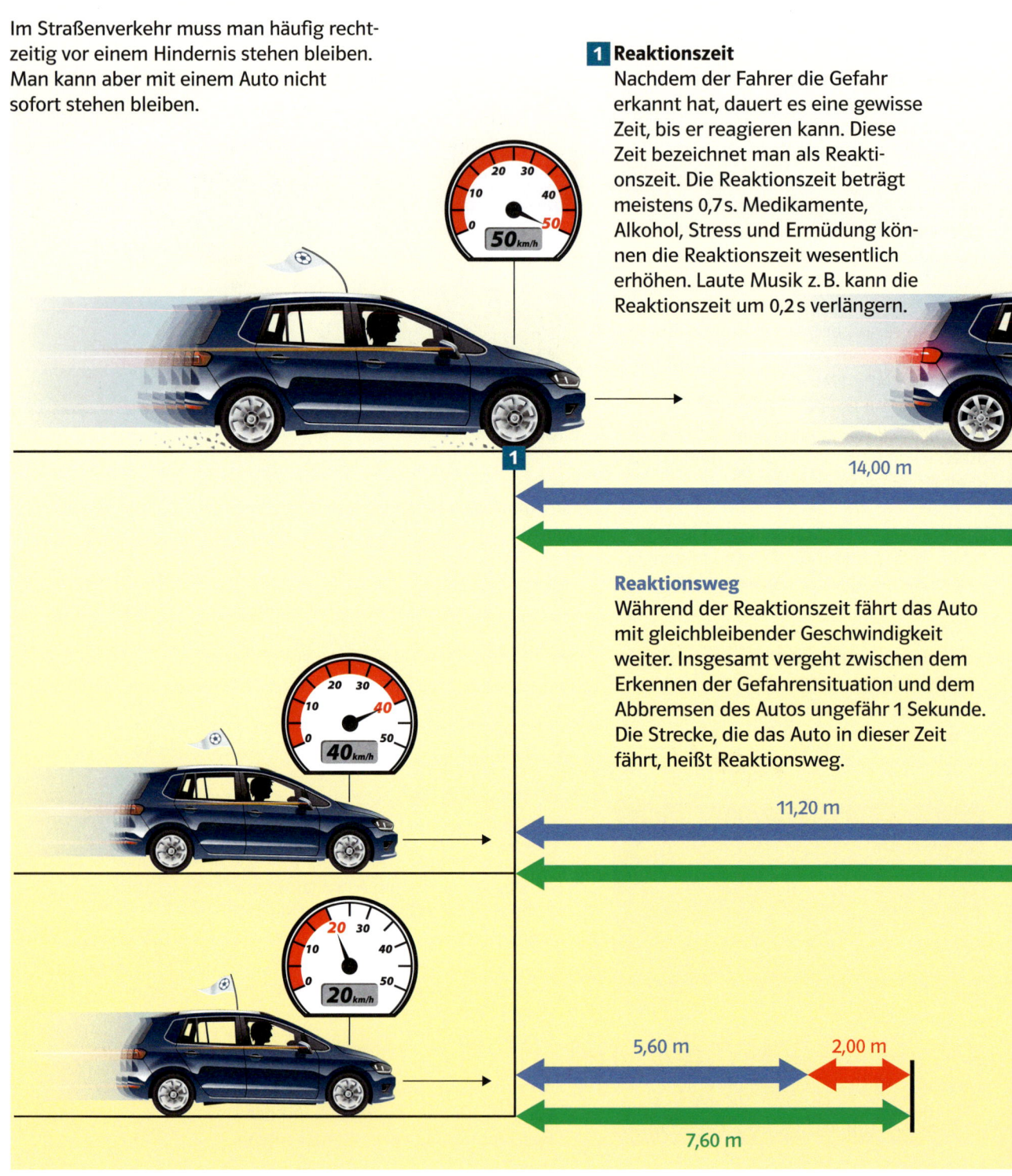

1 Reaktionszeit

Nachdem der Fahrer die Gefahr erkannt hat, dauert es eine gewisse Zeit, bis er reagieren kann. Diese Zeit bezeichnet man als Reaktionszeit. Die Reaktionszeit beträgt meistens 0,7 s. Medikamente, Alkohol, Stress und Ermüdung können die Reaktionszeit wesentlich erhöhen. Laute Musik z. B. kann die Reaktionszeit um 0,2 s verlängern.

14,00 m

Reaktionsweg

Während der Reaktionszeit fährt das Auto mit gleichbleibender Geschwindigkeit weiter. Insgesamt vergeht zwischen dem Erkennen der Gefahrensituation und dem Abbremsen des Autos ungefähr 1 Sekunde. Die Strecke, die das Auto in dieser Zeit fährt, heißt Reaktionsweg.

11,20 m

5,60 m   2,00 m

7,60 m

2 Bremsbetätigung
Der Fahrer betätigt die Bremse.
Das Auto wird langsamer.

3 Stillstand
Nach dem Bremsweg kommt
das Auto zum Stillstand.

12,50 m

26,50 m

Bremsweg

Nach der Reaktionszeit tritt der Fahrer
auf die Bremse. Bis die Bremsen wirken,
vergehen ungefähr 0,3 s. Das Auto wird
abgebremst und immer langsamer, bis es
schließlich stehen bleibt. Die Strecke, die
es beim Bremsen zurücklegt, heißt Bremsweg.

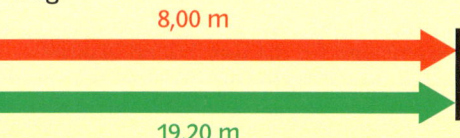

8,00 m

19,20 m

Anhalteweg

Die Strecke, die aus Reaktionsweg und
Bremsweg besteht, heißt Anhalteweg.

Der Anhalteweg setzt sich aus dem Reaktionsweg und dem Bremsweg zusammen.
Der Anhalteweg hängt z. B. ab von der
Geschwindigkeit des Fahrzeugs und Reaktionszeit des Fahrers.

AUFGABEN

1   ○ Beschreibe, wie sich der Anhalteweg
eines Fahrzeugs zusammensetzt.

2   ○ Zähle Punkte auf, die die Reaktionszeit eines Fahrers beeinflussen können.

3   ◐ Im Bild findest du den Reaktionsweg, den Bremsweg und den Anhalteweg für verschiedene Geschwindigkeiten. Erstelle mithilfe dieser
Informationen ein übersichtliches
Säulendiagramm.

4   ● Entwickle mithilfe des Bildes zwei
Je-desto-Sätze.

Faustformeln im Straßenverkehr

1 Zu geringer Sicherheitsabstand ist gefährlich.

Punkte für zu kleinen Abstand
Viele Unfälle ließen sich vermeiden, wenn Autofahrer den Bremsweg ihres Fahrzeugs besser einschätzen könnten.
Daher ist es sehr wichtig, dass ein Autofahrer im Straßenverkehr immer einen Sicherheitsabstand zum vorausfahrenden Fahrzeug abschätzen kann und auch einhält. Der Sicherheitsabstand muss so groß sein, dass er noch rechtzeitig anhalten kann, wenn das Fahrzeug vor ihm plötzlich bremst. Daher riskiert jeder, der den Sicherheitsabstand nicht einhält, ein Bußgeld und Punkte in der „Flensburger Kartei".

Aus diesem Grund gibt es „Faustformeln". Mit ihnen kann man während der Fahrt leicht den Bremsweg und den Sicherheitsabstand abschätzen.

Faustformel für den Bremsweg
Für den Bremsweg lautet die Faustformel:

$$\text{Bremsweg} = \frac{(\text{Geschwindigkeit})^2}{100}$$

Achtung: Diese Faustformel gilt nur, wenn du passende Einheiten verwendest. Du musst die Geschwindigkeit in km/h einsetzen, dann erhältst du den Bremsweg in m.

Ein Rechenbeispiel verdeutlicht diese Faustformel. Hat ein Fahrzeug eine Geschwindigkeit von 60 km/h, so beträgt der Bremsweg nach der Faustformel ungefähr:

$$\text{Bremsweg} = \frac{60 \cdot 60}{100} = 36$$

Der Bremsweg beträgt 36 m.

Faustformel für den Sicherheitsabstand
Auch für den Sicherheitsabstand gibt es eine Faustformel: „Halber Tacho" ist eine leicht anwendbare Faustformel. Wer mit einer Geschwindigkeit von 120 km/h fährt, muss einen Sicherheitsabstand von 60 m einhalten.

Mit Faustformeln können Autofahrer also den Bremsweg und den Sicherheitsabstand einfach und schnell abschätzen.

AUFGABEN

1 ⊖ Berechne mit der Faustformel den Bremsweg für die Geschwindigkeiten 30 km/h und 90 km/h.

2 ⊖ Alex fährt im Winter auf der Autobahn mit 110 km/h. Plötzlich bildet sich Blitzeis. Alex fährt weiter wie bisher. Er denkt sich: „Die Formel sagt ja, dass mein Sicherheitsabstand ausreicht." Beurteile sein Verhalten.

3 ● Recherchiere im Internet eine weitere Faustformel für den Sicherheitsabstand. Erkläre dann diese Faustformel.

Eine Mind-Map erstellen

Die Mind-Map als Lernhilfe

Eine Mind-Map ist eine Landkarte (Map) aus Gedanken (Mind). Die Gedanken können auch Arbeitsergebnisse sein.

Wenn du eine Mind-Map selbst erarbeitest, beschäftigst du dich intensiv mit einem Thema. Du musst die Schlüsselbegriffe herausfinden und sie von speziellen Fachbegriffen, verfeinerten Ideen oder Beispielen unterscheiden.

Du machst dir auch Gedanken über passende Bilder und Symbole. So kannst du dir die Inhalte deiner Mind-Map leichter merken.

Die Mind-Map-Regeln

1. Verwende verschiedene Farben.
2. Schreibe das Thema in die Mitte.
3. Erstelle die Hauptäste. Die Hauptäste gehen von der Mitte der Mind-Map aus. Zu jedem Hauptast gehört ein Schlüsselbegriff.
4. Lege nun die Nebenäste an. Die Nebenäste gehen von den Hauptästen ab. An die Nebenäste kommen spezielle Fachbegriffe, verfeinerte Ideen oder Beispiele.
5. Ergänze passende Bilder und Symbole.

Mind-Map zu bewegten Körpern

Bild 1 zeigt eine Mind-Map zum Thema „Bewegte Körper". Diese Mind-Map passt zu den Inhalten, die dir bisher im Kapitel begegnet sind.

AUFGABEN

1 ○ Beschreibe, wie man beim Erstellen einer Mind-Map vorgeht.

2 ◒ Erstelle eine Mind-Map zum Thema „Anhalteweg beim Auto".

3 ● Erstellt in der Gruppe eine Mind-Map zum Thema „Physikalische Größen für die Bewegung von Körpern". Präsentiert eure Ergebnisse.

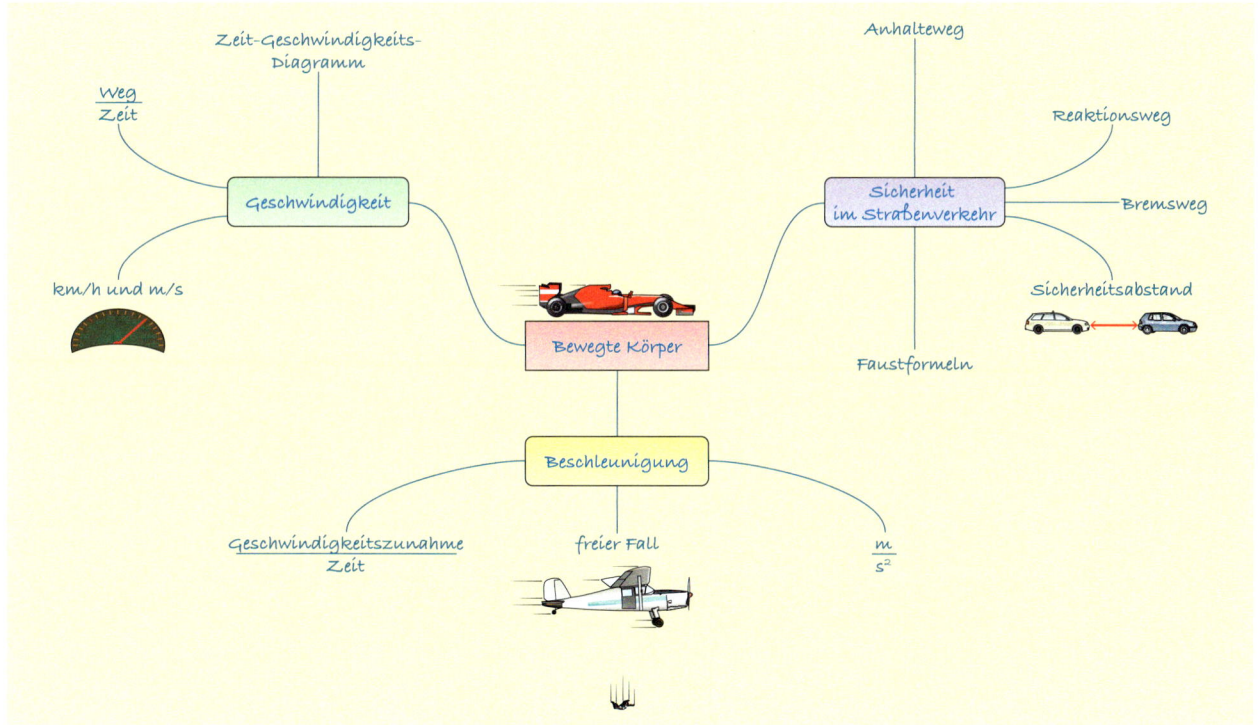

1 Eine Mind-Map ist eine Lernhilfe.

Zusammenfassung

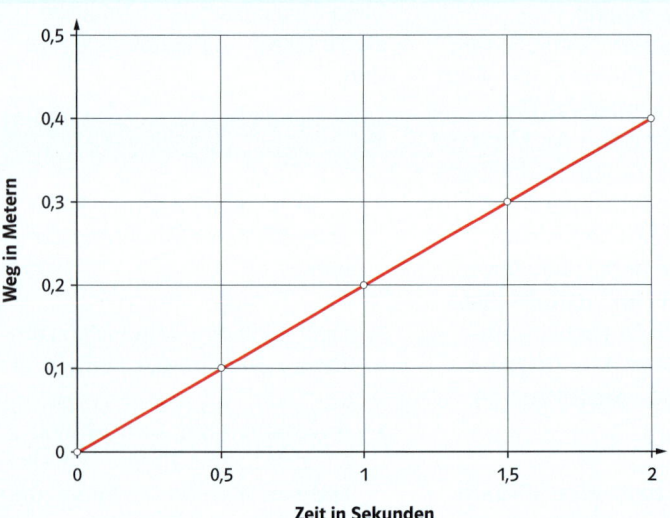

1 Zeit-Weg-Diagramm

Bewegungen

Betrachtet man die Geschwindigkeit bei verschiedenen Bewegungen, dann kann man drei Bewegungsarten unterscheiden: die gleichförmige Bewegung, die beschleunigte Bewegung und die verzögerte Bewegung.

Die Geschwindigkeit

Die Geschwindigkeit gibt an, welchen Weg ein Körper in einer bestimmten Zeit zurücklegt.
Formelzeichen: v
Einheit: 1 m/s oder 1 km/h
Messgerät: Tachometer
Berechnung:

$$\text{Geschwindigkeit} = \frac{\text{Weg}}{\text{Zeit}}$$

$$v = \frac{s}{t}$$

Diagramme

Bewegungen kann man in Diagrammen grafisch darstellen.
Im Zeit-Weg-Diagramm wird der Zusammenhang zwischen den Größen Zeit und Weg dargestellt (▷ B 1).

Die beschleunigte Bewegung

Bei einer beschleunigten Bewegung nimmt die Geschwindigkeit zu.

Verzögerte Bewegung

Bei einer verzögerten Bewegung nimmt die Geschwindigkeit ab.
Ein Beispiel für eine verzögerte Bewegung im Straßenverkehr ist das Bremsen eines Autos.

Anhalteweg

Der Anhalteweg eines Fahrzeugs setzt sich aus zwei Teilstrecken zusammen, dem Reaktionsweg und dem Bremsweg:
Anhalteweg = Reaktionsweg + Bremsweg

Rechendreieck

Mit einem Rechendreieck kann man in der Physik Aufgaben einfach lösen (▷ B 2). Mit diesem Hilfsmittel kann man schnell die jeweils benötigte Formel ablesen.

Die gleichförmige Bewegung

Sind der Weg und die Zeit proportional zueinander, dann bezeichnet man die Bewegung als gleichförmig. Man schreibt: Weg s ~ Zeit t.

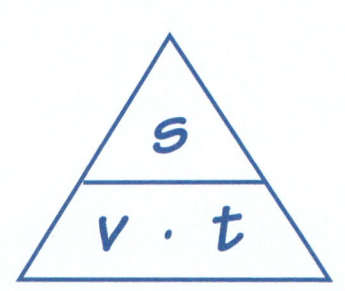

2 Rechendreieck

AUFGABEN

1 ○ Zähle die unterschiedlichen Bewegungsarten auf.

👍 Super! ❓ ► S.108/109

2 ○ Ergänze folgende Sätze:
a) In je kürzerer Zeit ein Körper eine bestimmte Strecke zurücklegt, desto höher ist seine …
b) Je höher die Geschwindigkeit ist, desto mehr … legt ein Körper pro Zeit zurück.

👍 Super! ❓ ► S.110

3 ○ Ein Pkw hat eine Geschwindigkeit von 50 km/h. Gib die Geschwindigkeit in der Einheit m/s an.

👍 Super! ❓ ► S.110

4 ◐ Notiere die drei Formeln, die du aus dem Rechendreieck ablesen kannst.

👍 Super! ❓ ► S.114/115

5 Das Zeit-Weg-Diagramm in Bild 1 beschreibt die Bewegung von drei verschiedenen Fahrzeugen.
◐ a) Berechne die Geschwindigkeit jedes Fahrzeugs.
◐ b) Berechne, wie weit diese Fahrzeuge in 5 s, in 12 s und in 20 s gefahren sind.

👍 Super! ❓ ► S.114/115, 120/121

6 ◐ Michelle fährt mit ihrem Auto mit einer Geschwindigkeit von 80 km/h. Schätze mit der Faustformel ab, wie groß der Bremsweg sein wird.

👍 Super! ❓ ► S.128

7 ● Bei der Bewegung eines Körpers ergeben sich folgende Messwerte:

Zeit in s	Weg in m
0	0
1	2
2	4
3	6
4	8
5	10

Erstelle aus diesen Messwerten ein Weg-Zeit-Diagramm.

👍 Super! ❓ ► S.120/121

8 Ein PKW fährt mit der vorgeschriebenen Geschwindigkeit durch eine Tempo-30-Zone. Plötzlich läuft 10 m vor dem Auto ein Kind auf die Straße.
● a) Beschreibe den Anhalteweg mit den zwei Teilwegen.
● b) Berechne die Länge des Reaktionsweges, wenn dafür eine Zeit von 1,5 s angenommen wird.

👍 Super! ❓ ► S.126/127

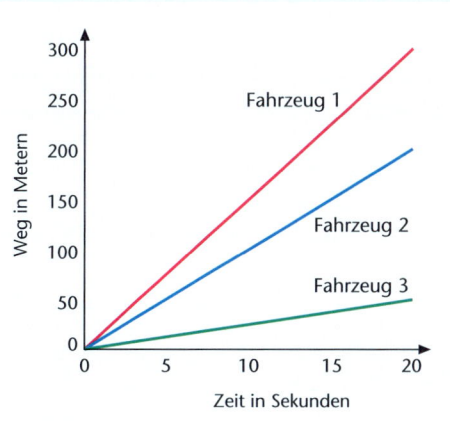

1 Zu Aufgabe 5

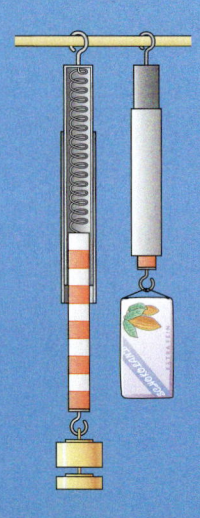

5 Kräfte und einfache Maschinen

- Woran erkennt man Kräfte?

- Wie kann man Kraft sparen?

- Warum sind an einem Kran viele Rollen?

- Was ist eine einfache Maschine?

1 Bungee-Springen

2 Crash-Test

Kräfte und ihre Wirkungen

Kräfte im Alltag

Kräfte kommen überall in unserem Leben vor. Wir können sie nicht sehen, nur ihre Wirkungen sind für uns erkennbar.
Es gibt verschiedene Arten **physikalischer Kräfte**. Die Erdanziehungskraft zieht zum Beispiel alle Körper zum Erdboden.

Kräfte verändern die Form

Eine Kraft kann einen Körper verformen. Mit deiner Muskelkraft kannst du einen Gummiball zusammendrücken oder Knetmasse formen. Wenn du den Gummiball loslässt, dann nimmt er wieder seine ursprüngliche Form an. Die Verformung ist nicht dauerhaft. Die Knetmasse hingegen behält ihre Form auch nach der Krafteinwirkung. Die Verformung ist dauerhaft (▷ B 3).

Kräfte verändern die Bewegung

Eine Kraft kann einen ruhenden Körper in Bewegung setzen. Ein bewegter Körper kann schneller oder langsamer werden, wenn eine Kraft auf ihn wirkt. Eine Kraft kann aber auch die Richtung seiner Bewegung ändern.

Auch in der Umgangssprache wird das Wort „Kraft" oft verwendet. Ein Waschmittelhersteller wirbt z. B. mit der großen Waschkraft eines neuen Produkts. Die

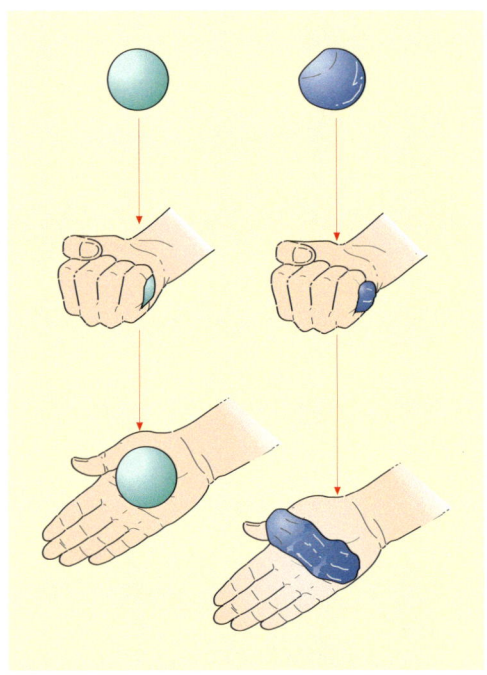

3 Nicht dauerhafte und dauerhafte Verformung

4 Hüpfball

6 Schaukeln

Waschkraft ist aber keine physikalische Kraft. In der Physik spricht man nur dann vom Wirken einer Kraft, wenn bei einem Körper die Form oder die Bewegung verändert wird. (► Wechselwirkung, S. 198/199)

Kräfte erkennt man an ihren Wirkungen. Kräfte können die Form oder die Bewegung eines Körpers verändern.

5 Änderung der Bewegungsrichtung

AUFGABEN

1 ○ Nenne die möglichen Wirkungen einer Kraft.

2 ○ a) Nenne 6 Beispiele, bei denen eine Kraft die Form oder die Bewegung eines Körpers ändert.
   ⊖ b) Entwirf eine Tabelle zu den verschiedenen Wirkungen einer Kraft. Sortiere zu jeder Wirkung zwei Beispiele ein.

3 ⊖ Sortiere 12 Worte, in denen „Kraft" vorkommt, in einer Tabelle nach physikalischer und nicht physikalischer Bedeutung.

4 ⊖ Beschreibe verschiedene Möglichkeiten, wie eine Kraft die Bewegung eines Körpers verändern kann. Beschreibe zu jeder Möglichkeit ein Beispiel.

5 ● Vergleiche den physikalischen Kraftbegriff mit dem aus der Umgangssprache. Beschreibe jeweils drei Beispiele.

VERSUCHE

1 Verforme folgende Körper: Luftballon, Knete, Draht, Schraubenfeder, Schwamm und Gummiball. Beschreibe, was jeweils passiert, wenn keine Kraft mehr auf die Körper einwirkt.

2 Lass eine Stahlkugel langsam über den Tisch rollen. Beeinflusse ihre Bewegung mit einem Stabmagneten. Beschreibe mehrere Möglichkeiten, die Bewegung der Kugel zu ändern.

3 Lass ein Spielzeugauto eine Rampe hinunterfahren. Beobachte die Fahrt des Spielzeugautos. Wiederhole den Versuch mit verschiedenen Fahrbahnoberflächen.

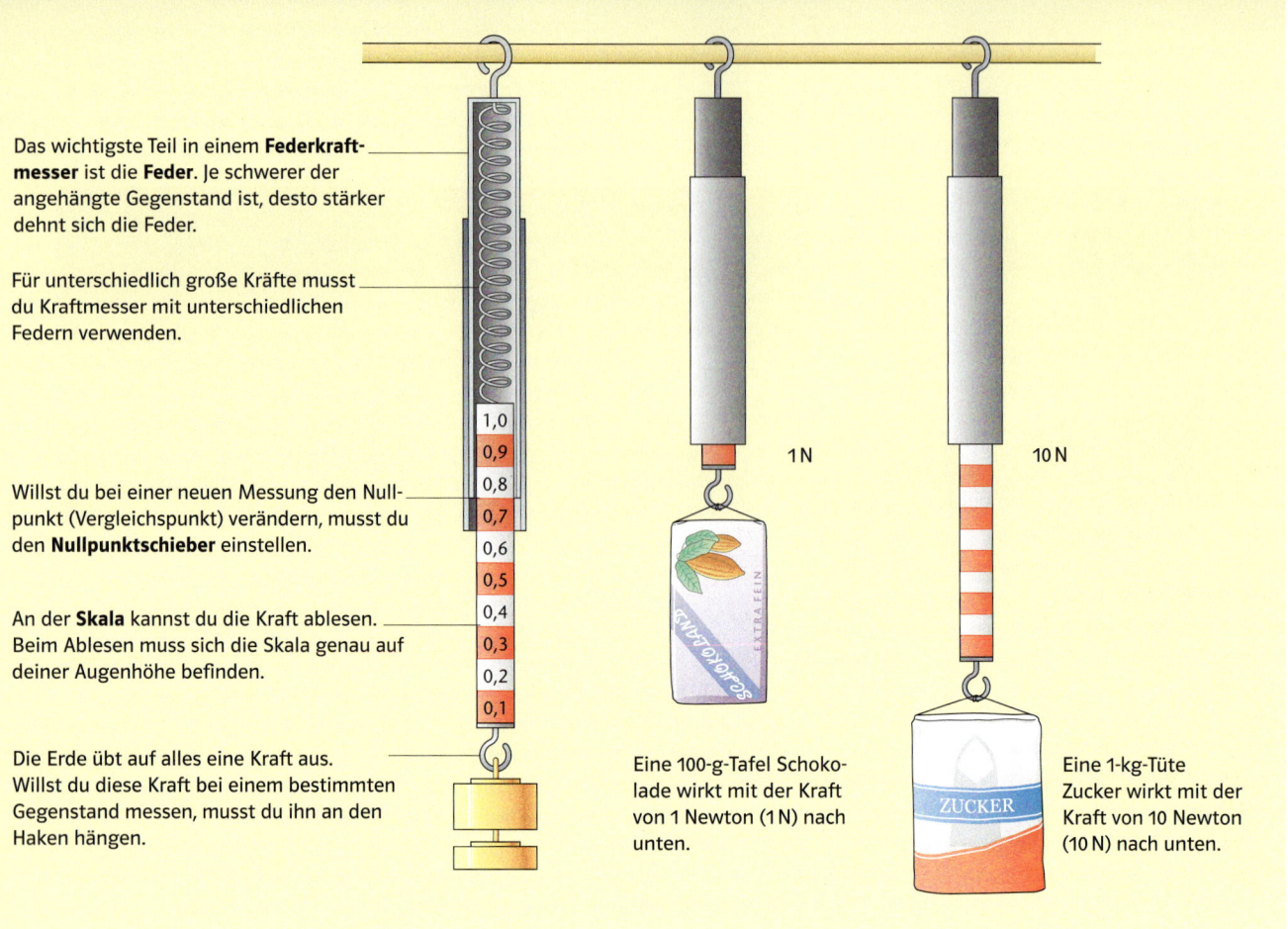

Das wichtigste Teil in einem **Federkraft-messer** ist die **Feder**. Je schwerer der angehängte Gegenstand ist, desto stärker dehnt sich die Feder.

Für unterschiedlich große Kräfte musst du Kraftmesser mit unterschiedlichen Federn verwenden.

Willst du bei einer neuen Messung den Null-punkt (Vergleichspunkt) verändern, musst du den **Nullpunktschieber** einstellen.

An der **Skala** kannst du die Kraft ablesen. Beim Ablesen muss sich die Skala genau auf deiner Augenhöhe befinden.

Die Erde übt auf alles eine Kraft aus. Willst du diese Kraft bei einem bestimmten Gegenstand messen, musst du ihn an den Haken hängen.

1 N

10 N

Eine 100-g-Tafel Schoko-lade wirkt mit der Kraft von 1 Newton (1 N) nach unten.

Eine 1-kg-Tüte Zucker wirkt mit der Kraft von 10 Newton (10 N) nach unten.

1 Kraftmesser im Einsatz

Kräfte messen

Die Erde übt auf alles eine Kraft aus. Diese Kraft wirkt nach unten. Du kannst diese Kraft mit einem **Federkraftmesser** messen. Bild 1 zeigt dir, wie man eine Kraft mit dem Federkraftmesser misst (▷ B 1).
(► System, S. 200/201)

Formelzeichen und Einheit der Kraft
Das Formelzeichen für die Kraft ist F. Ihre Einheit ist das Newton (N). Sie ist benannt nach dem englischen Physiker ISAAC NEWTON (1643 – 1727).
Beispiel: Ein Hund zieht mit einer Kraft von 100 Newton an der Leine. Dazu kannst du in Kurzform sagen: „Die Kraft des Hundes ist 100 N." Dafür kannst du auch schreiben: $F = 100$ N.

Kräfte kann man mit einem Federkraft-messer messen. Die Kraft hat das Formel-zeichen F und die Einheit Newton (N).

AUFGABEN

1 ○ Beschreibe, wie ein Federkraftmesser funktioniert.

2 ◕ Um einen Federkraftmesser korrekt abzulesen, muss oft der Nullpunkt ein-gestellt werden. Erkläre dies.

3 ● Eine 100-g-Tafel Schokolade hängt auf dem Mond an einem Federkraft-messer. Recherchiere, ob auch dort eine Kraft von 1 N angezeigt wird.

Kraftmesser im Einsatz

1 Kräfte messen

Material

mehrere Federkraftmesser mit unterschiedlichen Messbereichen, verschiedene Gegenstände aus deiner Schultasche, Faden

Versuchsanleitung

a) Halte den Federkraftmesser senkrecht. Überprüfe, ob die äußere Hülse des Federkraftmessers genau auf null steht. Die Hülse lässt sich nach oben und unten verschieben.

b) Wähle für die Gegenstände den passenden Federkraftmesser aus. Schätze dies vorher ab und probiere vorsichtig aus.

c) Hänge nun die verschiedenen Gegenstände an den Haken, um die nach unten wirkende Kraft zu bestimmen.

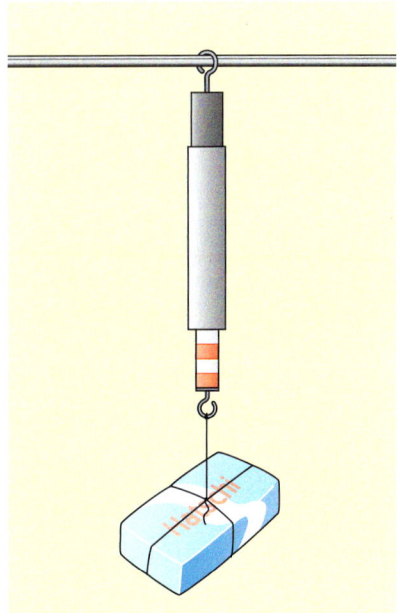

1 Zu Versuch 1

Mit dem Faden kannst du die Gegenstände verschnüren, um sie besser an den Haken zu hängen (▷ B1).

d) Notiere in einer Tabelle die gemessenen Kräfte. Zeichne den Versuchsaufbau ab.

2 Die Zugkraft wird gemessen

Material

mehrere Federkraftmesser mit unterschiedlichen Messbereichen, verschiedene Gegenstände, Geschirrtuch

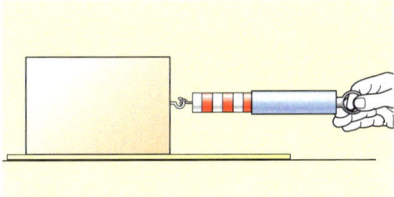

2 Zu Versuch 2

Versuchsanleitung

a) Halte den Federkraftmesser waagerecht (▷ B 2). Befestige verschiedene Gegenstände (z.B. ein Mäppchen, ein Buch, Hefte) am Haken des Federkraftmessers.

b) Ziehe die Gegenstände langsam über den Tisch. An der Skala kannst du nun die sogenannte Zugkraft ablesen.

Gegenstände, die nicht an dem Haken befestigt werden können, kannst du auf das Geschirrtuch legen. Das Tuch befestigst du dann am Haken des Federkraftmessers. Achte bei der Versuchsdurchführung auf einen geeigneten Messbereich.

c) Notiere deine Messergebnisse in einer Tabelle.

3 Die Schubkraft soll gemessen werden

Material

unterschiedliche Federn, verschiedene Gegenstände

Versuchsanleitung

a) Schiebe verschiedene Gegenstände über den Tisch. Achte darauf, dass du schiebst und nicht ziehst. Die Kraft, die du beim Schieben aufwendest, nennt man Schubkraft.

Wie kannst du mit den Federn feststellen, ob du eine kleine oder eine große Schubkraft aufwendest? Beschreibe dein Vorgehen.

b) Ergänze folgenden Satz: „Je stärker du die Feder …"

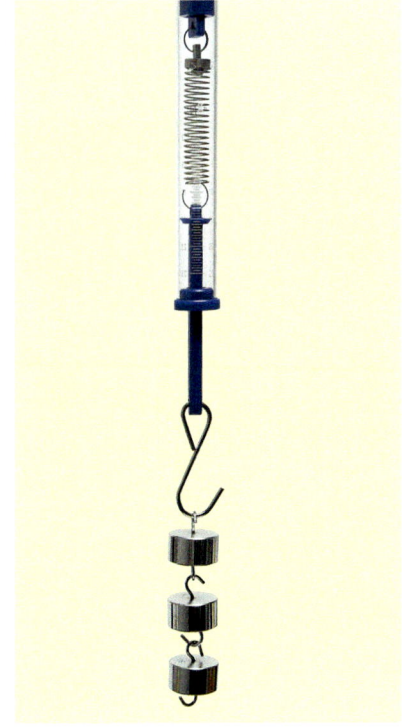

3 Federkraftmesser

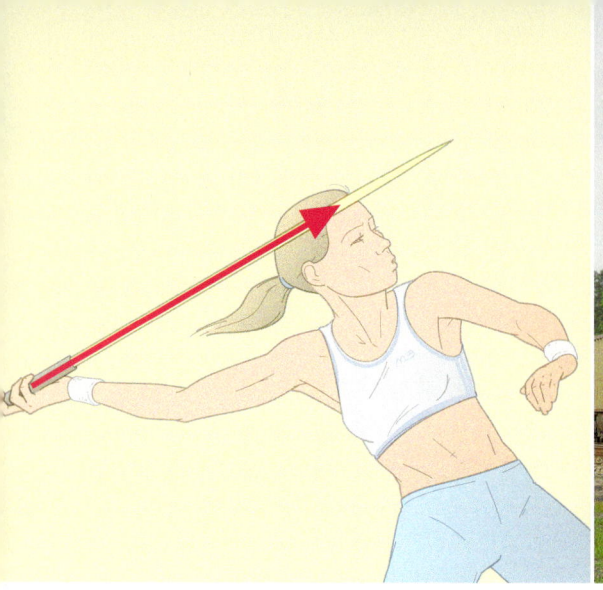

1 Kräfte werden mit einem Kraftpfeil dargestellt.

2 Lokomotiven ziehen einen Güterzug.

Darstellung von Kräften

Kräfte lassen sich zeichnen

Wenn man Kräfte grafisch darstellt, dann werden Pfeilbilder genutzt. Die Länge des Pfeils gibt die Höhe (Stärke) der Kraft maßstabsgetreu an. Die Pfeilspitze zeigt in die Richtung, in der die Kraft wirkt. Der Anfangspunkt des Pfeils ergibt den Angriffspunkt der Kraft (▷ B 1)

Mehrere Kräfte wirken gleichzeitig

Wirken mehrere Kräfte an einem Körper gleichzeitig, dann ist es so, als ob nur eine Kraft, die sogenannte **resultierende Kraft** (**Gesamtkraft**) wirken würde.

Wirken zwei Kräfte in die gleiche Richtung, so addieren sie sich (▷ B 3). Dabei können die beiden Kräfte verschieden groß sein – die Länge der Kraftpfeile beschreibt dabei die Höhe der Kräfte.

Stell dir vor, du stehst mit deinem Hund an der Fußgängerampel. Du hältst die Leine in der Hand. Der Hund möchte bei Rot loslaufen und zieht an der Leine. Du wirkst mit deiner Muskelkraft automatisch der Zugkraft deines Hunds entgegen und hebst sie auf. Eure Kräfte greifen am Hundehalsband an, sind gleich groß

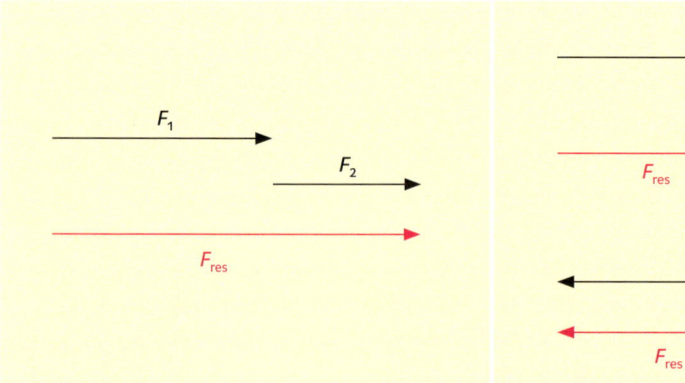

3 Kräfte addieren sich.

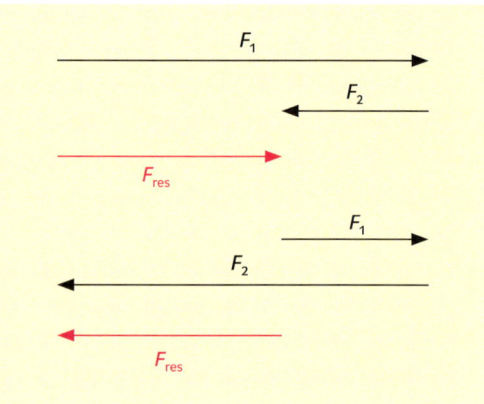

4 Kräfte werden subtrahiert.

5 Jedes Kind zieht mit 50 N.

6 Tauziehen

und wirken entgegengesetzt. Es herrscht **Kräftegleichgewicht** und deshalb bleibt ihr stehen.

Wirken zwei Kräfte in entgegengesetzter Richtung, so heben sie sich in ihrer Wirkung ganz oder teilweise auf. Sie werden subtrahiert (▷ B 4)

Greifen Kräfte unter einem Winkel (in verschiedenen Richtungen) an, so kann die tatsächlich wirkende Kraft mit Hilfe des Kräfteparallelogramms bestimmt werden (▷ B 5). Die Diagonale zeigt die tatsächlich wirksame Kraft – die Resultierende.

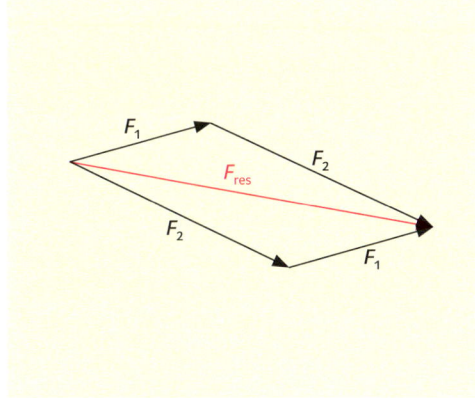

7 Kräfteparallelogramm

Kräfte lassen sich mit Kraftpfeilen darstellen. Kräfte können addiert werden.

AUFGABEN

1 ○ Übertrage die Abbildungen 1, 3, 4 und 7 in dein Heft.

2 ○ Nenne Beispiele für Situationen, in denen sich Kräfte addieren oder subtrahieren.

3 ◗ Begründe, warum vor dem Güterzug in Bild 2 mehrere Lokomotiven vorgespannt sind.

4 ◗ Stelle Bild 5 mithilfe von Kraftpfeilen dar. Wähle einen sinnvollen Maßstab.

5 ◗ Zeichne die im Text beschriebene Geschichte „Mit angeleintem Hund an der Ampel warten" mithilfe von Kraftpfeilen. Begründe die Darstellung der Kraftpfeile.

6 ● Beschreibe Bild 6. Begründe deine Aussagen.

7 ● Zwei Personen, die gleich große Kräfte aufwenden, sollen einen 500 N schweren Koffer wegtragen. Sie fassen beide am gleichen Tragegriff an. Wenden beide jeweils 250 N auf? Zeichne das Kräfteparallelogramm und bestimme die Kraft, die jeder der Personen aufwendet.

139

1 An der Reckstange

2 Paul an einem Federkraftmesser

$F_G = 500\,N$

Masse und Gewichtskraft

Die Gewichtskraft

In Bild 1 turnt Paul an der Reckstange. Die Stange biegt sich durch. Wenn Paul die Stange loslässt, dann fällt er nach unten. Warum ist das so? Auf Paul wirkt die Anziehungskraft der Erde – die **Gewichtskraft**. Die Gewichtskraft wirkt immer in Richtung Erdmittelpunkt. Das Formelzeichen für die Gewichtskraft ist F_G.

Die Gewichtskraft gibt an, wie stark ein Körper an seiner Aufhängung zieht oder auf seine Unterlage drückt.

3 Paul auf Balkenwaage

Masse und Gewichtskraft

Pauls Gewichtskraft beträgt 500 Newton (500 N), seine **Masse** ist 50 kg (▷ B 2, B 3). Die Masse hat das Formelzeichen m. Sie wird in kg gemessen. Auf der Erde hat ein Körper mit einer Masse von 1 kg die Gewichtskraft von 10 N. Das kannst du dir gut an einem Beispiel merken: Eine Tafel Schokolade hat eine Masse von m = 100 g. Ihre Gewichtskraft beträgt F_G = 1 N.

Eine Reise in den Weltraum

Stell dir vor, Paul macht eine Reise zum Mond (▷ B 4). Er nimmt einen Federkraftmesser und eine Balkenwaage mit. Er misst seine Masse und seine Gewichtskraft auf dem Mond. Pauls Masse ist gleich geblieben. Die Masse hängt nur vom Körper selbst ab. Die Masse ist überall gleich. Pauls Gewichtskraft beträgt auf dem Mond aber nur noch 1/6 (▷ B 5). Das liegt daran, dass der Mond eine viel kleinere Masse als die Erde hat. Darum ist auch seine Anziehungskraft auf Paul kleiner.

Auch auf der Erde haben Körper an verschiedenen Orten etwas verschiedene Gewichtskräfte. Auf dem Mount Everest ist

4 Paul im Raumanzug

die Gewichtskraft kleiner als am Meeresstrand, weil auf einem Berg der Abstand zum Erdmittelpunkt größer ist. Man sagt: Die Gewichtskraft ist ortsabhängig.

– Man kann sie mithilfe des Ortsfaktors g (Fallbeschleunigung) für den jeweiligen Ort berechnen. Der Ortsfaktor auf der Erde beträgt im Mittel etwa 10 N/kg.
– Daraus ergibt sich folgende Formel zur Berechnung der Gewichtskraft: $F_G = m \cdot g$

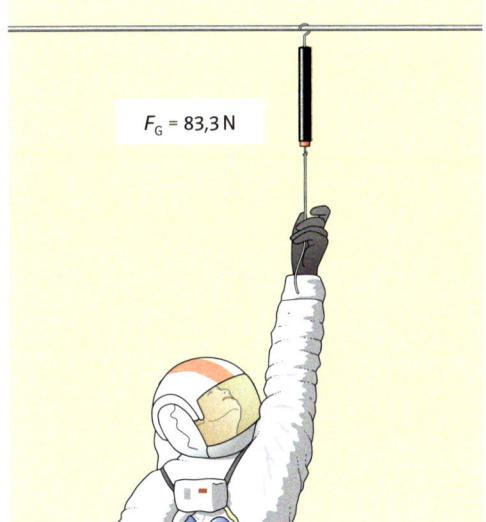

$F_G = 83{,}3\,N$

5 Pauls Gewichtskraft auf dem Mond

Die Masse eines Körpers hängt nur vom Körper selbst ab. Die Masse ist immer gleich.
Formelzeichen: m
Einheit: kg

Die Gewichtskraft gibt an, wie stark ein Körper von einem Himmelskörper, z. B. der Erde, angezogen wird. Die Gewichtskraft ist ortsabhängig.
Formelzeichen: F_G
Einheit: Newton (N)

AUFGABEN

1 ○ Stefan hat eine Masse von 50 kg. Gib seine Gewichtskraft auf der Erde an.

2 ○ Schreibe Formelzeichen und Einheit für die Gewichtskraft und die Masse auf.

3 ○ a) Gib die Gewichtskräfte folgender Massen auf der Erde an: 2 kg; 32 kg; 500 g; 300 g
◑ b) Berechne die zugehörigen Massen zu folgenden Gewichtskräften auf der Erde: 7 N; 45 N; 600 N; 3 000 N

4 ◑ a) Beschreibe die Unterschiede zwischen Masse und Gewichtskraft.
◑ b) Diskutiert in der Gruppe, wo diese Unterschiede Bedeutung haben.

5 ◑ Stelle in einer Tabelle Formelzeichen, Messgerät, Einheit und Ortsabhängigkeit von Masse und Gewichtskraft dar.

6 ● a) Begründe, warum Paul in Bild 2 mit dem Kraftmesser und in Bild 3 mit der Balkenwaage das gleiche Ergebnis für seine Masse erhält.
● b) Begründe anhand von Bild 5, warum eine Balkenwaage zuverlässiger als ein Kraftmesser sein kann. Benutze in deiner Antwort das Wort „ortsabhängig".

VERSUCHE

1 Bestimme die Massen und Gewichtskräfte von fünf verschiedenen Steinen. Notiere die Messwerte in einer Tabelle und formuliere ein Ergebnis.

2 Plane einen Versuch, mit dem du herausfinden kannst, wie die Masse und die Gewichtskraft auf der Erde zusammenhängen. Tipp: Benutze Massestücke und Federkraftmesser.

Wie dehnen sich Federn aus?

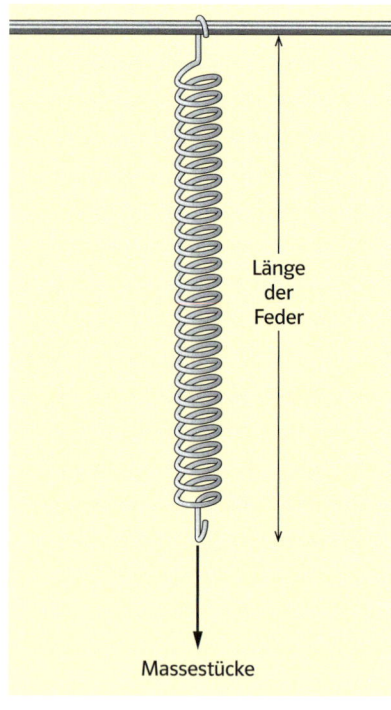

1 Versuchsaufbau

Material
Stativ, Spiralfeder, Lineal oder Maß-band, mehrere Massestücke (50 g)

Versuchsanleitung
a) Baue den Versuch wie in Bild 1 auf.
b) Lege eine Tabelle wie in Bild 2 an. Trage die fehlenden Werte für die Gewichtskraft in Newton (N) ein.
c) Zunächst hängt kein Massestück an der Feder. Miss die Länge der Feder. Trage das Ergebnis in die Tabelle ein.
d) Hänge nun ein Massestück (mit 50 g) an die Feder. Miss nun die Länge der Feder. Notiere das Ergebnis in der Tabelle.
Tipp: Warte, bis die Feder nicht mehr schwingt. Die Feder darf nicht mehr schwingen, da du sonst ein falsches Ergebnis erhältst.
e) Wiederhole die Messung mit zwei, drei und vier Massestücken. Notiere die Länge der Feder in der Tabelle.
f) Nun musst du die Tabelle fertig ausfüllen: Berechne und notiere die Längenänderung zwischen der gedehnten Feder und der unbelasteten Feder.

Tipp: In der letzten Spalte geht es um die Änderung der Länge, und zwar gegenüber der Feder ohne Massestücke. Die Länge der Feder ohne Massestücke hast du in Versuchsteil c bestimmt.
g) Stelle deine Messergebnisse in einem Diagramm dar. Auf der x-Achse trägst du die Gewichtskraft in N ein, auf der y-Achse die Längenänderung in cm. Verbinde die Punkte auf sinnvolle Weise. Beschreibe das Aussehen des Diagramms.
h) Beschreibe, welchen Zusammenhang du zwischen der Gewichtskraft und der Längenänderung der Feder feststellen kannst.
i) Wiederhole die Versuchsschritte a) bis g) mit einer anderen Feder.

Du hast bereits kennengelernt, dass eine Kraft einen Körper verformen kann. Das kannst du nun genauer untersuchen. Mit dem nachfolgenden Versuch untersuchst du, wie stark sich eine Feder ausdehnt, wenn du Massestücke an die Feder hängst.

Masse in g	Gewichtskraft in N	Länge der Feder in cm	Längenänderung in cm
0	0		0
50			
100	1		
150			
200			

2 Tabelle für die Messergebnisse

AUFGABEN

1 ○ Ergänze folgenden Satz: Je größer die angehängte Masse ist, desto …

2 ◒ Ergänze folgende Sätze:
a) Eine doppelte Masse verursacht eine … Längenänderung.
b) Wenn die Längenänderung doppelt so groß ist, dann ist die Gewichtskraft …
c) Eine 3-fache Gewichtskraft verursacht eine … Längenänderung.

Das Hooke'sche Gesetz

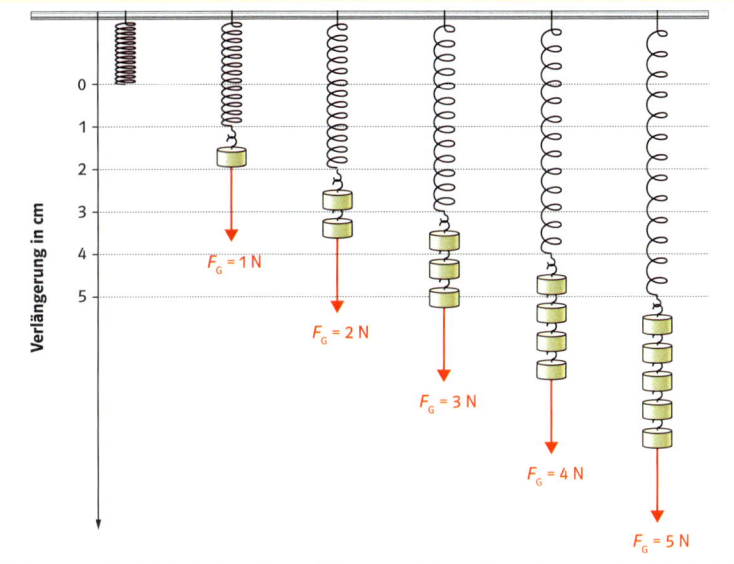

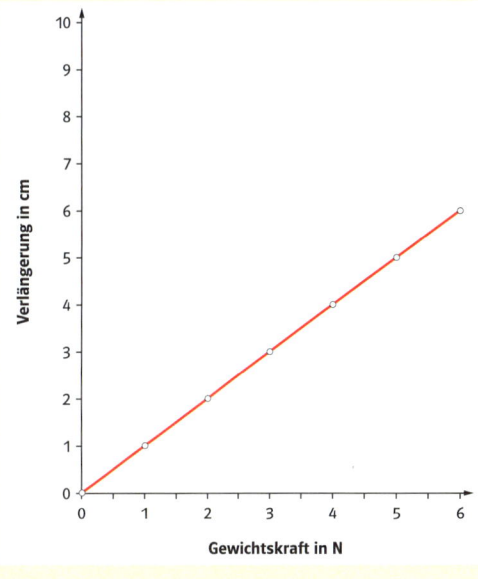

1 Verlängerung einer Feder durch die Gewichtskraft der Massestücke ...

2 ... und zugehöriges Diagramm

Federn dehnen sich gleichmäßig aus

Ein Massestück von 100 g zieht mit seiner Gewichtskraft von 1 N an der Feder (▷ B1). In Bild 1 siehst du: Je größer die Gewichtskraft ist, desto stärker dehnt sich die Feder.

In Bild 1 siehst du: Bei der doppelten Kraft beträgt die Verlängerung der Feder das Doppelte, bei der 3-fachen Kraft das 3-Fache und bei der 4-fachen Kraft das 4-Fache. Man sagt hierzu auch: Die Verlängerung der Feder ist proportional zu der Kraft, die auf sie wirkt. Diesen Zusammenhang wird nach dem englischen Physiker ROBERT HOOKE (1635–1703) das Hooke'sche Gesetz genannt.

Verformungen

Wenn die Feder in Bild 1 nicht mehr belastet wird, dann zieht sie sich wieder auf ihre ursprüngliche Länge zusammen.
Wenn man die Feder aber zu stark belastet, dann beschädigt man die Feder. Dann verformt sich die Feder dauerhaft.

AUFGABEN

1 ◔ Alex nimmt einen Federkraftmesser mit der Aufschrift „1 N", um die Gewichtskraft einer Tüte Zucker zu bestimmen. Die Tüte Zucker hat eine Masse von 1 kg. Begründe, warum Alex den Federkraftmesser damit kaputt macht.

2 ◔ Ein Massestück von 50 g dehnt eine Feder um 1,5 cm aus. Zeichne das Kraft-Ausdehnungs-Diagramm. Lege dafür eine Tabelle an.

3 ● Ermittle aus Bild 2, wie groß die Verlängerung der Feder bei 10 N ist.

VERSUCH

1 a) Prüfe, ob das Hooke'sche Gesetz auch für ein Gummiband gilt.
b) Begründe, warum in Kraftmessern kein Gummiband verwendet wird.

1 Fahrgäste in einem Bus

Trägheit

Der Bus ist voll. Einige Fahrgäste haben keinen Sitzplatz bekommen. Auch du musst im Gang stehen. Der Bus fährt plötzlich nach vorne los. Du spürst einen Ruck nach hinten. Dein Körper möchte in Ruhe an der Stelle bleiben. Diese Eigenschaft von Körpern wird **Trägheit** genannt. Du kannst diese Trägheit auch beobachten, wenn jemand im Fernsehen mit einem kräftigen Ruck die Tischdecke vom gedeckten Frühstückstisch wegzieht. Tassen und Teller bleiben stehen.

Körper in Bewegung sind auch träge

Im fahrenden Bus kannst du noch eine weitere Beobachtung machen. Der Bus bewegt sich gleichförmig und du in ihm mit. Wird der Bus plötzlich abgebremst, fühlt es sich so an, als ob du die gleichförmige Bewegung nach vorne beibehalten möchtest. Falls du dich nicht festgehalten hast, bleibt dein Körper in Fahrtrichtung in Bewegung und du fällst nach vorne. Auch diese Eigenschaft von Körpern nennt man Trägheit. Das Gleiche erfährst du, wenn du beim Fahrradfahren mit der Vorderradbremse ruckartig abbremst.

Reibung stoppt die Bewegung

Manche Erfahrungen des täglichen Lebens scheinen dem Gesetz der Trägheit zu widersprechen: Eine rollende Kugel müsste eigentlich ihre Bewegung beibehalten. Tatsächlich bleibt sie aber nach einiger Entfernung stehen. Die Reibungskraft hat sie ganz allmählich abgebremst.

Jeder Körper möchte in Ruhe oder in gleichförmiger Bewegung verbleiben. Diese Eigenschaft von Körpern wird Trägheit genannt.

AUFGABEN

1 ○ Gib an, was man unter Trägheit versteht.

2 ◐ Erkläre mithilfe der Trägheit die Schutzfunktion von angelegten Sicherheitsgurten.

3 ● Auf einem Blatt Papier steht eine 2-Euro-Münze auf dem Rand. Kannst du die Münze vom Blatt bekommen, ohne sie zu bewegen? Beschreibe.

Tricks mit der Trägheit

Auf dieser Seite kannst du anwenden, was du über die Trägheit gelernt hast.
Die folgenden Versuche könnt ihr in Gruppen und an verschiedenen Stationen durchführen.
Schreibt zu jedem Versuch ein Protokoll, in dem ihr eure Beobachtungen und Ergebnisse notiert.

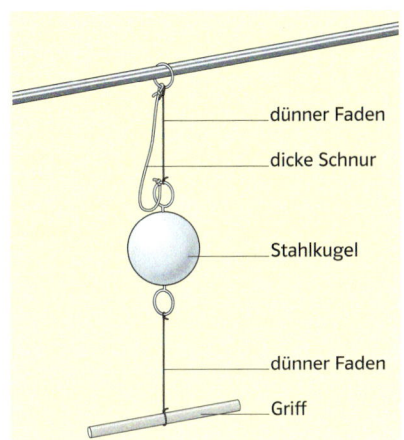

2 Zu Versuch 2

Versuchsanleitung
a) Hängt die Stahlkugel an einem dünnen Faden an das Stativ. Sichert die Stahlkugel zusätzlich durch die längere, dickere Schnur. Befestigt den Griff mit einem weiteren dünnen Faden an der unteren Seite der Stahlkugel.
b) Zieht langsam an dem Griff und beschreibt, was passiert.
c) Wiederholt das Experiment. Zieht jetzt jedoch ruckartig an dem Griff. Was geschieht nun? Beschreibt eure Beobachtungen, wenn ihr ruckartig an dem Griff zieht.

b) Führt den Versuch mit verschiedenen Münzen durch. Beobachtet.
c) Beschreibt, wann genau im Versuch die Gewichtskraft der Münze eine Rolle spielt und wann die Trägheit.

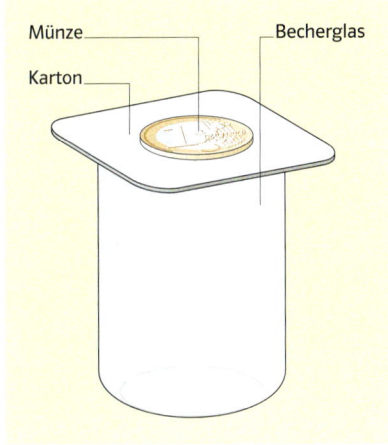

3 Zu Versuch 3

4 Trägheit ausnutzen
Material
Küchenrolle

Versuchsanleitung
Mirco kocht zu Hause. Mit einer Hand rührt er mit einem Löffel das Essen im Kochtopf um. Mit der anderen Hand möchte er sich ein Stück Papier von der Küchenrolle an der Wand abreißen, jedoch gelingt ihm das nicht so richtig. Da er nur eine Hand frei hat, kann er nicht gleichzeitig die Rolle festhalten und das Papier abreißen. Stellt dies im Versuch nach. Gibt es eine Möglichkeit, das Papier von der Küchenrolle mit nur einer Hand abzureißen? Beschreibt, wie ihr dabei vorgeht.

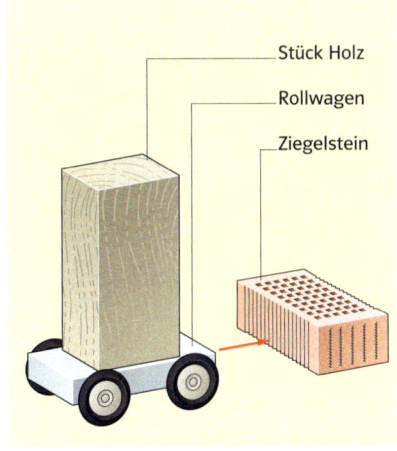

1 Zu Versuch 1

1 Aufprall
Material
Rollwagen, rechteckiges langes Stück Holz, Ziegelstein

Versuchsanleitung
Stellt das Stück Holz hochkant auf den Rollwagen (▷ B1). Beschleunigt den Rollwagen langsam und lasst ihn gegen den Ziegelstein prallen. Was geschieht dabei? Beschreibt eure Beobachtungen.

2 Welcher Faden reißt zuerst?
Material
Stativ, 2 dünne Fäden, Stahlkugel (mit einer Masse von rund 1 kg), dicke Schnur, Griff

3 Die Münze soll in das Glas
Material
Becherglas, Karton (z. B. Getränkedeckel), Münze

Versuchsanleitung
a) Legt über das Becherglas das Stück Karton. Legt die Münze auf die Mitte des Kartons. Zieht den Karton ganz schnell waagerecht weg. Beschreibt, was mit der Münze passiert.

Sicher unterwegs im Straßenverkehr

Unterschiedliche Verkehrsteilnehmer

Auf den Straßen bewegen sich unterschiedliche Fahrzeuge. Man sieht Autos, Fahrräder, Motorräder und Lastkraftwagen. Da es immer wieder zu Unfällen zwischen Fahrzeugen kommt, wurden unterschiedliche Sicherheitssysteme und Schutzmaßnahmen entwickelt. Sie sollen Fahrzeuginsassen vor Verletzungen schützen.

Sicherheitssysteme und Schutzmaßnahmen

In Autos ist der Sicherheitsgurt das wichtigste Schutzsystem bei einem Unfall. Zusätzlich verringern mehrere Airbags im Auto die Verletzungen bei einem Crash erheblich.
Beim Bremsen verhindert der Sicherheitsgurt, dass sich die Fahrzeuginsassen weiter nach vorne bewegen.
Aus diesem Grund musst du dich beim Autofahren unbedingt anschnallen.

Verhalten im Straßenverkehr

Vorsichtiges und rücksichtsvolles Verhalten der Verkehrsteilnehmer kann viele Unfälle vermeiden. Das Telefonieren ist für Autofahrer ebenso wie für Radfahrer verboten.

Sicher Radfahren im Straßenverkehr

Wenn Fahrradwege ausgeschildert sind, dann müssen sie selbstverständlich von Fahrradfahrern benutzt werden.
Das Fahren von Fahrrädern in Fußgängerzonen ist verboten. Fahrräder müssen in Fußgängerzonen geschoben werden. Beifahrer dürfen auf einem Fahrrad nicht mitgenommen werden.

Alle Verkehrsteilnehmer sollten auf umsichtiges Verhalten achten.

AUFGABEN

1 ○ Wie können sich Autofahrer vor Verletzungen im Straßenverkehr schützen? Nenne verschiedene Möglichkeiten.

2 ◐ Eine Schülerin sagt: „Zur Schule fahre ich mit dem Fahrrad auf der Straße. Auf dem Fahrradweg ist es weiter." Bewertet in der Gruppe ihr Verhalten.

3 ● Radfahrer und Fußgänger sind immer wieder an Unfällen beteiligt. Beschreibe deine Erfahrungen.

1 Auf dem Radweg ist es sicherer.

2 Nicht jeder Unfall verläuft glimpflich.

Sicherheitssysteme

Sicherheitssysteme

Damit bei Unfällen die Fahrzeuginsassen nach Möglichkeit nicht oder nur leicht verletzt werden, sind in Fahrzeugen verschiedene Sicherheitssysteme eingebaut. Die aktiven Sicherheitssysteme eines Autos machen das Fahren sicherer. Dazu gehören Scheinwerfer mit besserer Lichtausbeute, Bremssysteme, die elektronische Stabilitätshilfe usw.
Bei Unfällen verringern passive Sicherheitssysteme die Verletzungen der Fahrzeuginsassen. Dazu gehören die sichere Fahrgastzelle, Airbags, Sicherheitsgurte und Kopfstützen.

Knautschzonen (▷ B 1)

Autos verfügen über Knautschzonen im Front- und Heckbereich. Das Blech der Knautschzonen verformt sich bei einem Unfall und nimmt damit die Energie auf.

Die Fahrgastzelle bleibt stabil und bietet größtmöglichen Schutz für die Fahrzeuginsassen.

Sicherheitsgurt (▷ B 2)

Fahrzeuginsassen, die nicht angeschnallt sind, können bei einem Unfall gegen das Armaturenbrett oder die Windschutzscheibe geschleudert werden.

Die Fahrzeuginsassen werden dabei schwer verletzt und sterben häufig an den Verletzungen. Der Sicherheitsgurt verhindert, dass z. B. die Personen auf den Vordersitzen gegen das Armaturenbrett oder die Windschutzscheibe geschleudert werden.
Der Gurtstraffer zieht bei einem Aufprall den Gurt an den Körper. Dadurch hat der Sicherheitsgurt eine noch größere Wirkung.
Seit 1976 gilt in Deutschland die Anschnallpflicht.

Kopfstützen (▷ B 3)

Kopfstützen sind nicht zum Anlehnen oder Ausruhen da. Bei einem Auffahrunfall verhindern sie, dass der Kopf nach hinten geschleudert wird. Schwere Verletzungen an den Halswirbeln und dem Rückenmark können bei richtiger Einstellung der Kopfstützen vermieden werden.

Airbags (▷ B 4)

Airbags blasen sich bei einem Unfall in Bruchteilen von Sekunden auf und vermindern das Verletzungsrisiko. Die Airbags befinden sich im Lenkrad und im Armaturenbrett. In modernen Autos gibt es auch Seitenairbags. Sie befinden sich in den Seitenverkleidungen der Türen oder an den Seiten der Sitze. Weiterhin gibt es Airbags für die Knie des Fahrers.
An Airbags für Motorradfahrer wird noch geforscht.

Kraft und Gegenkraft

1 Läuferin beim Start

2 Wechselwirkung

Kräfte wirken im Doppelpack

Lisa steht auf ihren Skatern und wirft den schweren Medizinball nach vorne weg (▷ B 2). Dabei rollt sie nach hinten.

Wie ist das zu erklären? Mit ihren Muskeln lässt sie eine Kraft auf den Ball wirken. Gleichzeitig übt aber auch der Ball eine Kraft auf ihre Hände aus. Die Kraft des Balls wirkt entgegengesetzt zur Kraft, die Lisa ausübt. Sie wird als Gegenkraft bezeichnet. Beide Kräfte sind gleich groß, wirken aber entgegengesetzt.

Bei einem 100-Meter-Lauf kommt es auf einen schnellen Start an. Deshalb drückt sich die Läuferin in Bild 1 kräftig von dem Startblock ab. Somit übt sie eine Kraft nach hinten aus. Gleichzeitig übt jedoch der Startblock eine Kraft auf die Läuferin aus. Diese ist nach vorne gerichtet und beschleunigt die Läuferin. Auch hier sind beide Kräfte gleich groß.

Dieses Naturgesetz wird Wechselwirkungsprinzip genannt: Kraft ist gleich Gegenkraft.
(► Wechselwirkung, S. 198/199)

(► Wechselwirkung, S. 198/199)

AUFGABEN

1 ⊖ Beschreibe das Wechselwirkungsprinzip an einem Beispiel.

2 ⊖ a) Du stehst auf dem Gehweg. Beschreibe die Kräfte, die zwischen dir und dem Gehweg wirken. Benutze die Begriffe Kraft und Gegenkraft.
⊖ b) Die Erde zieht dich in Richtung Erdmittelpunkt. Begründe, warum du auf dem Gehweg stehen bleibst.

3 ● Erkläre, wie eine Rakete durch den Rückstoß angetrieben wird.

Reibungskräfte

Reibung

Eine Kiste wird bewegt (▷ B1). Dabei treten zwischen dem Kistenboden und dem Untergrund Reibungskräfte auf.

Die Reibungskräfte wirken entgegen der Bewegungsrichtung. Die Reibungskräfte schränken die Bewegung ein.

Verschiedene Reibungskräfte

Es gibt drei Arten von Reibungskräften: Haftreibung, Gleitreibung und Rollreibung.

Auf die Kiste (▷ B1) wirken die Muskelkräfte des Mädchens und der Jungen. Zunächst bewegt sich die Kiste noch nicht. Die Kiste haftet am Boden. In diesem Fall tritt Haftreibung auf. Gleitreibung entsteht, wenn die Kiste auf dem Untergrund gleitet. Rollt die Kiste auf Rädern oder Rollen über den Boden, tritt Rollreibung auf.

Reibung – erwünscht und unerwünscht

Die Größe der Reibungskraft ist von den Oberflächen der Körper abhängig.

Im Winter kann man beim Gehen auf vereisten Wegen leicht hinfallen. Um die Reibungskräfte zu vergrößern, wird Sand gestreut.

Der Wintersportler trägt Wachs auf seine Ski auf. Damit verkleinert er die Reibungskräfte zwischen den Skiern und dem Untergrund. Er kann dann schnell über die Piste gleiten.

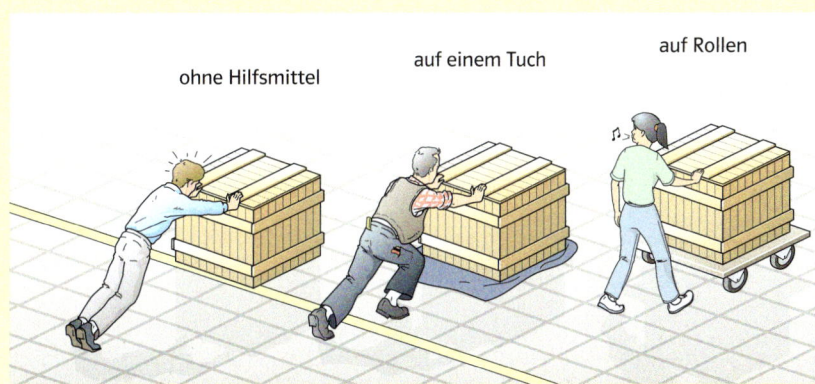

ohne Hilfsmittel   auf einem Tuch   auf Rollen

1 Kistenwettschieben – Hilfsmittel sind ausdrücklich erlaubt

AUFGABEN

1 ◖ Beschreibe je vier Beispiele für erwünschte und unerwünschte Reibung.

2 ◖ Erkläre an einem Beispiel, dass die Reibungskraft von der Oberfläche abhängt.

3 ◖ Erkläre, weshalb man bei Regen oder Eis Sand auf die Schienen vor die Räder der Lokomotiven streut.

4 ● Vergleiche die Größe der Reibungskräfte in Bild 1. Begründe die Unterschiede.

VERSUCH

1 Miss verschiedene Reibungskräfte: Führe dazu den Versuch in Bild 2 durch. Protokolliere deine Messwerte. Vergleiche dann die Größe der Reibungskräfte.

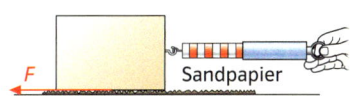
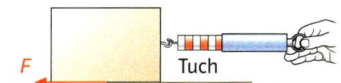
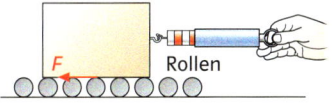

2 Haftreibung, Gleitreibung und Rollreibung

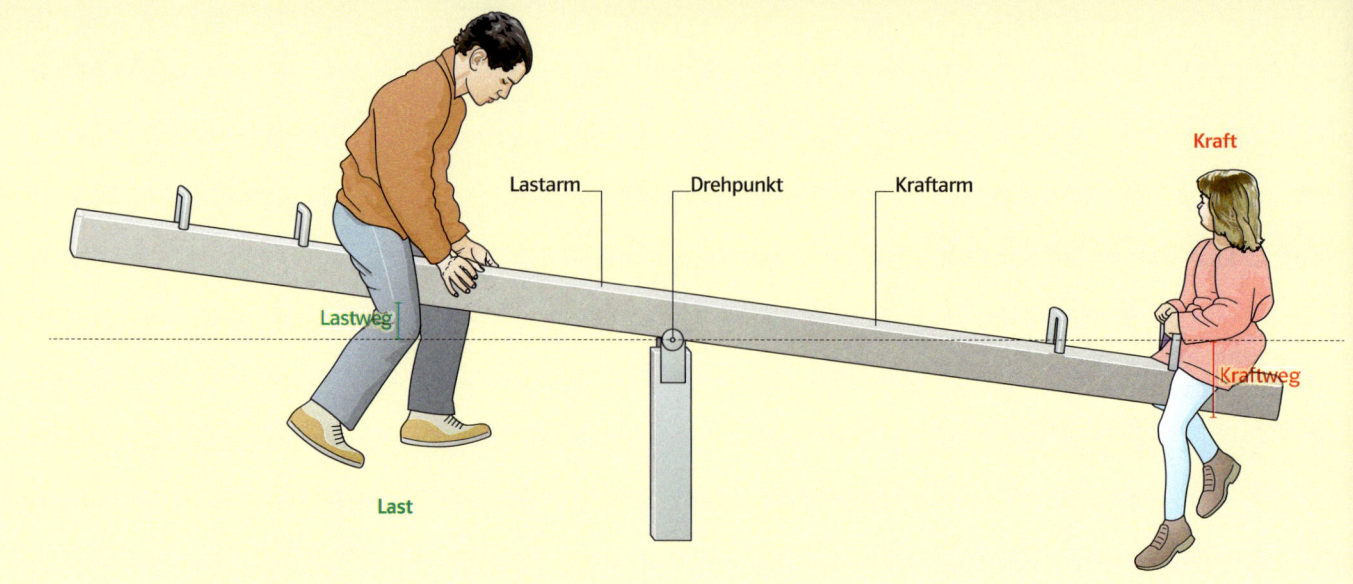

1 Auf die richtige Platzierung kommt es an.

Der Hebel – ein praktischer Helfer

Auf der Wippe
Fast auf jedem Spielplatz befindet sich
eine Wippe. Kinder sitzen an je einem
Ende der Wippe und können miteinander
schaukeln.
Physikalisch betrachtet ist eine Wippe ein
Hebel. Jeder Hebel hat einen **Drehpunkt**.
Alle Griffe oder Stangen, die drehbar gela-
gert sind, bezeichnet man als Hebel.
Bei der Wippe gibt es links und rechts vom
Drehpunkt einen **Hebelarm**. Die Wippe ist
deshalb ein **zweiseitiger Hebel**.

Gleichgewicht an der Wippe
Eine Wippe ist im Gleichgewicht, wenn auf
beiden Seiten in gleicher Entfernung vom
Drehpunkt gleich schwere Kinder sitzen.
Aber auch wenn die Kinder unterschied-
lich schwer sind, kann man die Wippe ins
Gleichgewicht bringen. Das hast du sicher
schon einmal ausprobiert: Das schwerere
Kind rutscht einfach näher an den Dreh-
punkt heran (▷ B 4).

Der Hebel als Kraftwandler
Auf einer Wippe hast du bestimmt schon
beobachtet, dass ein kleines Mädchen
einen großen Jungen anheben kann (▷ B 1).

Wie funktioniert das? Mit ihrem Gewicht
üben die Kinder auf der Wippe eine Kraft
nach unten aus. Das kleinere und leichtere
Mädchen übt mit ihrem Körpergewicht
weniger Kraft aus als der große Junge.
Sie sitzt aber weiter vom Drehpunkt weg.
Deshalb kann das Mädchen den großen
Jungen anheben.
Hebel können also Kräfte verändern. Man
sagt deshalb auch: Hebel sind **Kraft-
wandler**. Am Beispiel des kleinen Jungen
erkennst du: Mit einem Hebel kann Kraft
gespart werden. Je länger ein Hebelarm
wird, desto kleiner wird der Kraftaufwand.

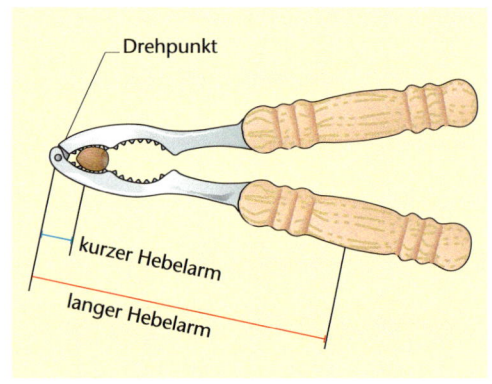

2 Der Nussknacker ist ein Hebel.

Eine harte Nuss ist zu knacken

Willst du eine Nuss zerdrücken, reicht deine Muskelkraft alleine nicht aus. Du brauchst ein geeignetes Werkzeug dazu. Am besten eignet sich ein Nussknacker. Beim Nussknacker befindet sich der Drehpunkt ganz am Ende des Hebels (▷ B 2). Es gibt einen kurzen und einen langen Hebelarm beim Nussknacker.

Der einseitige Hebel

Befinden sich die beiden Hebelarme auf derselben Seite vom Drehpunkt, so spricht man von einem **einseitigen Hebel**. Beispiele für einen einseitigen Hebel sind der Nussknacker und die Schubkarre (▷ B 3).

Anwendung von Hebeln

Bei vielen Werkzeugen wird die Kraftwandlung von Hebeln ausgenutzt. Der Schraubenschlüssel und die Kneifzange sind Beispiele für Werkzeuge mit Hebeln. Durch eine Verlängerung des Griffs wird der Kraftaufwand für den Handwerker geringer.

Ein Hebel besteht aus einem Drehpunkt und zwei Hebelarmen. Es gibt einseitige und zweiseitige Hebel.

Mit einem Hebel kann Kraft gespart werden. Je länger ein Hebelarm wird, desto kleiner wird der Kraftaufwand.

4 Eine Wippe im Gleichgewicht

AUFGABEN

1 ○ Nenne Werkzeuge und Geräte, bei denen es Hebel gibt.

2 ○ Nenne die Bestandteile eines Hebels.

3 ◐ Kneifzange, Schubkarre, Nussknacker und Schraubenschlüssel sind Beispiele für Hebel. Handelt es sich jeweils um einen einseitigen oder zweiseitigen Hebel? Begründe deine Entscheidung.

4 ◐ Beurteile, ob ein Flaschenöffner ein Hebel ist.

5 ● Schrauben werden mit einem Schraubenschlüssel gelöst. Sitzt eine Schraube besonders fest, dann hilft ein Eisenrohr. Erstelle eine Skizze dazu und erkläre die Handhabung.

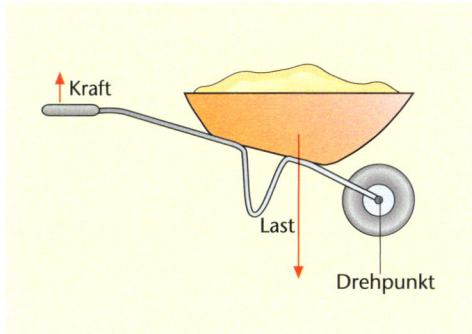

3 Schubkarren erleichtern den Transport schwerer Lasten.

Kraft

Last

Drehpunkt

VERSUCH

1 a) Baue mit einem Bleistift und einem Lineal eine Wippe nach. Lege auf die eine Seite des Lineals immer die doppelte Anzahl von Münzen als auf die andere Seite. Bringe durch Verschieben der Münzen den Hebel in das Gleichgewicht.
b) Notiere in einer Tabelle die Anzahl der Münzen und den Abstand zum Drehpunkt auf der linken und der rechten Seite des Lineals.
c) Formuliere dein Versuchsergebnis mit Je-desto-Sätzen.
d) „Je länger der Hebelarm, desto kleiner ist der Kraftaufwand." Überprüfe mit Lineal und Münzen, ob diese Aussage stimmt.

1 Seile halten und bewegen Lasten.

Seil und Rolle

Lasten bewegen

Schwere Lasten kannst du mit Hilfe von Seilen und Rollen bewegen. Das Seil läuft dabei über eine Rolle. Im Bild 1 siehst du, wie die Menschen früher schwere Lasten auf verschiedene Art und Weise in die oberen Stockwerke ihres Hauses transportierten. Auch heute werden Lasten mittels Rollen und Seilen hochgehoben und bewegt.

Die feste Rolle

Die Last ist an einem Seilende befestigt (▷ B 3). Das Seil läuft über eine Rolle, die an einem Balken befestigt ist. Diese Rolle wird **feste Rolle** genannt. Der Arbeiter zieht das Seil nach unten. Die Last wird nach oben angehoben. Die notwendige Zugkraft ist genau so groß wie die Gewichtskraft der Last. Wird die Last um 2 m angehoben, muss der Arbeiter 2 m am Seil ziehen. Dazu

2 Ein Beispiel für eine Rolle

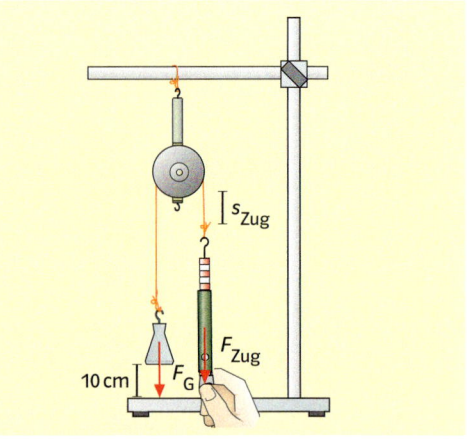

3 Die feste Rolle ändert die Richtung der Kraft.

sagt man: **Kraftweg** und **Lastweg** sind gleich groß. Eine feste Rolle ändert also die Richtung der Kraft.

Die lose Rolle

Die Rolle ist an der Last befestigt. Das Seil läuft über die Rolle und ist an einem Ende an einem Balken am Giebel des Hauses oben befestigt. Der Arbeiter auf dem Balkon zieht die Rolle und die daran befestigte Last nach oben. Diese Rolle wird **lose Rolle** genannt (▷ B 1, rechts), da sich die Rolle mit der Last bewegt. In Bild 4 ist dies in einem Versuch dargestellt. Die Gewichtskraft der Last beträgt z. B. 100 N. Die aufzuwendende Zugkraft ist aber nur halb so groß: sie beträgt 50 N. Mit einer losen Rolle kann Kraft gespart werden. Soll die Last z. B. um 1 m angehoben werden, muss man das Seil aber 2 m weit bewegen. Das heißt: Der Kraftweg ist doppelt so groß wie bei der festen Rolle.

Bei einer festen Rolle sind die Zugkraft und die Gewichtskraft der Last gleich groß. Die Richtung der Kraft wird bei der festen Rolle verändert.
Bei einer losen Rolle ist die Zugkraft halb so groß wie die Gewichtskraft der Last. Der Kraftweg ist dafür doppelt so groß wie der Lastweg.

5 Moderne Großbaustelle

AUFGABEN

1 ○ Beschreibe den Unterschied zwischen einer festen und einer losen Rolle.

2 ○ Vervollständige die folgenden Sätze:
a) Eine feste Rolle … die Kraftrichtung.
b) Bei einer losen Rolle ist die Zugkraft halb so groß wie …

3 ◐ Begründe, warum man zum Heben von schweren Lasten lose Rollen verwendet.

4 ◐ In Bild 2 links zieht ein Mann einen Jungen nach oben. Der sitzende Junge hat eine Gewichtskraft von 500 N. Begründe, um welche Art von Rolle es sich handelt. Berechne die benötigte Zugkraft.

5 ● Der Aufbau von Aufgabe 4 wird abgeändert (▷ B 2, rechts). Der sitzende Junge hat das Seilende nun selbst in der Hand. Begründe, um welche Art von Rolle es sich jetzt handelt. Berechne die benötigte Zugkraft.

VERSUCHE

1 a) Baue den Versuch wie in Bild 3 auf. An der Rolle wird ein Gegenstand mit der Gewichtskraft von 10 N angehängt.
b) Miss mit dem Kraftmesser, wie groß die Zugkraft ist.

2 a) Baue den Versuch wie in Bild 4 auf. An einem Seilende wird ein Gegenstand mit einer Gewichtskraft von 10 N befestigt.
b) Bestimme mit dem Kraftmesser, wie groß die Zugkraft ist.
c) Ziehe den Körper 10 cm nach oben. Vergleiche die Zuglänge am Seil und die Höhe, um die der Körper angehoben wurde.

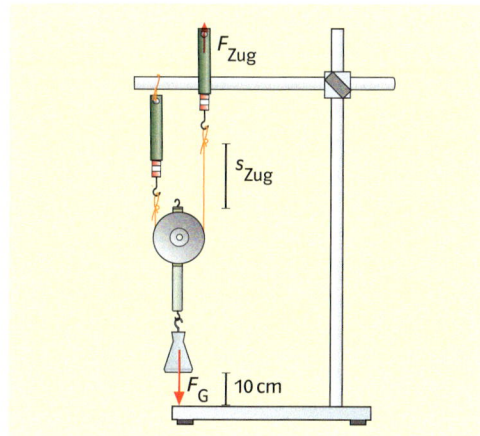

4 Die lose Rolle verringert die benötigte Zugkraft.

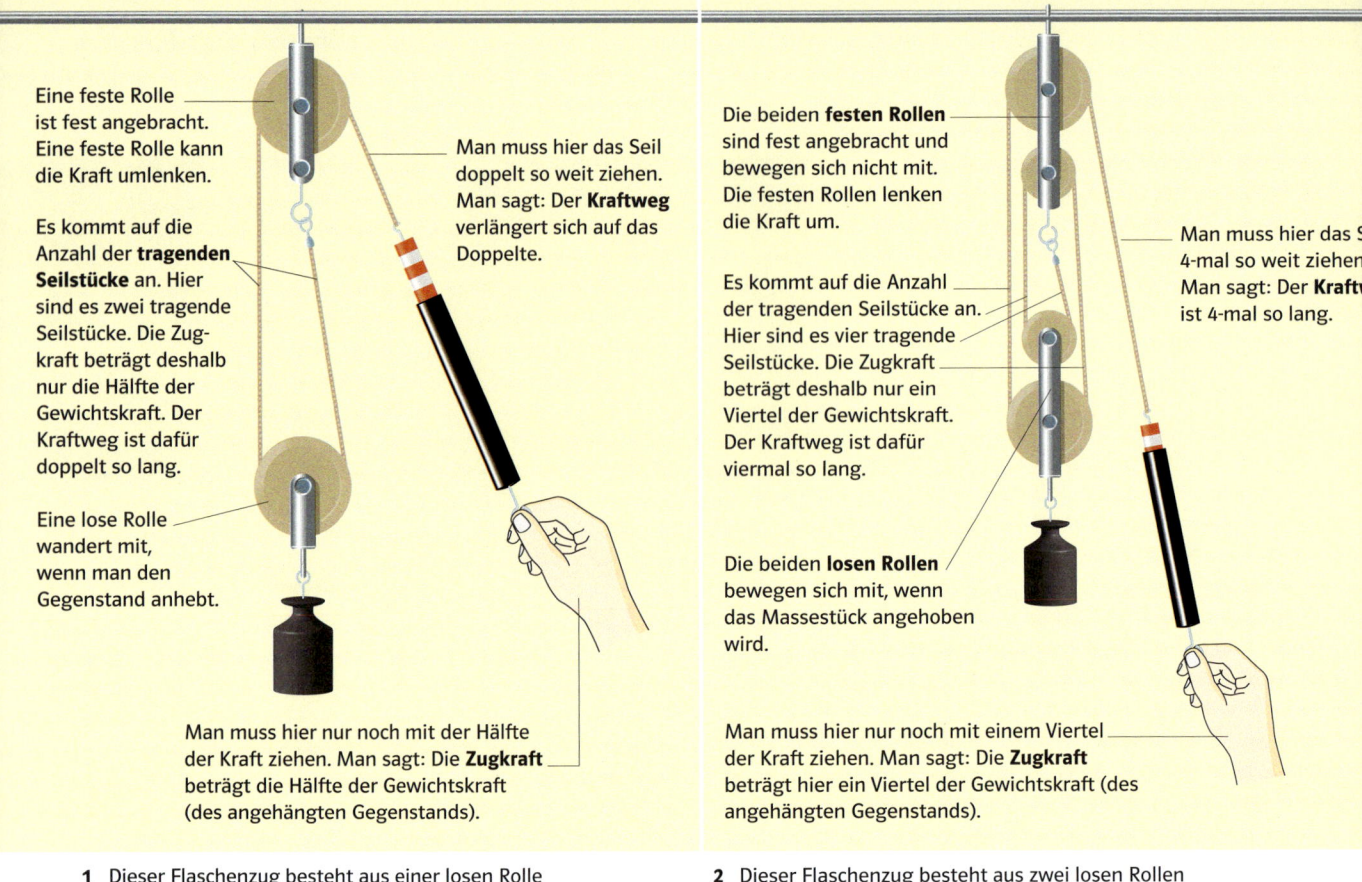

Eine feste Rolle ist fest angebracht. Eine feste Rolle kann die Kraft umlenken.

Man muss hier das Seil doppelt so weit ziehen. Man sagt: Der **Kraftweg** verlängert sich auf das Doppelte.

Es kommt auf die Anzahl der **tragenden Seilstücke** an. Hier sind es zwei tragende Seilstücke. Die Zugkraft beträgt deshalb nur die Hälfte der Gewichtskraft. Der Kraftweg ist dafür doppelt so lang.

Eine lose Rolle wandert mit, wenn man den Gegenstand anhebt.

Man muss hier nur noch mit der Hälfte der Kraft ziehen. Man sagt: Die **Zugkraft** beträgt die Hälfte der Gewichtskraft (des angehängten Gegenstands).

1 Dieser Flaschenzug besteht aus einer losen Rolle und einer festen Rolle.

Die beiden **festen Rollen** sind fest angebracht und bewegen sich nicht mit. Die festen Rollen lenken die Kraft um.

Es kommt auf die Anzahl der tragenden Seilstücke an. Hier sind es vier tragende Seilstücke. Die Zugkraft beträgt deshalb nur ein Viertel der Gewichtskraft. Der Kraftweg ist dafür viermal so lang.

Man muss hier das Se 4-mal so weit ziehen. Man sagt: Der **Kraftw** ist 4-mal so lang.

Die beiden **losen Rollen** bewegen sich mit, wenn das Massestück angehoben wird.

Man muss hier nur noch mit einem Viertel der Kraft ziehen. Man sagt: Die **Zugkraft** beträgt hier ein Viertel der Gewichtskraft (des angehängten Gegenstands).

2 Dieser Flaschenzug besteht aus zwei losen Rollen und zwei festen Rollen.

Der Flaschenzug

Auf Baustellen verwenden die Bauarbeiter einen Kran, um schwere Gegenstände hochzuheben. An einem Kran kannst du viele Rollen erkennen (▷ B 3). Warum hat ein Kran eigentlich so viele Rollen?

Rollen beim Flaschenzug

Bei einem **Flaschenzug** (▷ B 1, B 2) werden feste und lose Rollen miteinander kombiniert.

Die Zugkraft bei einem Flaschenzug hängt von der Anzahl der tragenden Seilstücke ab. Der Flaschenzug in Bild 2 hat vier tragende Seilstücke. Die Zugkraft beträgt daher nur noch ein Viertel der Gewichtskraft des angehängten Gegenstands. Diese Kraftersparnis bringt jedoch einen längeren Kraftweg mit sich. Wenn die Zugkraft nur noch ein Viertel der Gewichtskraft beträgt, dann ist der Kraftweg dafür viermal so lang.

3 An einem Kran gibt es viele Rollen.

Goldene Regel der Mechanik

Mit einem Flaschenzug kann zwar die Zugkraft verkleinert werden, aber dafür verlängert sich der Kraftweg entsprechend. Dieser Zusammenhang wird **Goldene Regel der Mechanik** genannt.

Ein Rechenbeispiel verdeutlicht dir die Goldene Regel der Mechanik.
Ein Massestück von 1 kg (Gewichtskraft = 10 N) wird 1 m angehoben. Der Flaschenzug in Bild 1 hat 2 tragende Seilstücke.
Zugkraft = 10 N : 2 = 5 N
Kraftweg = 1 m · 2 = 2 m

Für den Flaschenzug mit zwei losen Rollen und zwei festen Rollen in Bild 2 gilt die Rechnung:
4 tragende Seilstücke
Zugkraft = 10 N : 4 = 2,5 N
Kraftweg = 1 m · 4 = 4 m

Kombinationen aus festen und losen Rollen werden als Flaschenzüge bezeichnet.

Mit Flaschenzügen kann man Kraft sparen. Dafür muss man aber einen entsprechend längeren Weg zurücklegen. Dies wird als Goldene Regel der Mechanik bezeichnet.

AUFGABEN

1 ○ Beschreibe, was man
a) unter einer festen Rolle versteht
b) unter einer losen Rolle versteht.

2 ○ Nenne die Goldene Regel der Mechanik.

3 ◖ a) In Bild 1 beträgt die Gewichtskraft des angehängten Gegenstands 20 N (30 N, 40 N). Berechne, wie groß dann die Zugkraft ist.
◖ b) In Bild 1 wird der Gegenstand um 10 cm (50 cm, 75 cm) nach oben gezogen. Berechne, wie lang dann der Kraftweg ist.

4 ◖ a) In Bild 2 beträgt die Gewichtskraft des angehängten Gegenstands 60 N (200 N, 500 N). Berechne, wie groß dann die Zugkraft ist.
◖ b) In Bild 2 wird der Gegenstand um 20 cm (10 cm, 15 cm) nach oben gezogen. Berechne, wie lang dann der Kraftweg ist.

5 ◖ Begründe, warum ein Kran viele Rollen hat.

6 ◖ Formuliere zwei Je-desto-Sätze zur Zugkraft und zum Kraftweg bei einem Flaschenzug.

7 ● Begründe, warum das ganz rechte Seilstück in Bild 2 kein tragendes Seilstück ist.

8 ● Bestimme die Anzahl der tragenden Seilstücke in Bild 4. Berechne dann das Verhältnis von Zugkraft zu Gewichtskraft.

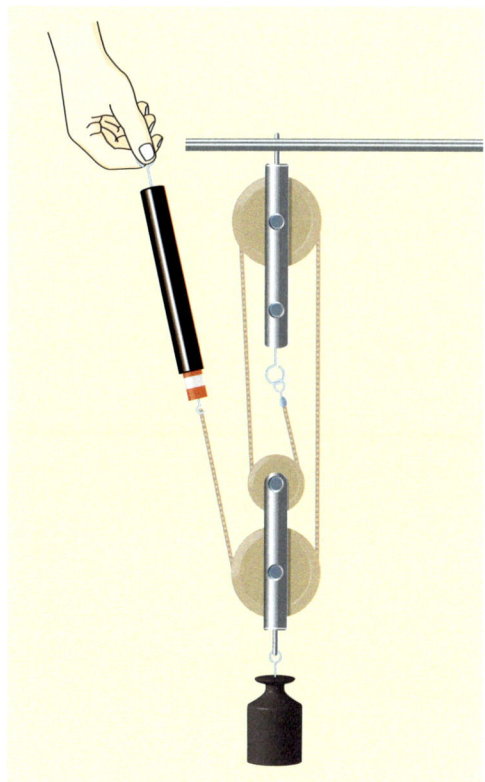

4 Flaschenzug mit zwei losen und einer festen Rolle

VERSUCH

1 a) Baue die Versuche aus Bild 1 und Bild 2 einzeln nach. Verwende ein Massestück von 1 kg (entspricht einer Gewichtskraft von 10 Newton). Notiere Gewichtskraft, Zugkraft, Lastweg und Kraftweg in einer Tabelle.
b) Wiederhole die Versuche mit einem Massestück von 500 g.

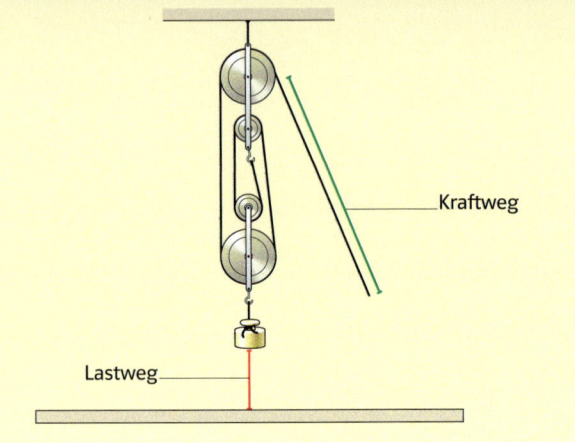

Kraftweg

Lastweg

1 Kanalarbeiter wird mit einem Flaschenzug abgeseilt.

2 Mit Flaschenzügen kann man leicht schwere Lasten anheben.

Goldene Regel der Mechanik

Kraft sparen

Flaschenzüge verringern den notwendigen Kraftaufwand zum Bewegen einer Last (► S. 156/157).

Nimm einmal an, der Arbeiter, der in Bild 1 abgeseilt wird, hat eine Gewichtskraft von 810 N. Der eingesetzte Flaschenzug hat 3 tragende Seilstücke. So ergibt sich eine Zugkraft von 810 N : 3 = 270 N. Diese muss der zweite Arbeiter am Seil neben dem Dreibock aufwenden.

Der Kraftweg wird länger

Der Arbeiter am Seil (▷ B 1) muss für jeden Meter, den sein Kollege nach unten schwebt, viel mehr Seil durch seine Hände gleiten lassen. Du hast gelernt, dass sich der Kraftweg entsprechend der Anzahl der tragenden Seilstücke verlängert (► S. 154/155).
Wenn der Kanalarbeiter in unserem Beispiel 4 m tief in den Kanal abgeseilt wird, ergibt sich folgender Kraftweg: 4 m · 3 tragende Seilstücke = 12 m. Der zweite Arbeiter muss also 12 m Seil durchlaufen lassen, um seinen Kollegen 4 m tief abzuseilen.

Goldene Regel der Mechanik

Lose Rollen und Hebel sind Bestandteile einfacher Maschinen. Man hat festgestellt, dass bei allen einfachen Maschinen die folgende Regel gilt: Wird Kraft eingespart,

muss man entsprechend mehr Weg zurücklegen. Diesen Sachverhalt bezeichnet man als die **Goldene Regel der Mechanik**. Benötigt man bei einer einfachen Maschine nur die halbe Kraft, dann verdoppelt sich der Kraftweg.

Wird Kraft eingespart, muss man entsprechend mehr Weg zurücklegen.

AUFGABEN

1 ○ Berechne für den Versuch in Bild 2 den Kraftweg, wenn der Lastweg 10 cm beträgt.

2 ◒ Ein Schubkarren ist eine einfache Maschine und es gilt die Goldene Regel der Mechanik. Dies kannst du mithilfe von Bild 3 auf Seite 151 überprüfen. Zeichne den Lastweg und den Kraftweg ein und beschreibe das Verhältnis von Lastweg zu Kraftweg und Last zu Kraft.

3 ● Für den Versuch in Bild 2 sollen folgende Werte gelten:
Gewichtskraft = 10 N, Lastweg = 10 cm. Multipliziere Gewichtskraft und Lastweg sowie Kraftweg und Zugkraft. Vergleiche die beiden Ergebnisse und begründe mithilfe der Goldenen Regel der Mechanik.

Schiefe Ebene

Schräg aufwärts

Der Weg über die Schräge (Rampe) ist mit dem Kinderwagen einfacher und kraftsparender als der direkte Weg nach oben (▷ B1).

Für Kinderwägen, Rollstühle und Fahrräder findest du häufig schräge Auffahrten zum Überwinden von Höhenunterschieden. Bagger und andere Baufahrzeuge werden über Rampen auf Anhänger gefahren bzw. abgeladen. Schräge Fahrbahnen, sogenannte Rampen, werden als schiefe Ebene bezeichnet.

Umwege sparen Kraft

In einem Versuch kannst du nachprüfen, weshalb man Höhenunterschiede gerne über schräge Fahrbahnen überwindet. Befestige dazu einen Federkraftmesser an einem Experimentierwagen und bestimme zunächst seine Gewichtskraft. Diese müsstest du aufbringen, um den Wagen senkrecht nach oben zu transportieren. Lege nacheinander verschieden lange Bretter auf einen Holzklotz.

Ziehe nun den Wagen über diese schiefe Ebenen nach oben. Miss jeweils die notwendige Zugkraft.

Je kürzer und steiler der Weg ist, desto größer ist die aufzuwendende Kraft. Je flacher die schiefe Ebene und damit länger der Weg ist, desto kleiner ist die aufzuwendende Kraft.

Die schiefe Ebene

Schiefe Ebenen sparen Kraft, da ein Teil der Gewichtskraft des Körpers von der schiefen Ebene übernommen wird. Beim Hochrollen über die schiefe Ebene muss nur noch eine kleinere Kraft, die parallel zur schiefen Ebene wirkt, überwunden werden.

Je flacher die schiefe Ebene ist, umso kleiner die Zugkraft. Allerdings wird der Weg länger.

1 Schräg aufwärts geht es leichter.

AUFGABEN

1 ⊖ Begründe, warum für die schiefe Ebene ebenfalls die Goldene Regel der Mechanik gilt.

2 ⊖ Erkläre, weshalb steile Berge über kurvenreiche Straßen (Serpentinen) überwunden werden.

3 ● Werte die Ergebnisse aus der Versuchsreihe 1 b und c aus. Verallgemeinere deine Ergebnisse jeweils mit folgendem Satz: „Je größer…, desto ….".

VERSUCH

1 a) Untersuche, ob du mit einer „Auffahrrampe" Kraft sparen kannst. Baue dir eine Rampe. Miss zuerst die Gewichtskraft des Wagens mit einem Federkraftmesser.

b) Stelle nun verschiedene Höhen ein und ändere damit den Anstiegswinkel der Fahrbahn. Miss die Zugkraft bei verschiedenen Anstiegswinkeln und trage sie in eine Tabelle ein.

c) Wiederhole deine Versuchsreihe mit einem längeren Brett.

Einfache Maschinen auf der Baustelle

Die Bauarbeiter bewegen mithilfe von Seilen, Rollen und Hebeln schwere Lasten auf der Baustelle. Diese finden wir auch bei Baggern, Planierraupen und Kränen. Über Rampen und mithilfe von Förderbändern transportieren sie ihre Baumaterialien in die Höhe.

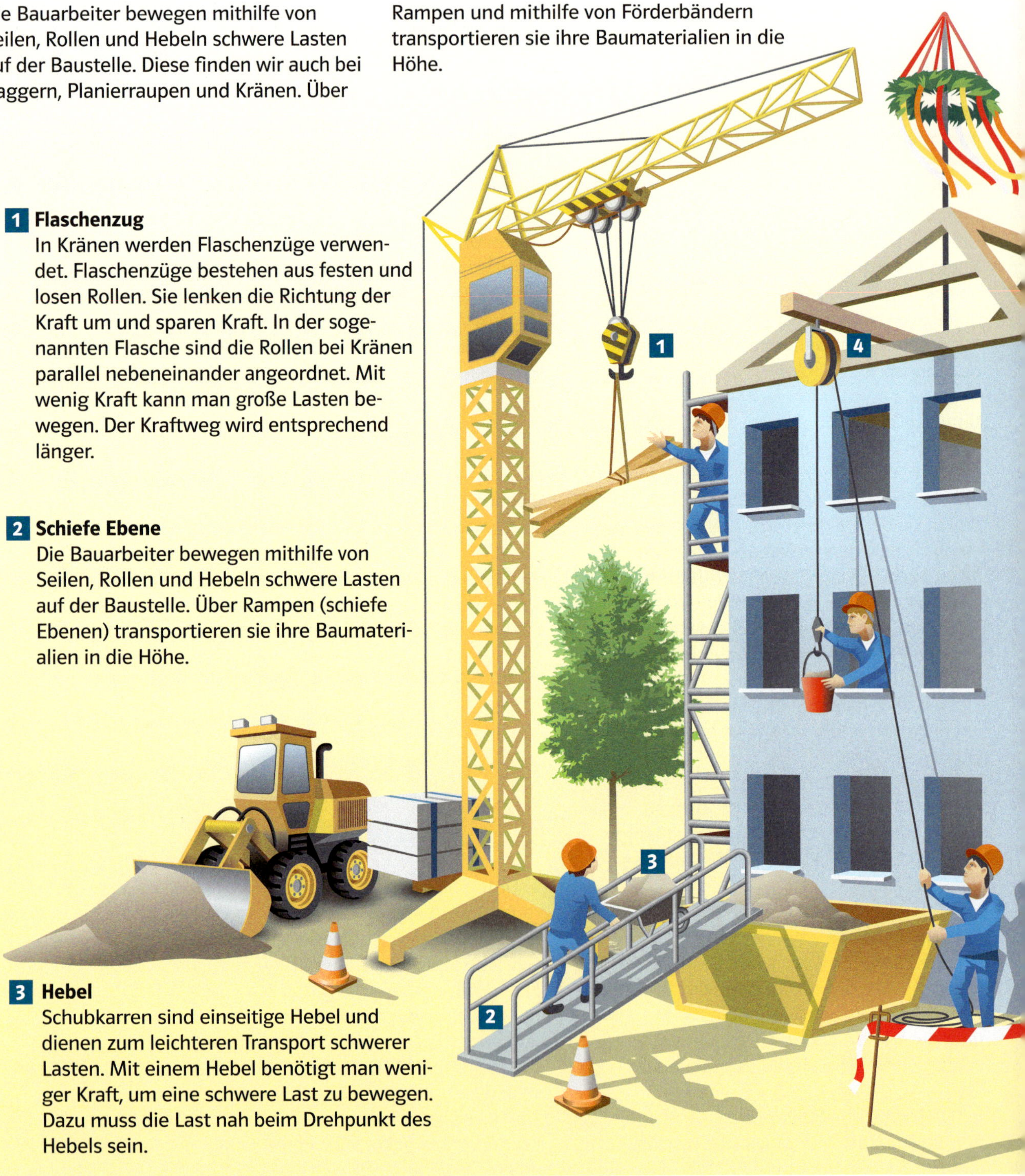

1 Flaschenzug

In Kränen werden Flaschenzüge verwendet. Flaschenzüge bestehen aus festen und losen Rollen. Sie lenken die Richtung der Kraft um und sparen Kraft. In der sogenannten Flasche sind die Rollen bei Kränen parallel nebeneinander angeordnet. Mit wenig Kraft kann man große Lasten bewegen. Der Kraftweg wird entsprechend länger.

2 Schiefe Ebene

Die Bauarbeiter bewegen mithilfe von Seilen, Rollen und Hebeln schwere Lasten auf der Baustelle. Über Rampen (schiefe Ebenen) transportieren sie ihre Baumaterialien in die Höhe.

3 Hebel

Schubkarren sind einseitige Hebel und dienen zum leichteren Transport schwerer Lasten. Mit einem Hebel benötigt man weniger Kraft, um eine schwere Last zu bewegen. Dazu muss die Last nah beim Drehpunkt des Hebels sein.

4 Feste Rolle

Über eine feste Rolle zieht der Bauarbeiter den Eimer mit Baumaterial nach oben. Die feste Rolle lenkt die Richtung der Kraft um, sonst müsste der Arbeiter vom Fenster im ersten Stock den schweren Eimer am Seil nach oben ziehen.

5 Lose Rolle

Der Bauarbeiter auf dem Gerüst zieht mithilfe einer losen Rolle am Seil einen Eimer mit Baumaterial nach oben. Die lose Rolle verringert die Kraft, die der Bauarbeiter aufbringen muss. Allerdings verdoppelt sich die nach oben zu ziehende Seillänge (Kraftweg).

Hebel, Rollen und schiefe Ebenen sind Bestandteile einfacher Maschinen. Für sie gilt die Goldene Regel der Mechanik: Wenn mithilfe einfacher Maschinen Kraft gespart wird, muss mehr Weg zurückgelegt werden.

AUFGABEN

1 ○ Nenne alle einfachen Maschinen, die auf der Baustelle zu sehen sind.

2 ◐ Schreibe in einem kurzen Text auf, welche einfachen Maschinen zu welchem Zweck von den Arbeitern auf der Baustelle eingesetzt werden.

3 ● Erkläre, weshalb bei einem Kran auch die Goldene Regel der Mechanik gilt.

1 Schwertransporter – nur für Berufsfahrer/innen

Berufe zum Thema Mechanik

Fahren als Beruf: Berufskraftfahrer/in

Berufskraftfahrer/innen nehmen ständig am Straßenverkehr teil – mit unterschiedlichen Kraftfahrzeugen.

Berufskraftfahrer/innen lenken oft Lastkraftwagen über große Entfernungen. Sie müssen gute Fahrer sein, aber auch in der Lage sein, kleinere Reparaturen selbst durchzuführen.

Oft sind sie wochenlang unterwegs und fahren dabei in weit entfernte Länder. Sie müssen die Gesetze für den Straßenverkehr aller Länder, durch die sie fahren, kennen und sie befolgen.

Gute Fahrer/innen mit hohem Verantwortungsbewusstsein können auch Gefahrguttransporter oder Schwertransporter fahren (▷ B 1).

Busfahrer/in

Auch **Busfahrer/innen** sind Berufskraftfahrer/innen und tragen eine hohe Verantwortung. Sie sind nämlich für die Sicherheit der Fahrgäste verantwortlich. In den Innenstädten müssen sie auch sehr auf die anderen Verkehrsteilnehmer achten. Deshalb müssen sie sich ständig gut konzentrieren und dürfen sich nicht durch Nebensächlichkeiten ablenken lassen.

Taxifahrer/in

Auch **Taxifahrer/innen** sind Berufskraftfahrer/innen. Sie sorgen dafür, dass Menschen ihr Ziel auf dem kürzesten Weg und sicher erreichen. Wer ein Taxi fahren will, muss mehrere Voraussetzungen erfüllen.

Man muss mindestens 21 Jahre alt sein und mindestens zwei Jahre Fahrpraxis haben. Um einen Personenbeförderungsschein zu erhalten, ist eine Prüfung nötig, bei der man Hunderte Straßenverbindungen auswendig kennen muss.

Man muss einen Gesundheitscheck machen, um nachzuweisen, dass man körperlich fit ist und gut sehen und hören kann. Um als Taxifahrer gut zu verdienen, muss man auch nachts, an Wochenenden und an Feiertagen unterwegs sein.

Handwerker in schicker Kleidung

Zimmerer (Zimmermann) und **Zimmerinnen** (▷ B 2) bauen Dachstühle, sanieren aber auch Fachwerkhäuser. Von ihnen wird deshalb technisches Verständnis, handwerkliches Geschick und ein gutes räumliches Vorstellungsvermögen erwartet. Für die Bewerbung um eine Lehrstelle sind vor allem gute Noten in Mathematik und Physik wichtig. Zimmererlehrlinge lernen mit Hammer, Säge und Meterstab, aber auch mit modernen Computerprogrammen umzugehen.

Mechatronik – Mechanik und Elektronik

Mechatroniker/innen bauen mechanische, elektrische und elektronische Komponenten zu komplexen Systemen zusammen (▷ B 3). Sie installieren Steuerungssoftware und halten Maschinen und Anlagen instand. Für diese abwechslungsreichen Aufgaben werden technisches Verständnis und handwerkliches Geschick gebraucht. Mechatroniker/innen arbeiten in Werkstätten oder in Betrieben des Schienen-, Luft- und Fahrzeugbaus. Sie arbeiten auch bei Herstellern von Windernergieanlagen oder von elektrischen Anlagen. Nach Abschluss der Ausbildung ist die berufliche Bildung jedoch nicht beendet. Um den technischen Entwicklungen gerecht zu werden, ist es notwendig, sich ständig weiterzubilden. Für den Beruf gibt es viele Spezialisierungen. So arbeiten Mechatroniker/innen für Kältetechnik z. B. in Krankenhäusern, Supermärkten oder Hotels.

Viele Personen nehmen auch im Beruf am Straßenverkehr teil.

Bei vielen handwerklichen Berufen wird körperliche Leistungsfähigkeit vorausgesetzt.
Aber technisches Geschick ist auch sehr wichtig.

AUFGABEN

1 ○ Nenne sechs Voraussetzungen, die in vielen handwerklichen Berufen nötig sind.

2 ○ In der Berufsbezeichnung Mechatroniker sind zwei Begriffe verborgen. Finde diese heraus.

3 ◐ Von Berufskraftfahrern erwartet man nicht nur dass sie gute Fahrer sind. Beschreibe mit eigenen Worten, was von einem Berufskraftfahrer noch erwartet wird.

4 ◐ Jannik will Taxifahrer werden. Er kann aber nichts auswendig behalten. Er sagt: „Es gibt ja schließlich das Navi! Wozu soll ich da Straßennamen auswendig kennen?" Nimm Stellung zu seiner Aussage.

5 ● Recherchiere, welche Möglichkeiten es gibt ein Studium nach der erfolgreichen Ausbildung zum Mechatroniker/in aufzunehmen. Beschreibe deine Ergebnisse.

2 Zimmermann in Zunftkleidung

3 KfZ-Mechatroniker

Zusammenfassung

Kräfte

Kräfte kann man nur an ihren Wirkungen erkennen. Kräfte können die Geschwindigkeit, die Bewegungsrichtung oder die Form eines Körpers verändern. Kräfte werden mit einem Federkraftmesser gemessen. Das Formelzeichen für die Kraft ist F. Die Einheit der Kraft ist das Newton (N).

Darstellung von Kräften

Kräfte können in Form von Pfeilen zeichnerisch dargestellt werden (▷ B 1). Die Länge des Pfeils entspricht der Größe der Kraft. Die Richtung des Pfeils bzw. der Pfeilspitze zeigt die Richtung, in der die Kraft wirkt, an.

Die Masse

Unabhängig vom Ort, an dem sich ein Körper befindet, ist seine Masse immer gleich groß. Sie ist ortsunabhängig. Mithilfe einer Balkenwaage kann die Masse eines Körpers bestimmt werden. Das Formelzeichen für die Masse ist m. Die Einheit der Masse ist das Kilogramm (kg).

Die Gewichtskraft

Im Gegensatz zur Masse eines Körpers ist seine Gewichtskraft abhängig vom Ort, an dem er sich befindet. Die Gewichtskraft gibt an, wie stark ein aufgehängter Körper an seiner Aufhängung nach unten zieht bzw. wie stark ein Körper auf seine Unterlage, auf der er liegt, drückt. Die Gewichtskraft eines Körpers lässt sich mit einem Federkraftmesser bestimmen und wird in Newton (N) angegeben. Die Gewichtskraft eines Körpers ist abhängig von seiner Masse und dem Ort, an dem er sich befindet. Auf der Erde hat ein Körper mit der Masse 1 kg eine Gewichtskraft von ungefähr 10 N.

Trägheit

Befindet sich ein Körper in Bewegung, so möchte er diese beibehalten. Das Gleiche gilt auch, wenn der Körper sich in Ruhe befindet. Man bezeichnet diese Eigenschaft von Körpern als Trägheit.

Seile und Rollen

Körper lassen sich mithilfe von Seilen bewegen. Führt man das Seil über eine Rolle, so kann die notwendige Kraft zum Bewegen oder Halten eines Körpers umgelenkt oder vermindert werden.
Feste Rollen verändern die Richtung der Zugkraft, wobei Zugkraft und die Gewichtskraft der Last gleich groß sind.
Lose Rollen werden an der Last befestigt. Sie verringern die Zugkraft gegenüber der Gewichtskraft der Last um die Hälfte.

Hebel

Hebel können Kraft sparen. Die Größe der Kraftersparnis hängt vom Verhältnis Kraftarm zu Lastarm ab. Wir unterscheiden einseitige und zweiseitige Hebel entsprechend der Lage von Lastarm und Kraftarm zum Drehpunkt.

Flaschenzug

Bei Flaschenzügen wird das Seil über lose und feste Rollen geführt. Die Anzahl der tragenden Seilstücke gibt Kraftersparnis sowie die Verlängerung des Kraftwegs an.

1 Kräfte werden mit einem Kraftpfeil dargestellt.

AUFGABEN

1 ○ Eine Kraft kann man nur an ihren Wirkungen erkennen. Nenne mögliche Wirkungen.

👍 Super! ❓ ► S.134/135

2 ○ Nenne Formelzeichen und Einheit der Kraft.

👍 Super! ❓ ► S.136

3 ○ Beschreibe den Unterschied zwischen Masse und Gewichtskraft.

👍 Super! ❓ ► S.140/141

4 ○ Leas neues Rennrad wiegt 10 kg. Gib die Gewichtskraft des Rennrads an.

👍 Super! ❓ ► S.140/141

5 ○ Zeichne einen Flaschenzug mit 6 tragenden Seilstücken.

👍 Super! ❓ ► S.154/155

6 ◐ Wenn du mit einem Bogen einen Pfeil abschießt, musst du Kraft aufwenden (▷ B 1). Beschreibe die Kraftwirkung beim Bogenschießen.

👍 Super! ❓ ► S.134/135

7 ◐ Begründe, weshalb man zum Lockern der Schrauben am Autorad mit einem Rohr den Radmutternschlüssel verlängert.

👍 Super! ❓ ► S.150/151

8 ◐ Beschreibe den Unterschied zwischen einseitigem und zweiseitigem Hebel.

👍 Super! ❓ ► S.150/151

1 Zum Spannen der Bogensehne brauchst du Muskelkraft.

9 ◖ Mit welchem Gerät kannst du Kraft einsparen: lose Rolle, feste Rolle, Flaschenzug? Begründe.

👍 Super! ❓ ► S.152-155

10 ● Begründe, warum beim Abschleppen eines Fahrzeugs der Fahrer des vorderen Autos nicht ruckartig anfahren darf.

👍 Super! ❓ ► S.144

11 ● Svenja meint: „Wenn ich bei einem Flaschenzug sehr viele Rollen verwende, brauche ich gar keine Kraft mehr aufwenden!" Beurteile diese Aussage.

👍 Super! ❓ ► S.154/155

12 ● Erläutere die Goldene Regel der Mechanik an einem Beispiel.

👍 Super! ❓ ► S.156

13 ● Karl behauptet: Berufskraftfahrer müssen auch kleine Mechatroniker sein. Beurteile diese Aussage.

👍 Super! ❓ ► S.160/161

► Musterlösungen auf den Seiten 207–208   **163**

6 Energie

– Wie viel Energie steckt in einer Tafel Schokolade?

– Woher kommt bei einem Lagerfeuer die Energie?

– Wie funktioniert ein Kraftwerk?

– Wie kann man Energie speichern?

1 Elektroauto an der Tankstelle   2 Bogenschütze

Energie im Alltag

Ein Auto fährt an die Tankstelle und tankt Benzin. Andere Autos benötigen Diesel, Erdgas oder elektrischen Strom (▷ B 1). Alle diese Treibstoffe haben eines gemeinsam: sie liefern dem Auto **Energie**. Das Auto benötigt die Energie für die Bewegung. Ohne Energie kann ein Auto nicht fahren.

Alle Geräte benötigen Energie
Energie wird für alle Vorgänge auf der Erde benötigt:
- Ein Kran benötigt Energie zum Heben von Steinen. Er bekommt die Energie mit dem elektrischen Strom.
- Eine Heizung benötigt Energie zum Erwärmen des Zimmers. Sie bekommt die Energie mit dem Brennstoff (z. B. Erdgas).
- Eine Solarzelle benötigt Energie, um elektrische Geräte anzutreiben. Sie bekommt die Energie mit dem Licht der Sonne.
- Eine Lampe benötigt Energie zum Leuchten. Sie bekommt die Energie mit dem elektrischen Strom.

Aber nicht nur Geräte, sondern auch Lebewesen benötigen Energie:
- Ein Sportler benötigt Energie zum Radfahren. Er bekommt die Energie mit der Nahrung.
- Eine Pflanze benötigt Energie zum Wachsen. Sie bekommt die Energie mit dem Sonnenlicht.

Diese Beispiele zeigen, dass uns Energie auf sehr unterschiedliche Art und Weise im Alltag begegnet. Sie steckt in allen Dingen, die sich bewegen, in allen Lebensmitteln und auch in allen Brennstoffen. Energie begegnet uns auch in Form von elektrischem Strom oder in Form von Licht.

Energie lässt sich speichern
Wenn du mit Pfeil und Bogen schießen willst, musst du mit dem Pfeil die Bogensehne nach hinten ziehen. Dabei wird der Bogen wie eine Feder gespannt. (▷ B 2). Du benötigst dafür Energie, die deine Muskeln liefern. Im gespannten Bogen ist dann Energie gespeichert. Wenn du den

Pfeil loslässt, zieht der gespannte Bogen die Bogensehne wieder gerade und gibt dabei die Energie wieder frei. Der Pfeil wird schneller und fliegt durch die Luft. Mit etwas Glück trifft er die Zielscheibe.

Wenn du mit dem Fahrrad auf einen Berg hochfährst, brauchst du viel Energie. Die Energie liefert dir die Nahrung. Oben angekommen, bist du vielleicht etwas erschöpft, aber es steckt doch sehr viel Energie in dir. Das merkst du, wenn du dich vom Berg herunterrollen lässt. Dann wird diese Energie wieder frei und du wirst ganz von alleine immer schneller (▷ B 3). In dir war also Energie gespeichert.

Energie kann man messen

Energie kann man messen und somit vergleichen (▷ B 4).
Die Energie wird in der Einheit Joule (J) angegeben. Große Energiemengen werden in Kilojoule angegeben. Auf Lebensmittelpackungen wird die Energie zusätzlich in der alten Einheit Kilokalorie (kcal) angegeben. Für elektrische Energie wird oft die Einheit Kilowattstunde (kWh) verwendet. In Bild 5 erfährst du, wie du diese Einheiten in Joule umrechnen kannst.

Energie ist für alle Vorgänge auf der Erde notwendig. Energie kann gespeichert werden, z. B. in einer Feder oder in einem Akku.
Formelzeichen der Energie: E
Einheit der Energie: Joule (J)

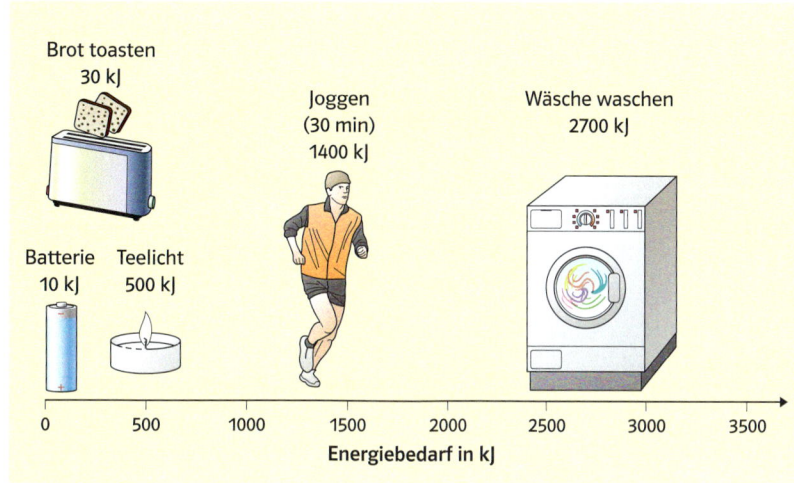

4 Energiemengen im Vergleich

AUFGABEN

1 ○ Nenne die Einheit, in der große Energiemengen angegeben werden.

2 ○ Beschreibe, woher Menschen die zum Leben notwendige Energie bekommen.

3 ◐ Beschreibe drei Beispiele aus deinem Alltag, bei denen Energie verwendet wird. Gib dabei an, wofür die Energie benötigt wird und woher sie kommt.

4 ◐ Eine Tafel Schokolade liefert ca. 600 kcal Energie. Rechne die Angabe in kJ um.

5 ● Jede Armbanduhr benötigt Energie. Recherchiere, auf welche Weise unterschiedliche Uhren die Energie bekommen und erstelle eine Übersicht.

3 Der Radfahrer wird sehr schnell.

$$1\,\text{kJ} = 1000\,\text{kJ}$$

$$1\,\text{kcal} = 4{,}2\,\text{kJ}$$

$$1\,\text{kWh} = 3600\,\text{kJ}$$

5 Umrechnung von Einheiten

1 Ein Wasserkocher liefert thermische Energie.　　**2** Holz enthält chemische Energie.

Energieformen

Energie begegnet uns im Alltag auf sehr unterschiedliche Art. Diese Arten lassen sich verschiedenen **Energieformen** zuordnen.

Elektrische Energie
Alle Elektrogeräte benötigen Energie. Der elektrische Strom transportiert **elektrische Energie** vom Kraftwerk zur Steckdose und weiter zum Elektrogerät.
Es gibt auch Geräte, die elektrische Energie liefern. Die bekanntesten Geräte sind Akku, Batterie, Dynamo und Solarzelle.

Thermische Energie
Wenn du etwas erwärmen willst, benötigst du dafür Energie. Beim Wasserkocher (▷ B 1) wird dazu elektrische Energie verwendet. Die zugeführte Energie ist dann im erwärmten Wasser als **thermische Energie** gespeichert.
Beim Heizen wird die Luft im Raum erwärmt. In der Luft ist dann thermische Energie gespeichert.
Wenn ein Gegenstand wärmer wird, dann nimmt seine thermische Energie zu. Wenn ein Gegenstand kälter wird, dann nimmt seine thermische Energie ab.

Chemische Energie
Ein Lagerfeuer liefert uns thermische Energie (▷ B 2). Die Verbrennung von Holz ist eine chemische Reaktion, bei der das Holz sich verändert. Dabei wird Energie frei, die im Holz gespeichert war. Diese gespeicherte Energie wird **chemische Energie** genannt, weil sie bei einer chemischen Reaktion frei wird.
Im Alltag nutzen wir chemische Energie, wenn wir etwas verbrennen, z. B. Benzin in einem Motor oder Erdgas in einer Heizung. Unser Körper nutzt die chemische Energie, die in der Nahrung gespeichert ist. Auch in einer Batterie findet eine chemische Reaktion statt, es wird also chemische Energie genutzt.

Bewegungsenergie
Um ein Auto in Bewegung zu setzen, benötigt man Energie, z. B. chemische

Energie aus dem Benzin. Wenn das Auto fährt, dann ist in ihm **Bewegungsenergie** gespeichert.

Viel Bewegungsenergie steckt im Wind. Windräder nutzen die Bewegungsenergie. Wenn sich ein Reifen oder ein Kreisel dreht, dann bewegt er sich ebenfalls. Auch in Dingen, die sich drehen, steckt daher Bewegungsenergie.

Lageenergie

Wenn du mit einem Schlitten einen Berg runterfährst, wirst du zunehmend schneller. Du hast dann viel Bewegungsenergie (▷ B 3). Wo aber kommt die Energie her? Je höher du bist, desto mehr **Lageenergie** ist in dir gespeichert. Je tiefer du bist, desto weniger Lageenergie ist in dir gespeichert. Der Schlitten erhält die Bewegungsenergie aus der Lageenergie.

Strahlungsenergie

Eine Solarzelle benötigt Licht (▷ B 4). Das Licht liefert der Solarzelle Energie, die sie in elektrische Energie umwandelt. Licht transportiert also Energie. Du merkst das auch, wenn du lange in der Sonne sitzt. Da Licht eine Form von Strahlung ist, spricht man von **Strahlungsenergie**. Auch andere Formen von Strahlung transportieren Energie, wie z.B. die Röntgenstrahlung. (► Energie, S. 202 – 203)

Kernenergie

In einem Kernkraftwerk wird Energie genutzt, die z.B. in den Kernen der Uranatome gespeichert ist. Sie wird deshalb **Kernenergie** genannt.

Energie kommt in unterschiedlichen Energieformen vor.

AUFGABEN

1 ○ Nenne die Energieform, die in der Nahrung steckt.

2 ○ Eine Lampe benötigt Energie und sie liefert Energie. Nenne die Energieformen.

3 ◖ Erkläre den Begriff „chemische Energie".

4 ◖ Erstelle eine Tabelle mit fünf Energieformen. Nenne zu jeder Energieform jeweils zwei Beispiele aus deinem Alltag.

5 ● Recherchiere den Begriff Spannenergie und erkläre ihn mit Hilfe eines Beispiels.

3 Hohe Bewegungsenergie beim Schlittenfahren

4 Licht liefert einer Solarzelle Energie.

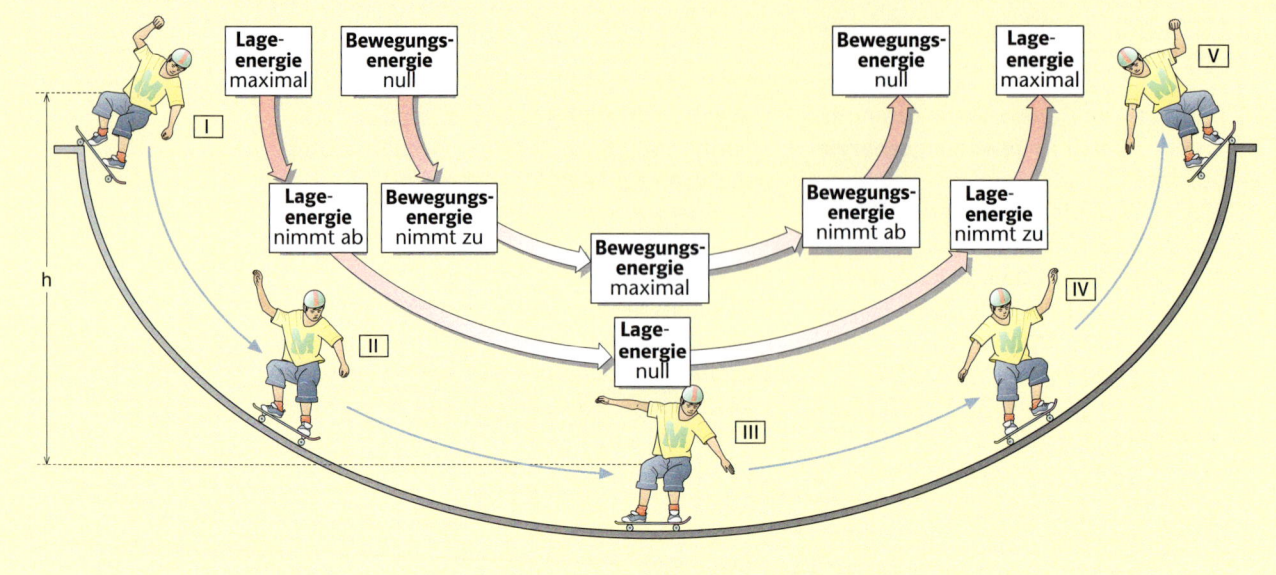

1 Energieumwandlung beim Skaten

Energieumwandlung

Energieumwandlung in der Half-Pipe

Betrachte den Skater auf seiner Bahn
von links nach rechts (▷ B1). Er stößt sich
links ab und fährt rechts wieder hinauf.
Dabei sind zwei Energieformen beteiligt:
An der höchsten Stelle der Half-Pipe hat
er viel Lageenergie. An der tiefsten Stelle
hat er viel Bewegungsenergie – er ist hier
am schnellsten. Die Lageenergie und die
Bewegungsenergie wandeln sich bei der
Fahrt immer wieder ineinander um. Dieser
Vorgang heißt **Energieumwandlung**.

Die Taschenlampe – ein Energiewandler

In einer Taschenlampe findet eine Energieumwandlung statt: In der Batterie ist
chemische Energie gespeichert. Diese wird
in elektrische Energie umgewandelt und
an die Lampe weitergegeben. Die Lampe
erhält die elektrische Energie und wandelt
diese in Strahlungsenergie um. Das erkennt man daran, dass sie leuchtet. Ein Teil
der elektrischen Energie wird in der Lampe
auch in thermische Energie umgewandelt
– sie wird warm.

Wird Energie verbraucht?

Die Batterie der Taschenlampe liefert nach
einer Weile keine Energie mehr. Die Energie ist aber nicht verbraucht worden, auch
wenn sie nicht mehr in der Batterie steckt.
Die Energie wurde in Strahlungsenergie
und in thermische Energie umgewandelt.
Sie steckt nun im Licht sowie in allen erwärmten Teilen der Taschenlampe.

Der Skater in der Half-Pipe wird von Mal
zu Mal langsamer, wenn er sich nur rollen
lässt. Auch hier wird Energie nicht verbraucht. Durch Reibung werden die Rollen
und die Bahn leicht erwärmt. Die Energie
des Skaters wird also in thermische Energie umgewandelt, die dann in den Rollen
und der Bahn steckt.

Kann Energie erzeugt werden?

Es ist ein alter Traum der Menschheit, ein
Perpetuum mobile zu bauen. Das ist eine
Maschine, die ohne Zufuhr von Energie
ständig läuft und dabei möglichst noch
eine andere Maschine antreibt. Gäbe es

so eine Maschine, dann wären alle unsere Energieprobleme mit einem Schlag gelöst.

Schauen wir uns eine Idee für ein Perpetuum mobile genauer an (▷ B 2): Das Wasserrad bekommt Lageenergie, die im Wasser steckt und wandelt diese in Bewegungsenergie um. Das Wasserrad ist mit der Pumpe fest verbunden und gibt Bewegungsenergie an die Pumpe weiter. Die Pumpe wandelt Bewegungsenergie wieder in Lageenergie um, indem sie Wasser nach oben pumpt.
Wenn das Perpetuum mobile noch eine weitere Maschine antreibt (z. B. eine Mühle), dann muss das Wasserrad einen Teil der Bewegungsenergie an die andere Maschine abgeben. Diese Energiemenge fehlt dem Perpetuum mobile. Dadurch wird es langsamer und hält schließlich an.
Ein Perpetuum mobile müsste also Energie erzeugen. Die Natur zeigt uns, dass das nicht möglich ist.

Am Beispiel des Skaters sehen wir, dass es nicht einmal möglich ist, dass eine Maschine ohne Zufuhr von Energie ständig läuft.

Energie bleibt immer erhalten. Sie kann nicht erzeugt und nicht vernichtet werden. Dieses Prinzip wird als Energieerhaltung bezeichnet.

Bei einer Energieumwandlung wird Energie von einer Energieform in andere Energieformen umgewandelt.

AUFGABEN

1 ○ Gib an, was man unter einer Energieumwandlung versteht.

2 ○ Beschreibe, warum eine Batterie nach einer Weile keine Energie mehr liefert.

3 ◐ Stelle die Energieumwandlungen bei einer Taschenlampe in Stichworten dar.

4 ◐ Beschreibe die Energieumwandlungen beim Skaten in der Halfpipe (▷ B 1).

5 ● Beschreibe die Energieumwandlungen bei einem Föhn.

6 ● Emre behauptet, er könne aus einer Solarzelle und einer Lampe ein Perpetuum mobile bauen (▷ B 3). Erkläre, warum es nicht funktionieren kann.

2 Ein historisches Perpetuum mobile

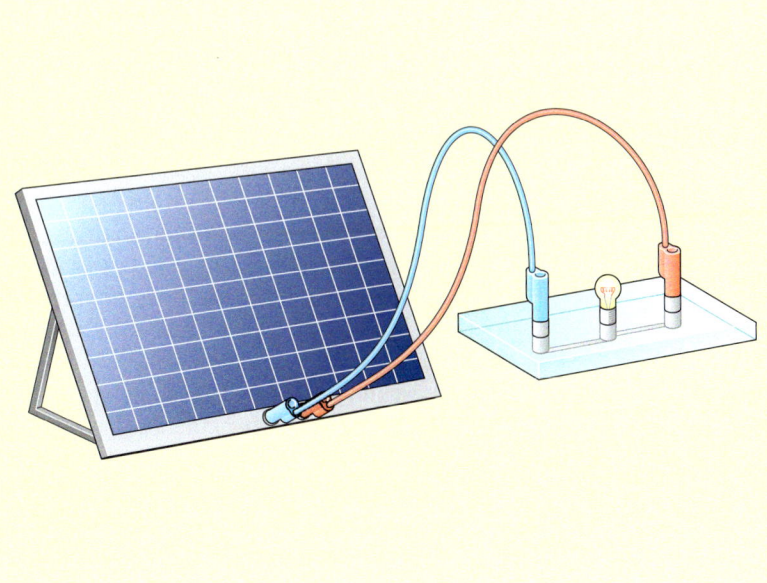

3 Ein modernes Perpetuum mobile.

Energieentwertung

1 Gondeln einer Seilbahn

Ungenutzte Energie

In unserem Alltag wird Energie scheinbar verbraucht. Beim Autofahren wird auch dann noch Benzin (chemische Energie) benötigt, wenn das Auto nicht mehr schneller wird und die Bewegungsenergie nicht mehr zunimmt. Ein Grund dafür ist die Reibung zwischen dem Auto und der Luft. Dabei wird die Luft erwärmt. Das fällt kaum auf, weil die Erwärmung der Luft so gering ist. Die chemische Energie aus dem Benzin wird also nicht verbraucht. Sie wird durch Reibung in thermische Energie umgewandelt.

Energieentwertung

Die thermische Energie, die das Auto an die Luft abgegeben hat, kann nicht genutzt werden. Grundsätzlich kann thermische Energie nur genutzt werden, wenn es einen Bereich mit höherer Temperatur und einen Bereich mit niedrigerer Temperatur gibt. Je größer der Temperaturunterschied zwischen den Bereichen ist, desto besser lässt sich die thermische Energie nutzen. Bei allen Energieumwandlungen wird thermische Energie an die Umgebung abgegeben. Da der Temperaturunterschied meistens sehr gering ist, lässt sich die Energie nicht oder nur schlecht nutzen. Das bezeichnet man als **Energieentwertung**.

Wenn du von einem Berg herunter läufst, wird der größte Teil deiner Lageenergie in thermische Energie umgewandelt und an die Umgebung abgegeben. Die Energie steht dir dann nicht mehr zur Verfügung und ist entwertet.

In vielen Kraftwerken werden aus technischen Gründen große Mengen thermischer Energie an einen Fluss oder über einen Kühlturm an die Luft abgegeben. Die Energie wird somit nicht genutzt und ist entwertet.

Energiesparen

Im Alltag ist oft vom Energiesparen die Rede. Da Energie nicht verbraucht werden kann, kann sie aber auch nicht gespart werden. Meistens ist dann gemeint, dass Energieentwertung so weit wie möglich vermieden werden soll. Aus einem Haus soll möglichst wenig thermische Energie durch offene Fenster entweichen, weil die Energie dabei entwertet wird. Ein Auto soll möglichst sparsam im Verbrauch sein, sodass möglichst wenig Energie an Straße und Luft abgegeben und entwertet wird.

Bei jeder Energieumwandlung wird auch Energie als thermische Energie an die Umgebung abgegeben. Das wird Energieentwertung genannt.

AUFGABEN

1 ○ Beschreibe, wie beim Autofahren Energie entwertet wird.

2 ◐ Beschreibe für drei Beispiele aus deinem Alltag, wie Energie entwertet wird.

3 ● Wenn bei einer Bergbahn eine Gondel abwärts fährt, fährt gleichzeitig eine andere Gondel aufwärts (▷ B1). Erkläre, warum das die Energieentwertung verringert.

Der Wirkungsgrad

Energiebilanz beim Autofahren

Damit Autos fahren, Maschinen arbeiten oder Lampen leuchten können, muss Energie eingesetzt werden. Der Nutzen, den man aus der eingesetzten Energie erzielt, ist bei einem Auto sehr klein. Nur ungefähr 16 % der im Treibstoff gespeicherten Energie wird zum Fahren verwendet. Ein großer Teil der eingesetzten Energie, ca. 75 %, wird bei der Verbrennung des Treibstoffes in thermische Energie umgewandelt. Diese Energie geht an die Umwelt und ist entwertet. Ein kleiner Teil der Energie wird für Lenkung, Wasserpumpe usw. benötigt.

Der Wirkungsgrad

Alle Geräte, die Energie umwandeln, können nur einen Teil der eingesetzten Energie für den gewünschten Zweck nutzen. Die Energie, die ungenutzt bleibt, geht z. B. als thermische Energie an die Umgebung. Sie ist damit entwertet.

Mit dem **Wirkungsgrad** wird die Effektivität eines Gerätes angegeben. Hat eine Maschine einen Wirkungsgrad von 25 %, bedeutet dies, dass ein Viertel der eingesetzten Energie für den gewünschten Zweck genutzt wurde.

Der Wirkungsgrad lässt sich berechnen, indem die genutzte Energie durch die insgesamt eingesetzte Energie geteilt wird. Das Ergebnis wird meistens in Prozent angegeben (z. B. 0,35 = 35 %).

$$\text{Wirkungsgrad} = \frac{\text{genutzte Energie}}{\text{eingesetzte Energie}}$$

AUFGABEN

1. ○ Lies aus der Grafik 1 den Wirkungsgrad für eine Ölheizung ab. Erkläre diesen Wert.

2. ◔ Schreibe einen kurzen Text, mit dem du einem kranken Mitschüler erklären könntest, was der Wirkungsgrad einer Taschenlampe ist.

3. ● Ein Liter Wasser wird in einem Topf auf einem Gasherd zum Kochen gebracht. Dafür werden ca. 580 kJ chemische Energie benötigt. Dem Wasser werden dabei nur 320 kJ thermische Energie zugeführt. Berechne den Wirkungsgrad.

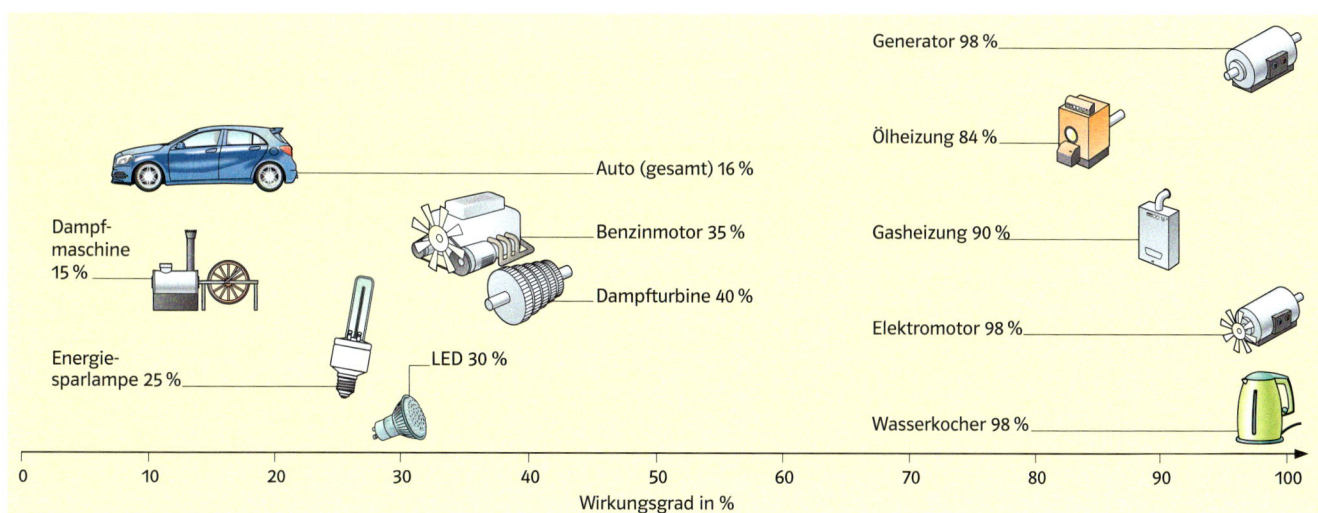

1 Verschiedene Wirkungsgrade

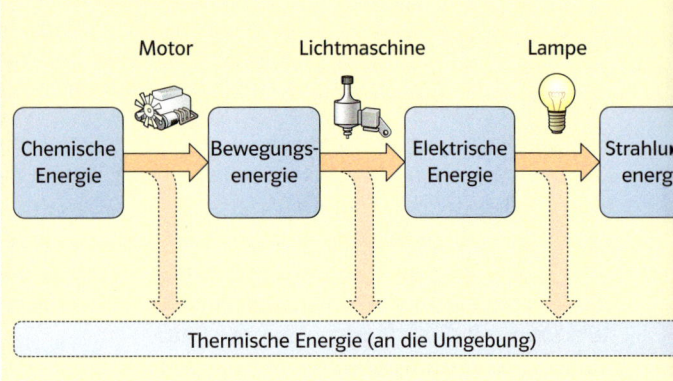

	Motor	Lichtmaschine	Lampe	
Chemische Energie	→ Bewegungs-energie	→ Elektrische Energie	→ Strahlu... energ...

Thermische Energie (an die Umgebung)

1 Autofahrt bei Nacht

2 Energieflussdiagramm zur Beleuchtung beim Auto

Energieflussdiagramme

Wenn du in einer Winternacht mit dem Auto unterwegs bist, dann ist es wichtig, dass das Auto gute Scheinwerfer hat und dass die Heizung funktioniert (▷ B1). Wo aber kommt die warme Luft beim Auto her? Und woher kommt der elektrische Strom für die Scheinwerfer?

Energieumwandlung beim Auto

Das Auto wird beim Tanken mit chemischer Energie versorgt. Sie steckt im Benzin. Im Motor findet eine chemische Reaktion statt, bei der das Benzin zur Explosion gebracht wird. Dabei wird chemische Energie in Bewegungsenergie und thermische Energie umgewandelt – der Motor dreht sich und wird warm. Die Bewegungsenergie wird an die Reifen weitergegeben. Die thermische Energie wird teilweise an die Heizungsluft weitergegeben. So ist es im Auto schön warm. Ein Teil der Bewegungsenergie wird an die Lichtmaschine weitergegeben. Sie wandelt Bewegungsenergie in elektrische Energie um. Diese kann dann für die Scheinwerfer genutzt werden.

Energieflussdiagramme

Bei so vielen Energieumwandlungen kann man leicht den Überblick verlieren. Da hilft es, die Energieumwandlungskette grafisch darzustellen. Eine solche Darstellung wird **Energieflussdiagramm** genannt. In Bild 2 siehst du ein Beispiel.

Bei einem Energieflussdiagramm werden immer abwechselnd die Energieformen und die Energiewandler aufgeführt. Am Anfang und am Ende steht immer eine Energieform. Für die grafische Darstellung von Energieflussdiagrammen gibt es keine klaren Regeln. Hier im Buch stehen die Energieformen immer in einem blauen Rechteck. Die Energiewandler stehen immer über dem Pfeil. Der Pfeil stellt die Übertragung von Energie dar.

In dem Energieflussdiagramm in Bild 2 ist die thermische Energie gestrichelt und etwas blasser dargestellt. Damit soll ausgedrückt werden, dass die thermische Energie hier nur ein Nebenprodukt ist.

Beim Auto wird der Motor auch im Sommer heiß und muss gekühlt. werden. Die thermische Energie wird an die Umgebung abgegeben, da sie nicht benötigt wird.

Energieumwandlung beim Föhn

Auf vielen Hausdächern befinden sich Solarzellen. Sie wandeln Strahlungsenergie von der Sonne in elektrische Energie um. Die elektrische Energie wird mit dem elektrischen Strom an die Haushalte geliefert. Wenn du dann zu Hause den Stecker von einem Föhn in die Steckdose steckst, wandelt der Föhn elektrische Energie in thermische Energie und in Bewegungsenergie um. Du erhältst warme, schnell strömende Luft, mit der du deine Haare trocknen kannst.
Bei dieser Energieumwandlungskette ist die thermische Energie erwünscht und deshalb nicht gestrichelt dargestellt.

Energieumwandlung in der Pflanze

Wenn die Sonne scheint, trifft Licht auf die grünen Blätter einer Pflanze (▷ B 4). Die Pflanze nimmt die Strahlungsenergie des Lichts auf und wandelt sie in chemische Energie um. Bei der Kartoffel ist die

Energie dann vor allem in Form von Stärke in den Knollen (den „Kartoffeln") gespeichert. Wenn wir diese Stärke zu uns nehmen, nehmen wir chemische Energie auf, die ursprünglich von der Sonne stammt.

Mit einem Energieflussdiagramm kannst du Energieumwandlungsketten übersichtlich darstellen.

AUFGABEN

1 ○ Beschreibe, wozu Energieflussdiagramme benutzt werden.

2 ○ Beschreibe die Energieumwandlung in einer Lichtmaschine im Auto.

3 ◗ Erstelle ein Energieflussdiagramm, aus dem hervorgeht, dass die Bewegungsenergie des Motors auch an die Reifen weitergegeben wird.

4 ◗ Die Strahlungsenergie des Lichts gibt dir mithilfe der Kartoffelpflanze die nötige Energie, um auf einen Berg zu steigen. Erstelle dazu ein Energieflussdiagramm.

5 ● Erstelle ein Energieflussdiagramm für eine handbetriebene Taschenlampe (z. B. eine Taschenlampe zum Schütteln oder Kurbeln).

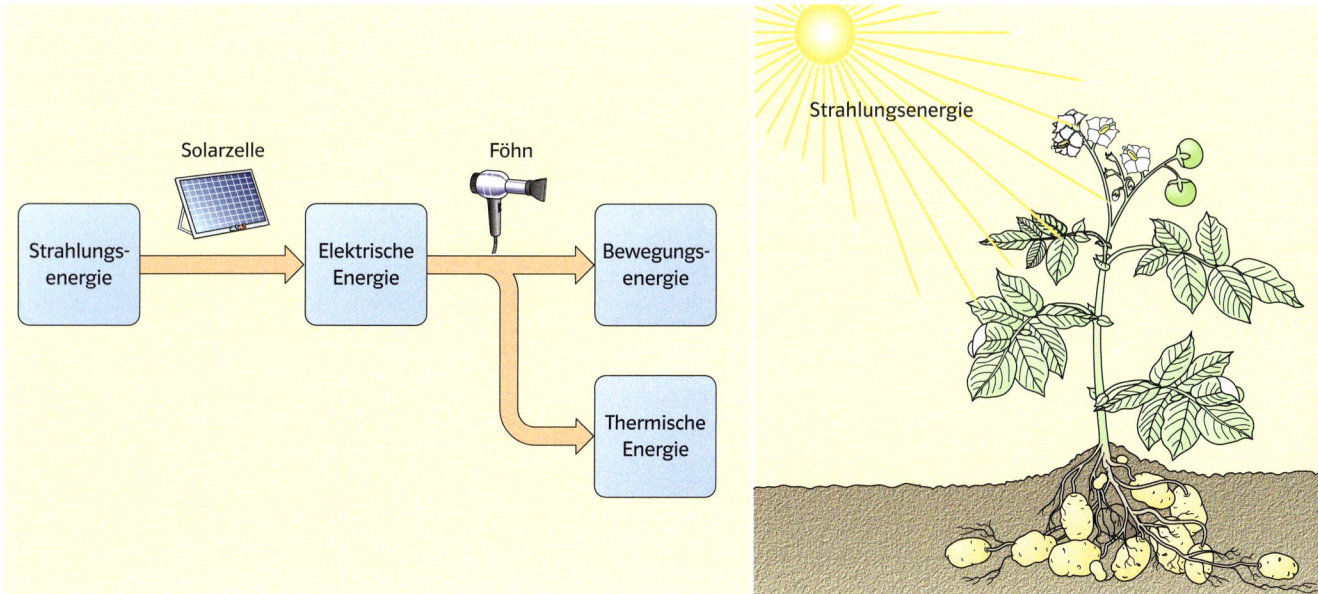

3 Energieflussdiagramm für einen Föhn

4 Kartoffelpflanze

I   II

This luminaire contains built-in LED lamps and has sockets for bulbs of the energy classes:

A++
A+
A   } L E D
B
C
D   } 💡
E

The luminaire is sold with a bulb of the energy class: C

874/2012

1 Energieeffizienzlabel

Energie clever nutzen

– Verwende LED-Lampen. Eine 7 Watt-LED-Lampe leuchtet etwa so hell wie eine 45 Watt Halogenglühlampe.

– Nutze Sparprogramme der Waschmaschine und wasche bei niedrigen Temperaturen.

– Vermeide den Stand-by-Betrieb von Fernsehgeräten, DVD-Playern usw. Dies sind heimliche „Energiefresser".

– Achte beim Kochen auf die passende Topfgröße für die Herdplatte. Koche mit geschlossenem Deckel. Ohne Deckel wird mehr als die doppelte Energiemenge benötigt.

– Die meisten elektrischen Haushaltsgeräte sind in Energieeffizienzklassen eingeteilt. Achte bei der Neuanschaffung der Geräte auf einen niedrigen Energieumsatz.

2 Möglichkeiten elektrische Energie zu sparen

Energiesparen im Haushalt

Energie sparen mit der richtigen Lampe

LED-Lampen nutzen die elektrische Energie besser als Halogenglühlampen. In Halogenglühlampen wird ein Draht so stark erhitzt, dass er zu glühen beginnt und Licht aussendet. Halogenglühlampen nutzen jedoch nur einen Teil der elektrischen Energie: Sie wandeln etwa 15 % der elektrischen Energie in Licht um. 85 % werden hingegen in nicht benötigte thermische Energie umgewandelt. Ältere Glühlampen wandelten sogar nur 5 % der elektrischen Energie in Lichtenergie um. Diese Glühlampen dürfen mittlerweile nicht mehr verkauft werden.

Ersetzt du Halogenglühlampen durch LED-Lampen, benötigst du weniger Energie. Halogenglühlampen benötigen etwa sechsmal so viel Energie wie LED-Lampen bei gleicher Lichtwirkung.

Energieeffizienzklassen

Elektrische Haushaltsgeräte wie Kühlschränke, Fernseher und Waschmaschinen werden in Energieeffizienzklassen eingeteilt. An den Geräten wird dazu ein Aufkleber angebracht (▷ B1). Dort kann der Käufer sofort erkennen, ob das Gerät wenig oder viel Energie im Vergleich zu anderen Geräten benötigt.

Elektrische Energie kann man sparsam einsetzen. Bei gleicher Lichtwirkung benötigt eine LED-Lampe weniger Energie als eine Halogenglühlampe.
Viele Haushaltsgeräte sind in Energieeffizienzklassen eingeteilt.

AUFGABEN

1 ○ Zähle Möglichkeiten auf, mit elektrischer Energie sparsam umzugehen.

2 ◑ Begründe, warum du mit elektrischer Energie sparsam umgehen solltest.

3 ● Recherchiere Vor- und Nachteile von Halogenlampen, Energiesparlampen und LED-Lampen. Stelle deine Ergebnisse in einer Tabelle dar.

Energiesparen im Straßenverkehr

Berufsverkehr

Während des Berufsverkehrs sind die Straßen in den Städten mit Autos verstopft. In den meisten Autos sitzt nur eine Person und jedes Auto braucht viel Energie für die Fortbewegung.

In Straßenbahnen und Bussen werden viele Fahrgäste gleichzeitig transportiert (▷ B1). Diese Verkehrsmittel bieten Möglichkeiten, mit Energie im Straßenverkehr sparsam umzugehen und gleichzeitig die Umwelt nicht zu sehr zu belasten.

Eine weitere Möglichkeit, wie auch du mit Energie im Straßenverkehr sparsam umgehen kannst, ist die Benutzung des Fahrrads. Die Umwelt wird geschont und Sport ist wichtig für deine Gesundheit.

Energiesparen beim Autofahren

Die Automobilhersteller tragen mit technischen Verbesserungen an den Autos auch zum Energiesparen bei. Die Fahrzeuge werden leichter und die Motoren verbrauchen weniger Kraftstoff. Auch der Autofahrer kann sich durch folgende Maßnahmen am Energiesparen beteiligen:

- vorausschauend fahren
- bei längerem Stillstand, z.B. an geschlossenen Bahnschranken, den Motor ausschalten
- Reifendruck kontrollieren
- die Klimaanlage sparsam verwenden
- Fahrgemeinschaften bilden

Energiesparen im Straßenverkehr spart Kraftstoff und schont die Umwelt.

AUFGABEN

1 ○ Zähle auf, wie du ganz persönlich zum Energiesparen im Straßenverkehr beitragen kannst.

2 ◐ Vergleiche die Verkehrsmittel Bus, Fahrrad und Auto hinsichtlich Energiebedarf und Platzbedarf (▷ B1).

3 ● Mit welchem Verkehrsmittel kommst du zur Schule? Bewerte dein eigenes Verhalten.

1 Vergleich von Bus, Fahrrad und Auto

1 Mit einer Ramme (Fallhammer) werden Pfähle in den Erdboden getrieben.

2 Ein Junge hebt eine Kiste hoch.

Lageenergie berechnen

Pfähle werden oft mit einer **Ramme** in den Erdboden gerammt (▷ B1). Dazu wird zunächst eine Ramme um die Höhe *h* angehoben. Dadurch gewinnt sie an **Lageenergie**. Lässt man die Ramme fallen, wandelt sich die Lageenergie in Bewegungsenergie um.

Trifft die schwere Ramme dann auf den vergleichsweise leichten Pfahl, geht die Bewegungsenergie nahezu vollständig auf den Pfahl über, wodurch der Pfahl in den Erdboden getrieben wird.

Dabei stellt man fest:
– Je größer die Masse der Ramme ist, desto tiefer dringt der Pfahl in den Erdboden ein.
– Je größer die Fallhöhe der Ramme ist, desto tiefer dringt der Pfahl in den Erdboden ein.

Die Lageenergie der Ramme wächst also mit der Höhe *h* und ihrer Masse *m* an. Es gilt die folgende Gleichung:

Lageenergie = Masse · Ortsfaktor · Höhe

$E = m \cdot g \cdot h$

Masse:　　　30 kg

Höhe:　　　1 m

$E = m \cdot g \cdot h$

$E = 30\,kg \cdot 10\,N/kg \cdot 1\,m$

$E = 300\,Nm$

Volumen:　　100 000 Liter

Masse: 100 000 kg

Höhe:　300 m

$E = m \cdot g \cdot h$

$E = 100\,000\,kg \cdot 10\,N/kg \cdot 300\,m$

$E = 300\,000\,000\,J$

$E = 300\,000\,kJ$

$E = 300\,MJ$

---

3 Berechnung der Lageenergie der Kiste

4 Berechnung der Lageenergie des Wassers

5 Pumpspeicherkraftwerk

6 Ein Kran im Einsatz

Dabei ist g der Ortsfaktor der Gewichtskraft. Der Junge in Bild 2 hebt eine Kiste
hoch. Wie groß ist die Lageenergie der
Kiste, wenn ihre Masse 30 kg und die Höhe
1 m betragen? Die Lösung findest du in
Bild 3. Egal mit welchem Hilfsmittel der
Junge die Kiste nach oben transportiert,
es wird immer dieselbe Energie benötigt
(sofern die Reibung keine Rolle spielt).
Darum kannst du z. B. mit einer losen Rolle
oder einem Flaschenzug keine Energie
einsparen oder gewinnen.
Die Einheit der Lageenergie ist Nm. Zu Ehren von JAMES PRESCOTT JOULE (1818 – 1889)
wird die Einheit Nm auch J (Joule) genannt.
Seine Arbeiten zur Elektrizitäts- und Wär-
melehre machten den britischen Forscher
zu einem der bekanntesten Physiker des
19. Jahrhunderts.

1 Nm	= 1 J	(Joule)
1 kJ	= 1000 J	(Kilojoule)
1 MJ	= 1000 kJ	(Megajoule)
1 GJ	= 1000 MJ	(Gigajoule)

Bei einem Pumpspeicherkraftwerk (▷ B 5)
befinden sich 100 000 Liter Wasser im
Stausee. Der Stausee liegt 300 m über
der Turbine des Kraftwerks. Berechne die
Lageenergie des Wassers im Stausee. Die
Lösung findest du in Bild 4.

Berechnung der Lageenergie:
Lageenergie = Masse · Ortsfaktor · Höhe
$E = m \cdot g \cdot h$
Einheit der Energie: 1 J

AUFGABEN

1 ○ Nenne die Größen, von denen die Lageenergie eines Körpers abhängt.

2 ○ Zeichne Bild 2 in dein Heft ab und beschrifte es.

3 ◐ Louisa klettert an einem 5 m hohen Seil hoch. Sie hat eine
Masse von 60 kg. Berechne, welche Lageenergie sie ganz oben
hat.

4 ◐ Ein Skifahrer fährt mit einer Seilbahn auf einen Berg.
Berechne die Lageenergie des Skifahrers auf dem Berg. Der
Skifahrer hat eine Masse von 95 kg und die Seilbahn überwin-
det einen Höhenunterschied von 800 m.

5 ● Der Kran in Bild 6 wird elektrisch betrieben. Sein Wirkungsgrad beträgt 85 %. Berechne, wie viel elektrische Energie notwendig ist, um einen Eisenträger mit einer Masse von 2 000 kg
50 m hoch zu heben.

6 ● Ein Körper wird auf dem Mond um 2 m angehoben. Dabei
nimmt seine Lageenergie um 25 J zu. Berechne die Masse des
Körpers. Hinweis: Beachte den Ortsfaktor auf dem Mond.

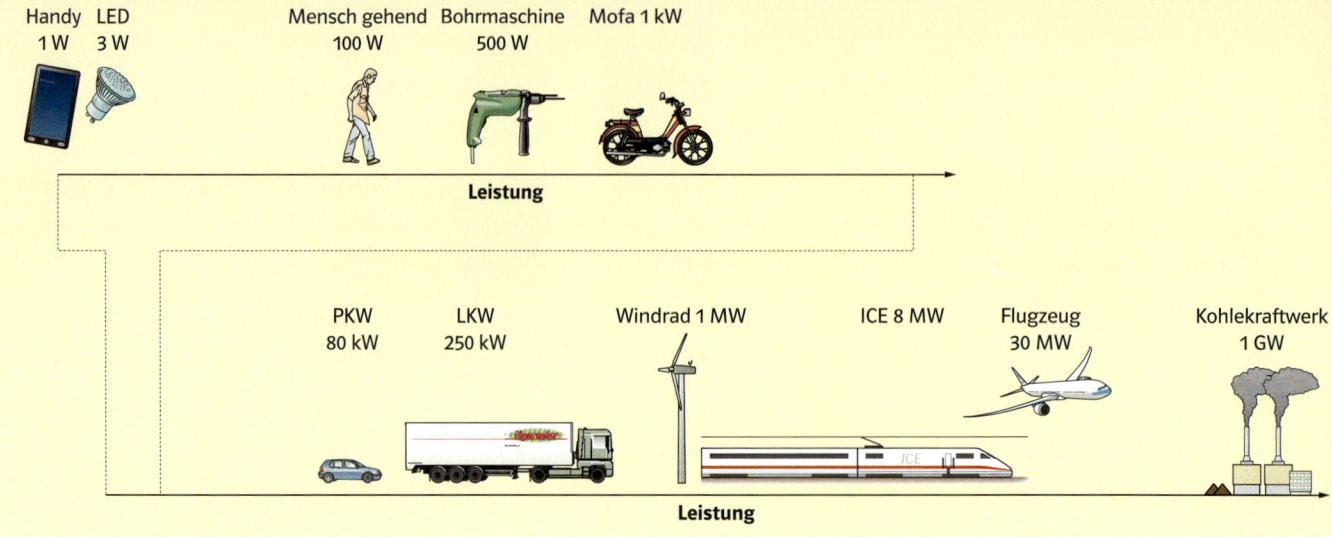

Handy 1 W · LED 3 W · Mensch gehend 100 W · Bohrmaschine 500 W · Mofa 1 kW

Leistung

PKW 80 kW · LKW 250 kW · Windrad 1 MW · ICE 8 MW · Flugzeug 30 MW · Kohlekraftwerk 1 GW

Leistung

1 Leistungen im Vergleich

Die Leistung

Auf die Plätze, fertig, los!

In der Sportstunde klettern Vural und Oliver an zwei Seilen hoch. Jedes Seil ist 6 m lang. Oliver hat eine Masse von 50 kg und Vural von 65 kg. Oliver hat für den Höhenunterschied 30 Sekunden benötigt. Vural schlägt aber erst nach 35 Sekunden oben an. Oliver ist also als Erster oben und erklärt sich zum Sieger. Vural protestiert energisch. Er entgegnet Oliver: „Ich bin doch schwerer als du. Daher habe ich oben mehr Lageenergie als du gehabt. Ich habe am meisten geleistet!"

Oliver antwortet: „Das mag schon sein. Ich war aber schneller am Ziel. Daher habe ich mehr geleistet!"

Um eine Aussage über die **Leistung** zu machen, müssen die umgesetzte Energie und die Zeit berücksichtigt werden.

Je größer die umgesetzte Energie und je kleiner die dazu benötigte Zeit ist, umso größer ist die Leistung.

2 Klettern

3 Zu Aufgabe 3

Berechnung der Leistung von Vural

Gegeben:
Masse: 65 kg
Höhe: 6 m
Zeit: 35 s

Gesucht:
Lageenergie und Leistung

Lageenergie:
$E = m \cdot g \cdot h$
$E = 65\,kg \cdot 10\,N/kg \cdot 6\,m$
$E = 3900\,J$

Leistung:
$P = \dfrac{E}{t}$
$P = \dfrac{3900\,J}{35\,s}$
$P = 111,4\,W$

4 Berechnung der Leistung von Vural

Physikalische Leistung

Die Leistung ist der Quotient aus der umgesetzten Energie und der dafür benötigten Zeit.
Die Leistung erhält das Formelzeichen P.
Leistung = umgesetzte Energie / Zeit

$$P = \frac{E}{t}$$

Die Einheit der Leistung ist J/s. Sie wird zu Ehren von JAMES WATT (1736 – 1819) auch als Watt (W) bezeichnet.

$$1\,\frac{J}{s} = 1\,W$$

Im Bild 3 findest du eine Rechnung zur Leistung von Vural. Die Leistung von Oliver kannst du auf gleiche Weise berechnen (siehe Aufgabe 5). Die Rechnung zeigt, dass Vural mehr geleistet hat als Oliver.

Die physikalische Leistung hat das Formelzeichen: P
Berechnung der Leistung:

Leistung = $\dfrac{\text{umgesetzte Energie}}{\text{Zeit}}$

$P = \dfrac{E}{t}$

Einheit der Leistung: Watt (W)

AUFGABEN

1 ○ Nenne die Größen, die für die Berechnung der Leistung notwendig sind.

2 ○ Schreibe die Sätze ab und ergänze sie:
a) Bei gleicher umgesetzter Energie ist die Leistung um so größer …
b) Bei gleicher Zeit ist die Leistung um so größer …

3 ◒ Ein Bergwanderer (85 kg) kann in einer Stunde einen Höhenunterschied von 300 m bewältigen (▷ B 3). Berechne seine Leistung.

4 ◒ Caroline trainiert in einem Fitness-Studio auf einem Fahrrad-Ergometer. 45 Minuten lang zeigt das Display eine Leistung von 125 Watt an. Berechne die umgesetzte Energie. Wie viel Gramm Schokolade enthält die gleiche Energiemenge? Hinweis: 100 g Schokolade liefern eine Energie von 2 MJ.

5 ◒ Berechne die Leistung von Oliver. Die benötigten Daten findest du im Text.

6 ● Ein Bauarbeiter zieht mit einem Flaschenzug einen Eisenträger 15 m hoch. Er benötigt dafür 6 Minuten bei einer Leistung von 80 Watt. Berechne die Masse des Stahlträgers.

VERSUCH

1 Plant einen Versuch, mit dem ihr die Leistung beim Treppensteigen bestimmen könnt. Führt den Versuch durch (▷ B 5).

5 Zu Versuch 1

Leistung für Fortgeschrittene

Änderung physikalischer Größen

„Alles ist im Fluss", sagte schon der griechische Philosoph HERAKLIT (520 – 460). Dies gilt auch in der Physik. Ständig ändern sich physikalische Größen (z. B. Temperatur, Energie, Geschwindigkeit). Die Veränderung einer physikalischen Größe wird häufig mit dem großen griechischen Buchstaben Δ (sprich: Delta) gekennzeichnet.
Beispiel: Ein Auto fährt mit einer Geschwindigkeit von $v = 80\,\text{km/h}$. Etwas später hat sich seine Geschwindigkeit auf $v = 95\,\text{km/h}$ erhöht. Die Geschwindigkeitsänderung ist dann $\Delta v = 15\,\text{km/h}$.

Leistungsbetrachtung beim Ulmer Münster

Andreas besucht das Ulmer Münster ($\triangleright$ B1). Bei dem Aufstieg macht er in 90 m Höhe eine Pause. Um 15:16 Uhr setzt er seinen Aufstieg fort und erreicht um 15:23 Uhr die 141 m hohe Aussichtsebene. Wie groß ist die Leistung von Andreas während der zweiten Etappe des Aufstiegs? Seine Masse beträgt 50 kg. Die Lösung findest du in Bild 2.

Start: in 90 m um 15:16 Uhr
Ziel: in 141 m um 15:23 Uhr
Masse: 50 kg

Lageenergie in 90 m:
$E = m \cdot g \cdot h$
$E = 50\,\text{kg} \cdot 10\,\text{N/kg} \cdot 90\,\text{m}$
$E = 45{,}0\,\text{kJ}$

Lageenergie in 141 m:
$E = m \cdot g \cdot h$
$E = 50\,\text{kg} \cdot 10\,\text{N/kg} \cdot 141\,\text{m}$
$E = 70{,}5\,\text{kJ}$

Änderung der Lageenergie:
$\Delta E = (70{,}5 - 45{,}0)\,\text{kJ} = 25{,}5\,\text{kJ}$

Benötigte Zeit:
$\Delta t = 15{:}23\ \text{Uhr} - 15{:}16\ \text{Uhr}$
$\Delta t = 7\ \text{Minuten} = 420\,\text{s}$

Leistung:
$P = \Delta E / \Delta t$
$P = 25{,}5\,\text{kJ} / 420\,\text{s}$
$P = 60{,}7\,\text{W}$

2 Berechnung der Leistung von Andreas

1 Ulmer Münster

AUFGABEN

1 ○ Eine LED-Lampe nimmt in einer Sekunde 3 Joule elektrische Energie auf. Berechne die Leistung.

2 ◔ Ein Aufzug fährt innerhalb von 10 s vom 3. ins 7. Stockwerk. Berechne die Leistung, wenn ein Stockwerk 5 m hoch ist und die Masse des Aufzugs (samt Personen) 600 kg beträgt.

3 ● Als einziger Verbraucher ist in einem Haus ein elektrisches Heizöfchen in Betrieb. Um 14:00 Uhr zeigt der „Stromzähler" des Hauses eine Energie von 24 877 kWh an. 3 Stunden später werden 24 881 kWh angezeigt. Berechne die Leistung des Heizöfchens.

Elektrische Leistung zu Hause bestimmen

1 Energie- und Leistungsmessgerät

Du kannst dir in einem Baumarkt oder in einem Elektrogeschäft für wenig Geld ein Leistungs- und Energiemessgerät (▷ B1) kaufen. Du kannst es aber auch bei deinem örtlichen Energieversorger ausleihen. Je nach Einstellung (Mode) liefert es Aussagen über die Spannung, die Stromstärke, die Leistung, den Energieumsatz oder die Einsatzzeit des angeschlossenen Geräts.

Für die Leistung hast du zuvor die folgende Gleichung kennengelernt:

$P = \dfrac{E}{t}$.

Wird diese Gleichung auf beiden Seiten mit der Zeit t multipliziert, ergibt sich

$E = P \cdot t$.

Die Einheit der Energie ist das Joule (J). In der Elektrizitätswirtschaft ist es jedoch üblich, die Energie meist in der Einheit kWh (sprich: Kilowattstunde) anzugeben. Es gilt:

1 kWh = 1 kW · 3 600 s
1 kWh = 3 600 kJ
1 kWh = 3,6 MJ

Leistungsmessung
Material
Energie- und Leistungsmessgerät, verschiedene Geräte in deinem Haushalt

Versuchsanleitung
a) Miss die Leistungen verschiedener elektrischer Haushaltsgeräte. Dokumentiere deine Messergebnisse.
b) Viele Geräte benötigen auch dann noch elektrische Energie, wenn sie ausgeschaltet sind. Sie sind dann im Stand-by-Betrieb. Identifiziere diese Geräte in eurem Haushalt und messe ihre Leistung. Dokumentiere deine Ergebnisse.

c) Falls du Zugang zu einem Fitness-Studio hast: Finde heraus, welche Spitzenleistung du kurzfristig auf einem Fahrrad-Ergometer erreichen kannst.

AUFGABEN

1 ○ Vervollständige den folgenden Satz: Je größer die Leistung und je größer … sind, desto größer ist die umgesetzte Energie.

2 ◖ Du benutzt einen 1700 W-Haartrockner 10 min lang. Berechne die benötigte Energie in J und in kWh.

3 ◖ Recherchiere in einem Fachgeschäft, welche Aussagen du mit dem Energielabel über einen Kühlschrank und eine Waschmaschine machen kannst.

4 ◖ Ein Fernsehgerät hat eine Stand-by-Leistung von 0,4 W. Welche Stromkosten entstehen bei einem einjährigen Stand-by-Betrieb? Rechne mit einem Strompreis von 30 ct/kWh.

5 ● Um einen Liter Wasser von 20 °C auf 100 °C zu erwärmen, muss man eine Energie von 336 kJ zuführen. Berechne, wie lange ein Wasserkocher mit einer Leistung von 1500 W dafür braucht. Nimm dabei an, dass es keine Wärmeverluste gibt.

1 In diesem Beispiel ist die thermische Energie die Nutzenergie. 2 Ölplattform im Meer

Woher kommt unsere Energie?

Nutzenergie

Es gibt viele Maschinen und Geräte, die unseren Alltag erleichtern oder ihn einfach nur komfortabler machen. Beispiele dafür sind Lampen, Wasserkocher, Radios, Aufzüge oder Autos.

Alle genannten Geräte sind **Energiewandler**. Sie formen je nach Wirkungsgrad einen Teil der zugeführten Energie in eine gewünschte Energieform um. So liefert beispielsweise eine Lampe **Strahlungsenergie** oder ein Wasserkocher erhöht die **thermische Energie** des Wassers.

Die von den jeweiligen Energiewandlern erzeugte gewünschte Energieform wird als **Nutzenergie** bezeichnet.

Alle Geräte haben eines gemeinsam: Sie benötigen Energie, um die gewünschte Nutzenergie liefern zu können. Aber woher kommt diese Energie?

Natürliche Energiequellen

Die Natur stellt uns eine Vielzahl von Energiequellen bzw. Energieträgern zur Verfügung. Energieträger sind Stoffe, in denen Energie gespeichert ist.

Die größte Energiequelle in unserem Sonnensystem ist die **Sonne**. Sie liefert **Strahlungsenergie**. Und das schon seit 4,6 Milliarden Jahren.

Eine andere Energiequelle ist die **Erdrotation**. Die Erdrotation und die Anziehungskraft des Mondes verursachen die **Gezeiten**. Die unterschiedliche Erwärmung der Erde durch die Sonne in Verbindung mit der Erdrotation ruft **Winde** hervor. Diese sind wiederum für den **Wellengang** der Meere verantwortlich. Daneben steht uns als weitere Energiequelle noch die **Erdwärme** zur Verfügung. Dies ist die thermische Energie der Erdkruste.

Weitere wichtige Energieträger sind die **fossilen Brennstoffe** Kohle, Erdgas und Erdöl. Sie bilden eine wichtige Grundlage unseres hohen Lebensstandards. Die chemische Energie, die in den fossilen Brennstoffen gespeichert ist, hat ihren Ursprung in der Sonne: Diese Brennstoffe entstanden vor Millionen von Jahren aus den Überresten von Pflanzen und Tieren. Diese waren erst durch die Energie der Sonne lebensfähig, die sie für Wachstumsprozesse benötigten. Man kann also sagen, dass der größte Teil unserer Energie ihren Ursprung in der Sonnenenergie hat.

Neben den fossilen Brennstoffen ist auch der **Kernbrennstoff** Uran als Energieträger zu nennen.

Primärenergie

Energieträger, die in der Natur direkt vorkommen (wie Kohle, Erdgas, Erdöl, Uran, aber auch Wind und Sonnenstrahlung) bezeichnet man als **Primärenergieträger**. Die in ihnen gespeicherte Energie heißt **Primärenergie**.

Wie in Deutschland der Primärenergiebedarf durch die verschiedenen Primärenergieträger gedeckt wird, zeigt Bild 3.

Regenerative Energiequellen

Wir nutzen verstärkt sogenannte **regenerative** (sich erneuernde) **Energiequellen**. Dazu gehören zum Beispiel Sonnenergie, Windenergie, Gezeitenenergie, Energie aus Biomasse und Energie aus Wasserkraft. Diese regenerativen Energiequellen sind fast unbegrenzt und erneuern sich immer wieder. Sie belasten die CO_2-Bilanz der Erdatmosphäre nicht.

Die verstärkte Nutzung regenerativer Energiequellen hilft, die begrenzten fossilen Energievorräte zu schonen. Dies erreichen wir auch, wenn wir mit Energie sparsamer umgehen: Sparsamere Motoren, bessere Gebäudedämmungen oder veränderte Lebensgewohnheiten helfen, Energie zu sparen. (► Energie, S. 202/203)

Von der Primär- zur Nutzenergie

Wird Erdgas in einer Gastherme verbrannt, so wird eine Primärenergie direkt in eine Nutzenergie umgewandelt. In vielen Fällen wird die Primärenergie jedoch nicht direkt in Nutzenergie umgewandelt. Dies verdeutlicht das folgende Beispiel:

Kohle wird in einem Kohlekraftwerk verbrannt. Dabei wird Primärenergie teilweise

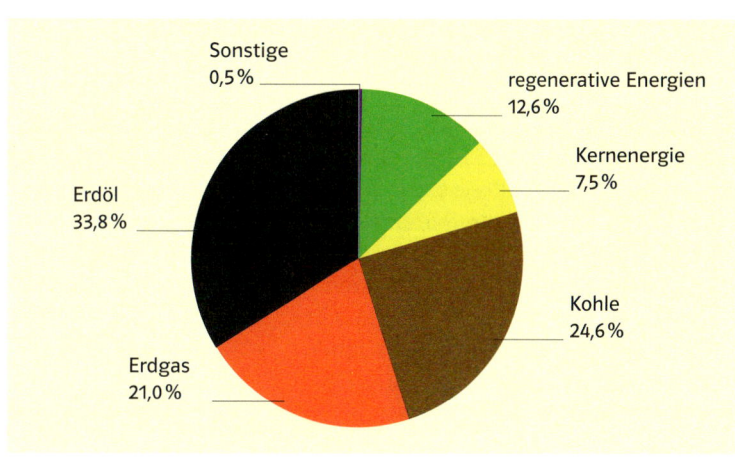

3 Anteile der Primärenergien in Deutschland (2015)

in elektrische Energie umgewandelt. Die elektrische Energie lässt sich über elektrische Leitungen leicht transportieren und auf die einzelnen Haushalte verteilen. In den Haushalten kann dann mit einem Energiewandler die elektrische Energie in die gewünschte Nutzenergie umgewandelt werden.

Jede Art von Energie hat ihren Ursprung in der Natur. Man unterscheidet Primärenergie und Nutzenergie.

AUFGABEN

1 ○ Zähle die im Text genannten fossilen Brennstoffe auf.

2 ○ Nenne mindestens drei Beispiele für Primärenergie und Nutzenergie.

3 ◐ Mit welchem Brennstoff wird bei dir zu Hause geheizt? Welche Vorteile und Nachteile hat die Nutzung dieses Brennstoffs gegenüber anderen Brennstoffen? Ordne die Vorteile und Nachteile in eine Tabelle ein.

4 ◐ Du nutzt täglich elektrische Energie als Nutzenergie, z. B. beim Trocknen deiner Haare mit einem Haartrockner oder bei der Nutzung deines Computers. Begründe, warum auch diese Energie ihren Ursprung in der Natur hat.

5 ● Diskutiert darüber, wie man in Zukunft im Straßenverkehr Energie einsparen könnte. Stellt eure Ergebnisse auf einem Plakat oder als Computer-Präsentation vor.

Pumpspeicherkraftwerk

Bei Speicherkraftwerken wird Wasser aus einem hochgelegenen See abgelassen, um einen Generator anzutreiben.

Das Besondere an einem Pumpspeicherkraftwerk ist: Das Wasser kann wieder hochgepumpt werden, wenn es einen Überschuss an elektrischer Energie gibt. Pumpspeicherkraftwerke spielen daher eine besondere Rolle beim Ausbau der erneuerbaren Energien:

Wenn zum Beispiel die Sonne stark scheint, ist über Fotovoltaik viel elektrische Energie verfügbar. Möglicherweise wird diese Energie im Moment aber gar nicht benötigt. Mithilfe eines Pumpspeicherkraftwerks kann diese Energie gespeichert werden, bis sie benötigt wird.

Zurzeit sind Pumpspeicherkraftwerke die beste Möglichkeit, elektrische Energie in größerem Umfang (indirekt) zu speichern.

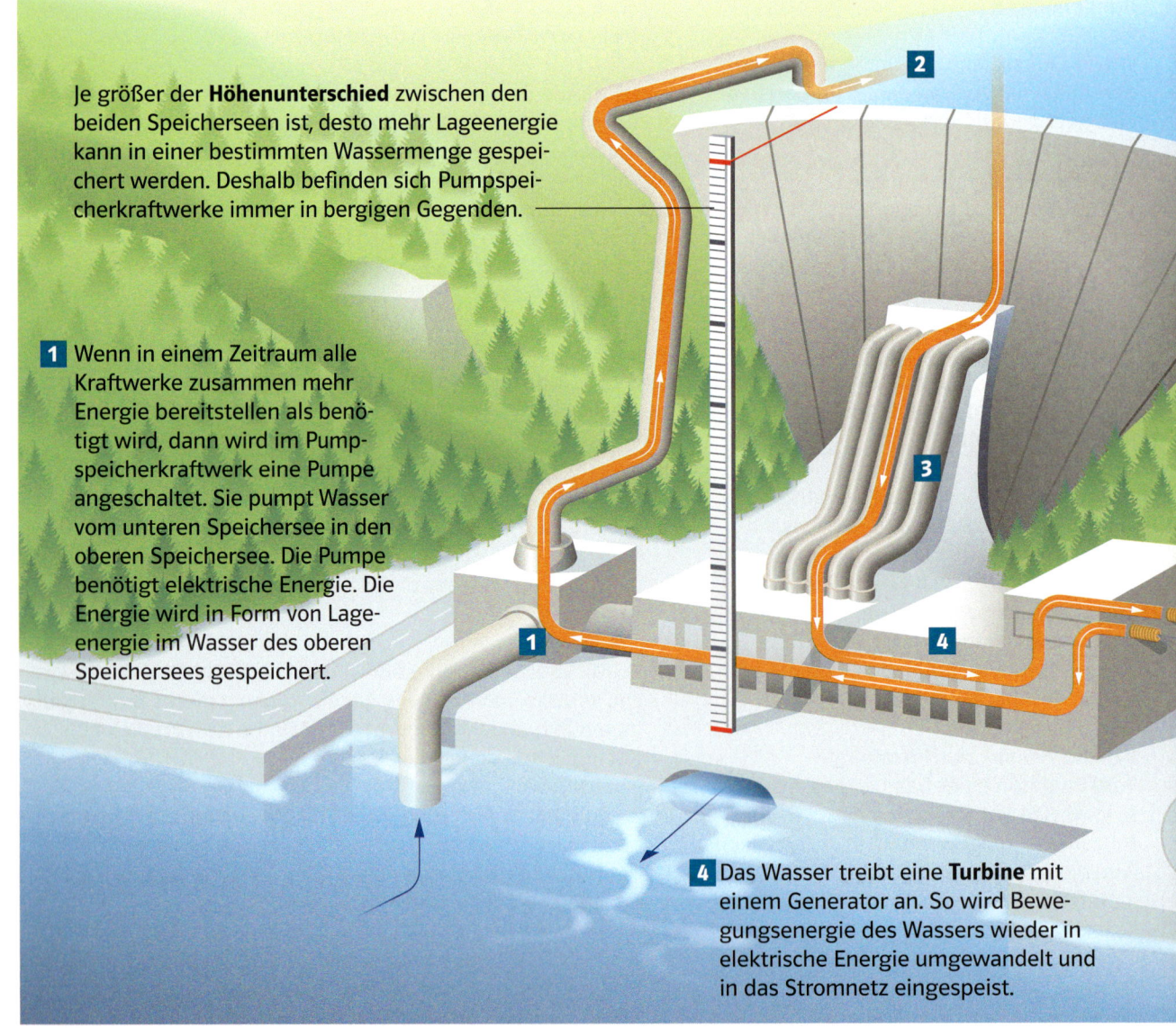

Je größer der **Höhenunterschied** zwischen den beiden Speicherseen ist, desto mehr Lageenergie kann in einer bestimmten Wassermenge gespeichert werden. Deshalb befinden sich Pumpspeicherkraftwerke immer in bergigen Gegenden.

1 Wenn in einem Zeitraum alle Kraftwerke zusammen mehr Energie bereitstellen als benötigt wird, dann wird im Pumpspeicherkraftwerk eine Pumpe angeschaltet. Sie pumpt Wasser vom unteren Speichersee in den oberen Speichersee. Die Pumpe benötigt elektrische Energie. Die Energie wird in Form von Lageenergie im Wasser des oberen Speichersees gespeichert.

4 Das Wasser treibt eine **Turbine** mit einem Generator an. So wird Bewegungsenergie des Wassers wieder in elektrische Energie umgewandelt und in das Stromnetz eingespeist.

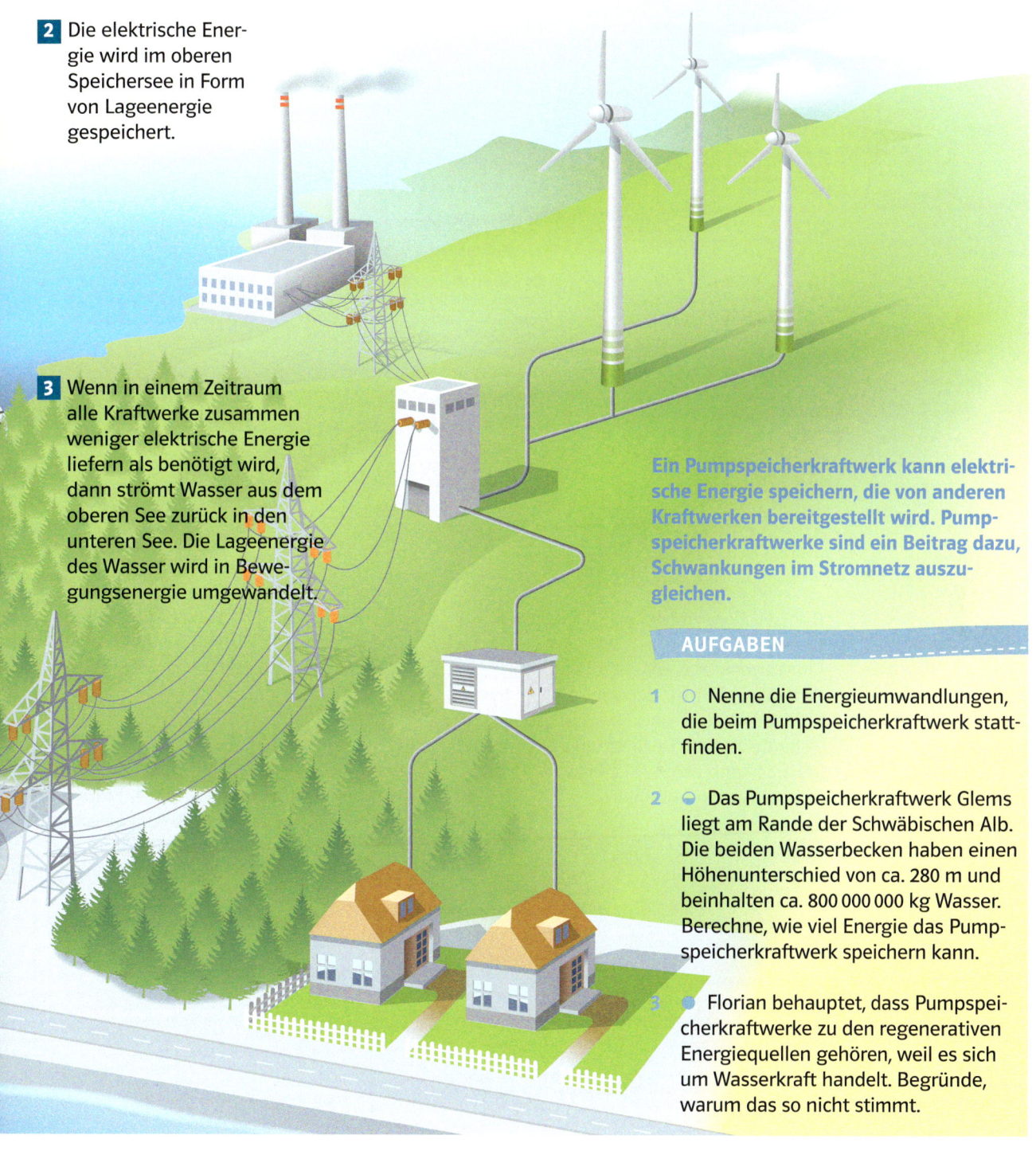

2 Die elektrische Energie wird im oberen Speichersee in Form von Lageenergie gespeichert.

3 Wenn in einem Zeitraum alle Kraftwerke zusammen weniger elektrische Energie liefern als benötigt wird, dann strömt Wasser aus dem oberen See zurück in den unteren See. Die Lageenergie des Wasser wird in Bewegungsenergie umgewandelt.

Ein Pumpspeicherkraftwerk kann elektrische Energie speichern, die von anderen Kraftwerken bereitgestellt wird. Pumpspeicherkraftwerke sind ein Beitrag dazu, Schwankungen im Stromnetz auszugleichen.

AUFGABEN

1 ○ Nenne die Energieumwandlungen, die beim Pumpspeicherkraftwerk stattfinden.

2 ◐ Das Pumpspeicherkraftwerk Glems liegt am Rande der Schwäbischen Alb. Die beiden Wasserbecken haben einen Höhenunterschied von ca. 280 m und beinhalten ca. 800 000 000 kg Wasser. Berechne, wie viel Energie das Pumpspeicherkraftwerk speichern kann.

3 ● Florian behauptet, dass Pumpspeicherkraftwerke zu den regenerativen Energiequellen gehören, weil es sich um Wasserkraft handelt. Begründe, warum das so nicht stimmt.

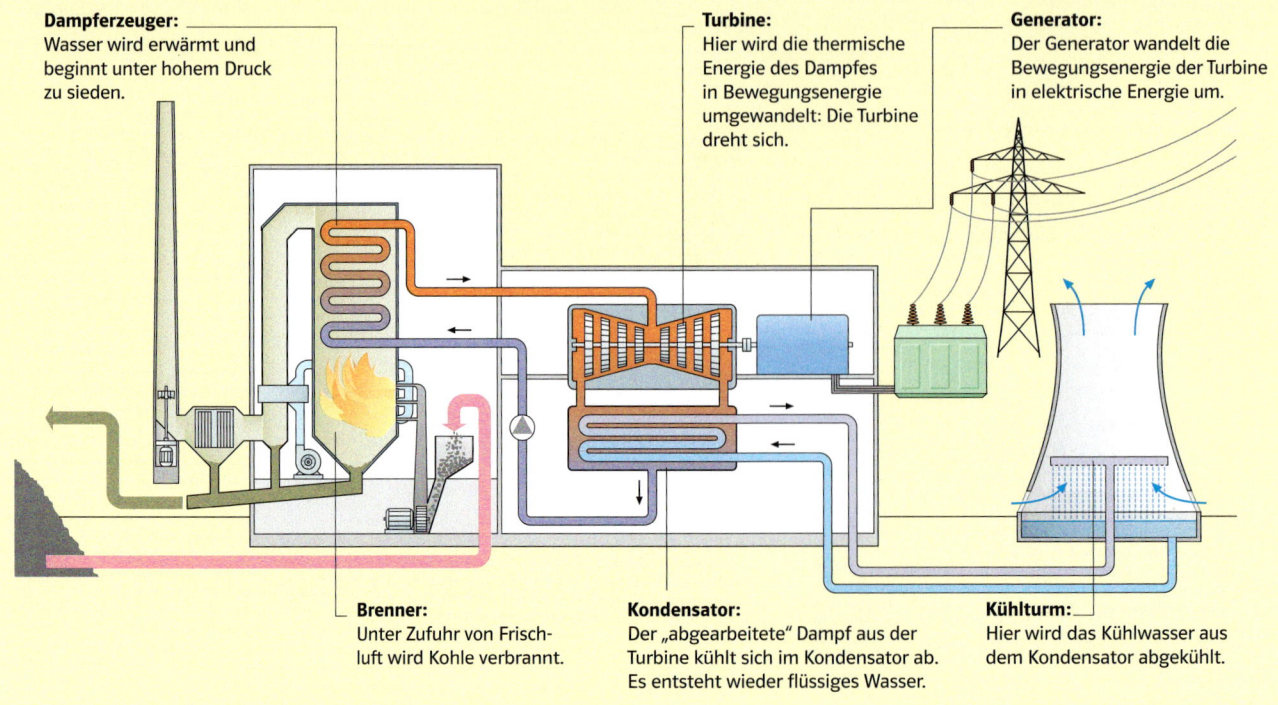

Dampferzeuger:
Wasser wird erwärmt und beginnt unter hohem Druck zu sieden.

Turbine:
Hier wird die thermische Energie des Dampfes in Bewegungsenergie umgewandelt: Die Turbine dreht sich.

Generator:
Der Generator wandelt die Bewegungsenergie der Turbine in elektrische Energie um.

Brenner:
Unter Zufuhr von Frischluft wird Kohle verbrannt.

Kondensator:
Der „abgearbeitete" Dampf aus der Turbine kühlt sich im Kondensator ab. Es entsteht wieder flüssiges Wasser.

Kühlturm:
Hier wird das Kühlwasser aus dem Kondensator abgekühlt.

1 Die Funktionsweise eines Kohlekraftwerks

Wärmekraftwerke

Die Funktionsweise von Wärmekraftwerken

Ein Wärmekraftwerk sieht kompliziert aus (▷ B 4). Kühltürme, Schornsteine und viele andere Gebäude sind über ein großes Gelände verteilt. Doch schon ein einfacher Versuch kann verdeutlichen, wie ein Wärmekraftwerk funktioniert.

In einem Teekessel wird Wasser so lange erwärmt, bis es siedet. Es wird zu Dampf.

Der Dampf kann ein kleines Turbinenrad antreiben (▷ B 3). Verbindet man nun das Turbinenrad mit einem Dynamo, dreht er sich und erzeugt elektrische Energie.

In einem Kraftwerk findest du die beschriebenen Abläufe des Modellversuchs wieder. Als Brennstoff dienen z. B. Kohle, Erdöl oder Erdgas. Bild 1 zeigt die Funktionsweise am Beispiel eines Kohlekraftwerks. (► Energie, S. 202/203)

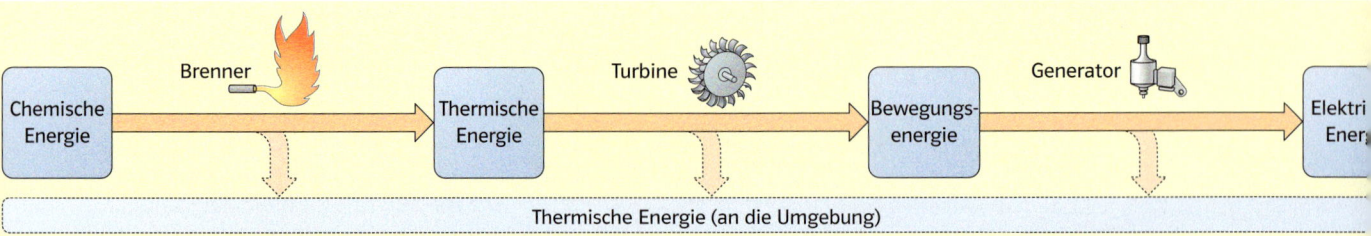

Chemische Energie → Brenner → Thermische Energie → Turbine → Bewegungsenergie → Generator → Elektri Ener

Thermische Energie (an die Umgebung)

2 Energiefluss in einem Kohlekraftwerk (Wärmekraftwerk)

Erwünschte und unerwünschte Energie-umwandlung

Die gewünschte Umwandlung von thermischer Energie in elektrische Energie gelingt in keinem Wärmekraftwerk vollständig. Bei jeder Energieumwandlung wird Energie in Form von Abwärme frei, die wir nicht nutzen (▷ B 2).

In modernen Kraftwerken werden rund 40 % der eingesetzten chemischen Energie in elektrische Energie umgewandelt. Die restlichen rund 60 % werden nicht genutzt.

Kohlekraftwerke

Braunkohlekraftwerke und Steinkohlekraftwerke decken einen Großteil des Bedarfs an elektrischer Energie in Deutschland ab. Die Leistung eines Braunkohlekraftwerks ist sehr groß: Ein einziges Kraftwerk erzeugt eine elektrische Leistung von 2 700 MW. Das reicht aus, um zwei Großstädte mit Strom zu versorgen.

Pro Tag werden in einem solchen Kraftwerk rund 70 000 t Braunkohle verbrannt. Dabei entstehen große Mengen an Schadstoffen, z. B. Kohlenstoffdioxid, Schwefeldioxid, Stickstoffoxide oder Aschestaub. Durch Filteranlagen lassen sich einige Schadstoffe reduzieren.

Doch für Kohlenstoffdioxid gibt es heute noch keine Filtermöglichkeiten. Das Gas

4 Ein modernes Wärmekraftwerk

gelangt ungehindert in die Atmosphäre. Man geht heute davon aus, dass Kohlenstoffdioxid den Treibhauseffekt verstärkt.

In einem Wärmekraftwerk erfolgt die Umwandlung von chemischer Energie in thermische Energie und danach in elektrische Energie.

AUFGABEN

1 ○ Nenne die wesentlichen Bestandteile eines Wärmekraftwerks.

2 ○ Nenne den Teil des Wärmekraftwerks, in dem die thermische Energie des Wasserdampfs in Bewegungsenergie umgewandelt wird.

3 ◕ Schreibe die Texte aus Bild 1 auf ein Blatt Papier und schneide sie aus. Mische sie und gib sie deinem Sitznachbarn. Dein Sitznachbar muss die Texte nun in eine vernünftige Ordnung bringen. Kontrolliere sein Ergebnis.

4 ◕ Beschreibe das Energieflussdiagramm in Bild 2.

5 ● a) Recherchiere, wie ein Gaskraftwerk funktioniert. Passe Bild 2 entsprechend an.
● b) Recherchiere den Wirkungsgrad eines Gaskraftwerks.
● c) Jana sagt: „Mit Strom aus Gaskraftwerken zu heizen, ist unsinnig wegen des Wirkungsgrads." Beurteile ihre Aussage.

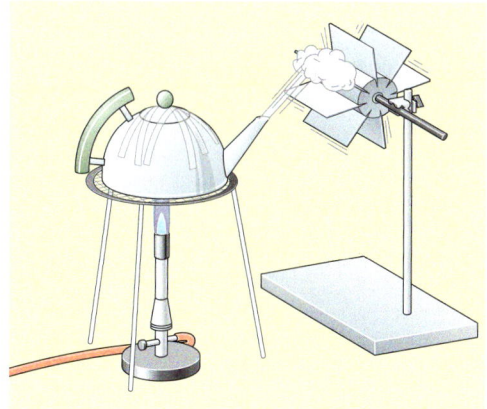

3 Das Modell eines Wärmekraftwerks

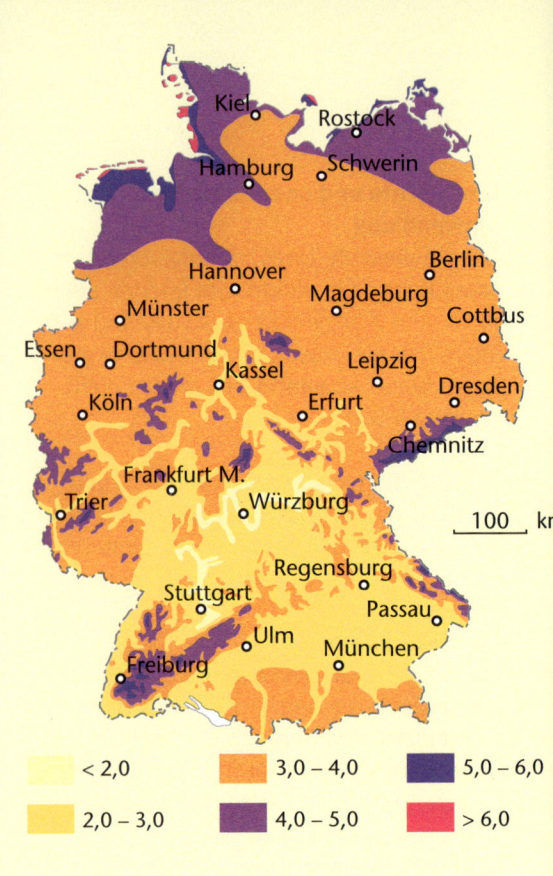

1 Windkraftwerke

2 Mittlere Windgeschwindigkeiten in Deutschland

	< 2,0		3,0 – 4,0		5,0 – 6,0
	2,0 – 3,0		4,0 – 5,0		> 6,0

Regenerative Energiequellen nutzen

Wind

Wind gibt es überall. Die Idee, ihn zu nutzen, ist nicht neu. Seit vielen Hundert Jahren treibt die Energie des Winds Mühlen und Segelschiffe an.

Zunehmend wird die Windenergie auch zur Erzeugung von elektrischer Energie eingesetzt.

In modernen **Windkraftwerken** treibt der Wind einen Rotor an, der mit einem Generator verbunden ist.

Die elektrische Energie, die ein Windkraftwerk erzeugt, ist stark abhängig von der Geschwindigkeit des Winds: Bei der doppelten Windgeschwindigkeit kann ein Windkraftwerk die achtfache elektrische Leistung erzeugen. An den Küsten weht der Wind häufig stark und gleichmäßig. Weiter im Landesinneren nimmt die durchschnittliche Windgeschwindigkeit ab (▷ B 2). Deshalb müssen im Landesinneren höher gelegene Standorte gewählt werden, um die notwendigen Windgeschwindigkeiten zu erreichen.

Wasser

Auch das Wasser wird schon lange als Energiequelle genutzt. So haben z. B. Wasserräder schon vor langer Zeit Mühlen angetrieben.

Es gibt heute verschiedene Arten von **Wasserkraftwerken**. Die bekanntesten Arten sind Laufwasser-, Speicher- und Pumpspeicherkraftwerke.

Laufwasserkraftwerke findet man an Flüssen, die Gefälle haben und bei denen die Durchflussmenge groß genug ist. Laufwasserkraftwerke wandeln die Lageenergie des Wassers in elektrische Energie um. Je größer der Höhenunterschied zwischen Ober- und Unterlauf ist (▷ B 3), desto mehr Energie kann genutzt werden. Laufwasserkraftwerke liefern ständig Energie. Der Nachteil ist, dass diese Energie nicht gespeichert werden kann.

Sonne

Viele Taschenrechner sind heute mit **Solarzellen** ausgerüstet. Sie eignen sich für alle Geräte, die einen geringen Strombedarf haben.
Eine einzelne Solarzelle liefert nur eine geringe Spannung und eine geringe Stromstärke. Um höhere Leistungen zu erzielen, schaltet man viele Solarzellen zu Modulen zusammen.
Durch mehrere Module, die oft auf den Dächern von Häusern angebracht werden, kann man Haushalte mit elektrischer Energie versorgen. Solarzellen gelten als umweltfreundliche Spannungsquellen, weil sie keine Schadstoffe erzeugen.
(▶ Energie, S. 202 – 203)

Geothermie

Durchschnittlich nimmt die Temperatur der Erdkruste pro 100 m Tiefe um 3 °C zu. An einigen Stellen erreicht die Erde in 30 bis 40 km Tiefe eine Temperatur von 1 000 °C. Über die Hälfte dieser thermischen Energie entsteht durch radioaktive Zerfälle in der Erdkruste. Der Rest der Erdwärme stammt noch aus der Zeit der Planetenbildung. Über ein Rohrleitungssystem, in dem eine Flüssigkeit zirkuliert, wird die geothermische Energie an die Erdoberfläche transportiert. Sie wird meist zu Heizzwecken genutzt. Sie kann aber auch in elektrische Energie umgewandelt werden.

Nachhaltigkeit

Mit regenerativen Energiequellen können wir **nachhaltig** elektrische Energie

erzeugen. **Nachhaltigkeit** bedeutet hier:
1. Wir können unsere elektrische Energie resourcenschonend erzeugen, ohne den CO_2-Gehalt der Atmosphäre zu steigern.
2. Die Energiequelle steht auch noch zukünftigen Generationen zur Verfügung.

Windkraftwerke, Wasserkraftwerke und Solarzellen erzeugen elektrische Energie und nutzen regenerative Energiequellen. Mit regenerativen Energiequellen erzeugen wir die elektrische Energie nachhaltig.

AUFGABEN

1 ○ Nenne die Gebiete in Deutschland, in denen die Nutzung von Windkraftwerken wirtschaftlich ist (▷ B 2).

2 ○ Beschreibe die Funktionsweise eines Laufwasserkraftwerks.

3 ◖ Recherchiere die Funktionsweise unterschiedlicher Kraftwerkstypen mithilfe der Lexikon-Seiten 192/193.

4 ◖ Bewerte die Stromerzeugung mit den unterschiedlichen Kraftwerkstypen auf S. 192/193 hinsichtlich ihrer Nachhaltigkeit.

5 ● Warum wird in Deutschland nicht die gesamte benötigte Energie aus regenerativen Energiequellen erzeugt? Recherchiert im Internet. Plant gemeinsam eine Diskussion zu dem Thema.

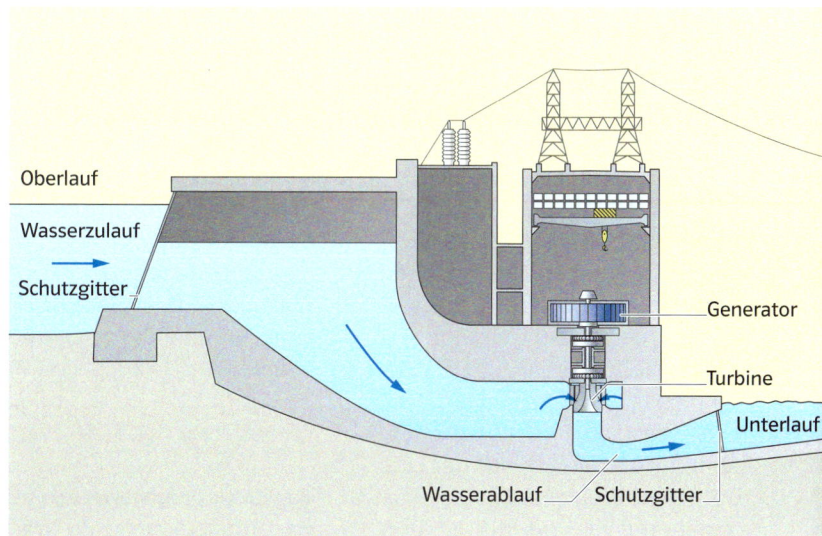

3 Prinzip eines Laufwasserkraftwerks

Kraftwerke

Biogasanlagen (▷ B 1)

Der Begriff Biomasse bezeichnet die durch Pflanzen oder Tiere erzeugten organischen Stoffe. Beim Vergären von Biomasse entsteht ein brennbares Gas, das Biogas genannt wird. Die Verbrennung von Biogas kann zur Stromerzeugung genutzt werden. Es lassen sich pflanzliche und tierische Abfälle vergären, aber auch gezielt angebaute Energiepflanzen wie Raps und Mais. Biogas kann gespeichert werden und genau dann zur Stromerzeugung verwendet werden, wenn z. B. Windkraftwerke keine Leistung liefern. Biogasanlagen setzen beim Betrieb Kohlenstoffdioxid (CO_2) frei. Während des Wachstums haben die Lebewesen aber vor Kurzem eine ähnliche Menge CO_2 aus der Luft entnommen, sodass die CO_2-Bilanz annähernd ausgeglichen ist. Durch Düngung entstehen allerdings oft Umweltprobleme beim Anbau von Energiepflanzen.

Blockheizkraftwerke (▷ B 2)

Blockheizkraftwerke sind kleine Kraftwerke zur Stromerzeugung, in denen zusätzlich die entstandene Abwärme zum Heizen verwendet wird. So können z. B. Schwimmbäder und Schulen gleichzeitig mit elektrischer und thermischer Energie versorgt werden. Diese Kleinkraftwerke nutzen die Energie der Brennstoffe effektiver als große Wärmekraftwerke, in denen die Abwärme ungenutzt entweicht. Thermische Energie lässt sich allerdings nur über kurze Entfernungen übertragen. Deshalb sind Blockheizkraftwerke meist in das zu versorgende Gebäude eingebaut.

Gasturbinenkraftwerke (▷ B 3)

Gasturbinenkraftwerke werden mit brennbaren Gasen, z. B. Erdgas, betrieben. Sie enthalten eine Gasturbine, die ihre Leistung schnell verändern kann. Gasturbinenkraftwerke eignen sich dadurch besonders, um kurzfristig benötigte elektrische Leistung zu erzeugen. Mit ihnen kann man also die Spitzenlast abdecken.

Kernkraftwerke (▷ B 4)

In Kernkraftwerken wird die zur Dampferzeugung nötige thermische Energie durch die Spaltung von Atomkernen erzeugt. Meist verwendet man Uran als Kernbrennstoff.

Bei der Kernspaltung entsteht kein CO_2. Kernkraftwerke tragen während ihres Betriebs daher nicht zum Treibhauseffekt bei. Bei einem schweren Unfall besteht jedoch die Gefahr, dass radioaktives Material freigesetzt wird. Außerdem ist die Lagerung der hochradioaktiven Abfälle noch nicht geklärt.

Kohlekraftwerke (▷ B 5)

In Kohlekraftwerken wird Braun- oder Steinkohle verbrannt. Bei der Verbrennung der Kohle entstehen Schadstoffe, die aufwendig aus den Rauchgasen gefiltert werden müssen. Für das bei der Verbrennung entstehende CO_2 gibt es aber noch keine Filter und es gelangt ungehindert in die Atmosphäre.

Solarkraftwerke (▷ B 6)

Es gibt mehrere Möglichkeiten, die Strahlungsenergie der Sonne zur Stromerzeugung zu nutzen: Z. B. Solarthermische Kraftwerke und Solarzellen.

In solarthermischen Kraftwerken wird das Sonnenlicht durch Spiegel konzentriert. Durch die hohen Temperaturen entsteht Dampf, der auf eine Turbine mit Generator geleitet wird. Es gibt Pläne, einen großen Teil des europäischen Strombedarfs durch solarthermische Kraftwerke in südlichen Ländern abzudecken.

Solarzellen dagegen wandeln die Sonnenenergie direkt in elektrische Energie um. Das geschieht geräuschlos und ohne Schadstoffe.

Solarkraftwerke erzeugen den Strom je nach Sonnenschein unregelmäßig, deshalb ist ihr Einsatz nur im Verbund mit anderen Kraftwerksarten sinnvoll.

Laufwasserkraftwerke (▷ B 7)

Laufwasserkraftwerke befinden sich an Flüssen. Das Flusswasser treibt eine Turbine an, die an einen Generator angeschlossen ist. Die Menge des durchlaufenden Flusswassers ändert sich kaum in kurzer Zeit. Daher dienen Laufwasserkraftwerke zur Deckung der Grundlast, der ständig benötigten elektrischen Leistung im Stromnetz.

Pumpspeicherkraftwerke (▷ B 8)

Bei Pumpspeicherkraftwerken nutzt man Zeiten mit geringerem Bedarf an elektrischer Leistung, um Wasser aus einem tiefer gelegenen See in einen höher gelegenen See hochzupumpen (so kann nicht benötigte Energie gespeichert werden). Bei erhöhtem Bedarf an elektrischer Leistung kann das Wasser abgelassen und so elektrische Leistung bereitgestellt werden.

Das kann in Sekundenschnelle passieren. Mit Pumpspeicherkraftwerken kann man daher die Spitzenlast abdecken.

Windkraftwerke (▷ B 9)

Große Windkraftanlagen besitzen dreiblättrige Rotoren mit einem Durchmesser von rund 100 m und erzeugen Spitzenleistungen von mehreren MW.

Die Leistung von Windkraftanlagen hängt sehr stark von ihrem Standort ab. Bei doppelter Windgeschwindigkeit wird 8-mal mehr Leistung erzeugt. Andererseits wird gerade an Standorten mit hohen Windgeschwindigkeiten das Landschaftsbild durch die großen Anlagen beeinträchtigt.

Debattieren: Pro und Contra

1 Gruppe von Expertinnen und Experten

Debattieren und Diskutieren will gelernt sein. Nicht bei jedem Thema kann man sofort mitreden. Ohne Informationen kann man zum Beispiel schwer entscheiden, ob es sinnvoller ist, Braunkohle-Kraftwerke oder Windkraftwerke in Windparks einzusetzen. Aber wie wird man Experte für ein Thema? Wie wird eine Debatte durchgeführt? Die einzelnen Schritte werden am Beispiel „Braunkohle oder Windkraft" näher betrachtet.

Sammelt Daten und Fakten
Sammle zunächst Informationen aus Büchern, Zeitschriften oder aus dem Internet, beispielsweise zu den Fragen:
– Welche Kraftwerke liefern mehr Energie?
– Welche Kraftwerke arbeiten kostengünstiger?
– Welche Umweltbelastungen treten auf?

– Steht immer ausreichend Strom zur Verfügung?
– Welche Probleme ergeben sich beim Transport der elektrischen Energie?

Bewertet die Argumente
Vor der Debatte müssen die gesammelten Daten und Fakten bewertet werden. Dazu solltet ihr die Vor- und Nachteile der unterschiedlichen Methoden zur Stromerzeugung kennen.
– Welche Kraftwerkstypen belasten die Umwelt?
– Welcher Strom ist billiger?
– Lässt der Strom aus Windparks sich leicht transportieren?

Bilde Expertengruppen
Nicht jeder, der an einer Debatte teilnimmt, muss alles wissen. Je nach Interessenslage können die Aufgaben unterschiedlich verteilt werden. Zunächst bildet man zwei Gruppen, eine Gruppe „Windkraft" und eine Gruppe „Braunkohle". In jeder Gruppe gibt es dann Expertinnen und Experten für unterschiedliche Aspekte, zum Beispiel:
– Expertin für finanzielle Fragen
– Experte für Umweltfragen
– Expertin für die Energieübertragung.

Debattiere im Plenum
Beim Debattieren und Diskutieren erkennt man, welche Vor- und Nachteile die verschiedenen Arten der Stromerzeugung haben. Das Ergebnis dieser Debatte kann dann beispielsweise auf einer Plakatwand übersichtlich dargestellt werden.

AUFGABE

1 ○ In deinem Ort soll eine neue Biogasanlage gebaut werden. Führt in eurer Klasse eine Debatte, wie auf dieser Seite beschrieben, durch.

2 Eine Biogasanlage

Wir starten ein Projekt

Ein Projekt beinhaltet immer ein bestimmtes Thema. Euer Projektthema könnte heißen: „Ein Windpark am Rande unseres Dorfes". Besprecht in der Gruppe, wie ihr das Thema vorbereiten, durchführen und präsentieren wollt. Stellt eure Überlegungen der Lehrerin oder dem Lehrer vor. Die folgenden Aufgaben könnt ihr auf unterschiedliche Schülergruppen verteilen.

Umfrage
Befragt verschiedene Personen auf der Straße zu dem neuen Bauvorhaben.

2 Umfrage zum Thema Windpark

Mögliche Fragen könnten sein: „Wie stehen Sie zu regenerativen Energien?" Eventuell betroffene Anwohner könnte man fragen, ob sie sich durch die riesigen Rotoren gestört fühlen. Die Besitzer der zukünftigen Bauflächen beschäftigt sicher die Frage, ob und wie sie für ihre Ackerflächen entschädigt werden.

Überlegt euch gemeinsam geeignete Fragen und wertet die Ergebnisse aus. Mit den Ergebnissen

1 Road Map – Voraussetzung für jedes Projekt

„Road map"
• Ideen sammeln
• Zeit planen
• Arbeit verteilen
• Informationen besorgen
• Projekte vorstellen

könnt ihr Plakate oder eine Bildschirm-Präsentation für eure Klasse zusammenstellen. Vielleicht erlauben euch die Befragten auch, dass ihr die Umfrage filmt und die Aufnahmen dann vorführt.

Informationen sammeln und auswerten
Benutzt das Internet oder Broschüren verschiedener Stromanbieter. Fragt Sachverständige, wie zum Beispiel Arbeitsmediziner, zu Fragen gesundheitlicher Schäden durch Geräusch-Belästigungen oder Ähnlichem. Schön wäre es auch, wenn ihr dazu Experimente oder Messungen an bereits bestehenden Wind-Generatoren durchführt. Schreibt eure Ergebnisse auf. Stellt sie überschaubar dar: zeichnet Versuchsanordnungen, entwerft Diagramme oder Tabellen.

Präsentieren
Präsentiert euer Projekt im Rahmen einer kleinen Ausstellung

an eurer Schule. Ladet dazu auch Presse und Lokalpolitiker ein. So können sie sich ein Bild davon machen, wie ihr euch als Jugendliche mit wichtigen Fragen der Kommunalpolitik beschäftigt. Und wenn es bei euch vor Ort ein aktuelles Thema ist, können die verantwortlichen Personen ihre Entscheidung noch einmal überdenken.

3 Ein Windkraftwerk

Zusammenfassung

Die Energie
Energie wird für alle Vorgänge auf der Erde benötigt. Es werden folgende Energieformen unterschieden: Lageenergie, Bewegungsenergie, thermische Energie, chemische Energie, elektrische Energie, Strahlungsenergie und Kernenergie.
Formelzeichen: E
Einheit: Joule (J)

Energieerhaltung
Energiewandler wandeln eine Energieform in eine andere Energieform um. Dabei geht keine Energie verloren.
Energie kann entwertet werden. Sie liegt dann als thermische Energie vor, die nicht genutzt werden kann.

Das Energieflussdiagramm
Mit einem Energieflussdiagramm kann man die Umwandlungen von einer Energieform in andere Energieformen darstellen.

Der Wirkungsgrad
Der Wirkungsgrad gibt an, welcher Anteil der eingesetzten Energie für einen bestimmten Zweck genutzt wird:

$$\text{Wirkungsgrad} = \frac{\text{genutzte Energie}}{\text{eingesetzte Energie}}$$

Die Lageenergie
Die Lageenergie lässt sich berechnen:
$E = m \cdot g \cdot h$

Die Leistung
Die Leistung gibt an, wie viel Energie in einer Sekunde umgesetzt wird.
Formelzeichen: P
Einheit: Watt (W)

$$\text{Leistung} = \frac{\text{Energie}}{\text{Zeit}}$$

$$P = \frac{E}{t}$$

Erzeugung elektrischer Energie
Die elektrische Energie ist die wichtigste Energieform. Sie kann aus verschiedenen Primärenergien erzeugt werden. Wärmekraftwerke, Wasserkraftwerke, Windkraftwerke und Solarkraftwerke erzeugen elektrische Energie. Wasser, Wind und Sonne werden als regenerative (erneuerbare) Energiequellen bezeichnet.

Nachhaltigkeit
Die Stromerzeugung aus regenerativen Energiequellen bezeichnet man als nachhaltig. Diese Stromerzeugung belastet die Atmosphäre nicht mit zusätzlichem Kohlenstoffdioxid (CO_2). Die regenerativen Energiequellen werden auch noch nachfolgenden Generationen zur Verfügung stehen.

Wärmekraftwerke
Wärmekraftwerke wandeln meistens chemische Energie in elektrische Energie um. Dazu wird ein Brennstoff (z. B. Kohle, Erdgas, Müll) verbrannt. Die entstehende thermische Energie wird dann von einer Turbine in Bewegungsenergie umgewandelt. Ein Generator wandelt die Bewegungsenergie schließlich in elektrische Energie um.

Pumpspeicherkraftwerke
Pumpspeicherkraftwerke werden benötigt, um große Mengen elektrische Energie (indirekt) in Form von Lageenergie zu speichern. Dazu wird Wasser nach oben gepumpt. Das Wasser hat nun Lageenergie. Später lässt man das Wasser nach unten fließen und erhält wieder elektrische Energie.

AUFGABEN

1 ○ Gib das Formelzeichen und die Einheit der Energie an.

👍 Super! ❓ ► S.166/167

2 ○ Nenne drei verschiedene Energieformen.

👍 Super! ❓ ► S.168/169

3 ○ Beschreibe, wie die Umwandlung von Energieformen grafisch dargestellt werden kann.

👍 Super! ❓ ► S.174/175

4 ○ Gib die Formel zur Berechnung der Lageenergie an.

👍 Super! ❓ ► S.178/179

5 ◐ Beschreibe drei Beispiele, bei denen die elektrische Energie in eine andere Energieform umgewandelt wird.

👍 Super! ❓ ► S.168–172

6 ◐ Beschreibe drei Beispiele, bei denen Bewegungsenergie in eine andere Energieform umgewandelt wird.

👍 Super! ❓ ► S.168–172

7 ◐ Erkläre den Begriff Energieentwertung.

👍 Super! ❓ ► S.172

8 ◐ Erkläre, wie der Wirkungsgrad einer Maschine bestimmt werden kann.

👍 Super! ❓ ► S.173

9 ◐ Paul sagt: „Mein Heizlüfter hat eine Energie von 500 W." Finde den Fehler und korrigiere den Satz.

👍 Super! ❓ ► S.180/181

10 ◐ Erkläre, wie Pumpspeicherkraftwerke Schwankungen im Stromnetz ausgleichen.

👍 Super! ❓ ► S.186/187

11 ◐ Beschreibe die Energieumwandlungen in einem Wärmekraftwerk.

👍 Super! ❓ ► S.188/189

12 ● Erläutere am Beispiel eines startenden Flugzeugs die verschiedenen Energieumwandlungen.

👍 Super! ❓ ► S.170/171

13 ● Bewerte die Fachbegriffe Energieerhaltung und Energieentwertung in Bezug auf den Energieeinsatz in einem Elektromotor.

👍 Super! ❓ ► S.170–172

14 ● Begründe, warum der Wirkungsgrad nie 100 % betragen kann.

👍 Super! ❓ ► S.173

15 ● Im Fitness-Studio hebt eine Sportlerin eine Masse von 20 kg um 30 cm nach oben. Dies schafft sie in 60 s 5-mal. Berechne die Leistung.

👍 Super! ❓ ► S.180 / 181

Wechselwirkung

„Woher kommt das? Was ist die Ursache?" Dies sind Fragen, die sich Forscher häufig stellen. Um naturwissenschaftliche Erscheinungen zu verstehen und später nutzen zu können, muss man herausfinden, welche Ursache sie haben. Außerdem ist es wichtig zu wissen, wie Ursache und Wirkung genau zusammenhängen.

Dann wird es möglich, Vorhersagen über die Entwicklung von Abläufen zu treffen und diese zu steuern.

Kräfte und ihre Wirkungen

Kräfte kannst du nicht sehen, du kannst sie nur an ihren Wirkungen erkennen. Kräfte sind zum Beispiel die Ursache für die Verformung von Gegenständen. Kräfte sind auch die Ursache für die Beschleunigung, Abbremsung und Richtungsänderung von bewegten Gegenständen.

Kräfte erkennt man an ihren Wirkungen.

Kraft und Gegenkraft

Wenn zwei Körper aufeinander einwirken, dann treten immer zwei Kräfte auf: die Kraft und die Gegenkraft. Kraft und Gegenkraft sind genau gleich groß, zeigen aber in entgegengesetzte Richtungen. Dies nennt man das Wechselwirkungsprinzip.
Ein Beispiel dafür ist der Raketenantrieb: Bei einer Rakete strömt Gas mit hoher Geschwindigkeit aus. Das erzeugt einen Rückstoß, der die Rakete in die entgegengesetzte Richtung beschleunigt.

Eine Rakete funktioniert aufgrund des Wechselwirkungsprinzips.

Schwingungen

Wenn ein Lineal schwingt, dann erzeugt es eine Schallwelle. Trifft die Schallwelle auf dein Trommelfell, dann wird dieses ebenfalls in Schwingungen versetzt. So kannst du die Töne hören.

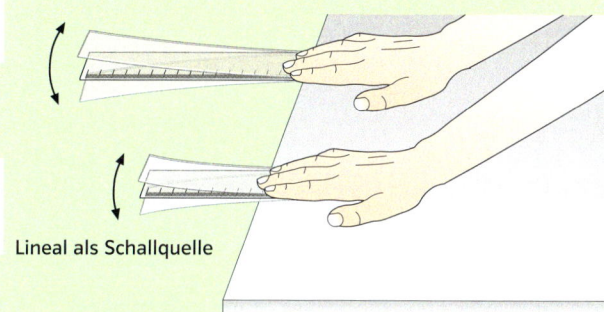

Lineal als Schallquelle

Reflektor am Fahrrad

Farbe – Reflexion und Absorption

Gegenstände siehst du nur, wenn sie Licht in deine Augen reflektieren. Du siehst sie umso besser, je mehr Licht sie reflektieren.

Gegenstände mit dunkler Oberfläche sind schlecht zu sehen. Sie absorbieren (verschlucken) das Licht. Dunkel gekleidete Fußgänger erkennst du nachts deshalb nur schwer. Gegenstände mit heller Oberfläche reflektieren viel Licht. Sie sind gut sichtbar. Deshalb erkennen Autofahrer hell gekleidete Fußgänger nachts im Scheinwerferlicht besser. Auch die Reflektoren an deinem Fahrrad, am Schulranzen oder an der Kleidung sollen dich durch Reflexion schützen.

Kräfte zwischen geladenen Körpern

Das hast du sicher auch schon erlebt: Beim Kämmen stehen dir die Haare zu Berge, dein Pullover klebt beim Ausziehen hartnäckig am Unterhemd. Du hörst manchmal sogar ein leises Knistern und siehst Funken sprühen. Durch die Reibung aneinander findet eine Ladungstrennung statt. Die Gegenstände sind elektrisch geladen. Die elektrischen Kräfte sorgen dafür, dass ungleich geladene bzw. geladene und neutrale Körper sich anziehen und gleich geladene Körper sich abstoßen.

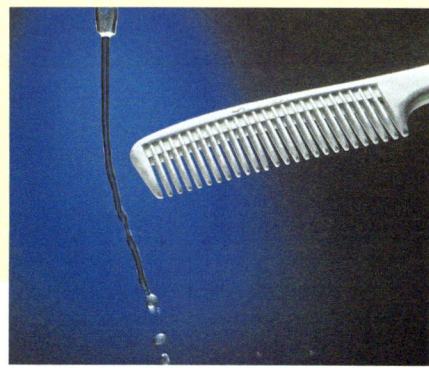

Wasserstrahl wird abgelenkt

AUFGABEN

1 ○ Eine Kraft wirkt auf einen Körper. Nenne die möglichen Wirkungen.

2 ◑ Zwei Magnete wirken aufeinander ein, ohne sich zu berühren. Plane und beschreibe Versuche, mit denen du dies zeigen kannst.

3 ◑ Max möchte eine Nachtwanderung unternehmen. Beschreibe und begründe, wie er sich kleiden sollte.

4 ● Recherchiere die drei Arten von Sicherungen in einem normalen Sicherungskasten.

System

In einem System bilden mehrere Elemente eine Einheit. Jedes Element hat eine bestimmte Aufgabe. Ein System funktioniert nur, wenn alle Elemente zusammenwirken.

In der Physik wird analysiert, wie die einzelnen Elemente zusammen funktionieren. Dabei untersucht man auch, wie sich das gesamte System verhält, wenn man nur ein Element ändert oder austauscht.

Federkraftmesser

Federkraftmesser bestehen aus einer Feder, einer Skala, einem Nullpunktschieber und einem Haken. Federkraftmesser funktionieren nur korrekt, wenn man sie richtig benutzt: Der Nullpunkt muss vor der Messung eingestellt werden. Das Ablesen muss in Augenhöhe erfolgen. Federkraftmesser werden durch zu große Kräfte beschädigt.

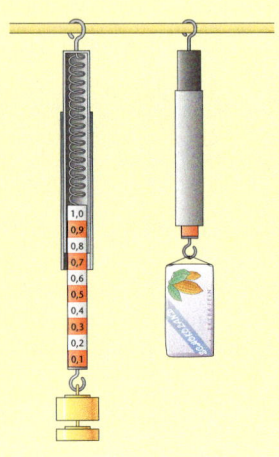

Das System „Federkraftmesser"

Elektrischer Strom

Schließt man einen Metalldraht an eine Batterie an, so werden die frei beweglichen Elektronen im Draht von der Batterie angetrieben. Sie fließen zum Pluspol der Batterie. Der elektrische Strom in Metallen ist ein Elektronenstrom. Die Elektronen sind negativ geladen. Mit dem elektrischem Strom können verschiedene Geräte (z. B. Lampen, Computer, Bohrmaschinen, E-Loks) betrieben werden.

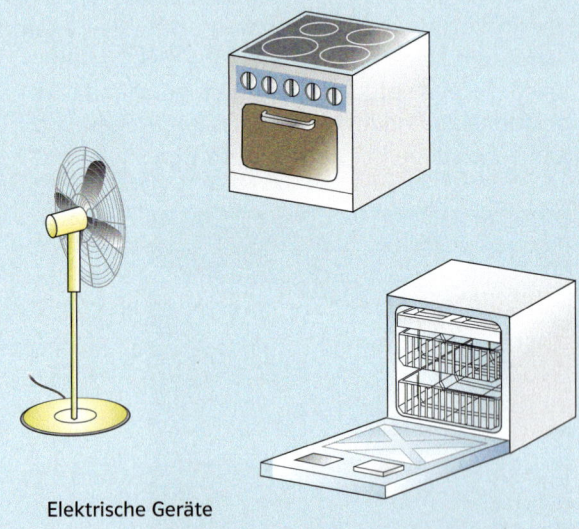

Elektrische Geräte

Sonne, Mond und Erde

Sonne – Mond – Erde: Diese drei Himmelskörper sind Teile eines großen Systems. Sonne, Erde und Mond sind in Bewegung. Ihre Bewegungen beeinflussen sich gegenseitig.

Die Stellungen von Sonne, Erde und Mond zueinander bestimmen Tag und Nacht, die Jahreszeiten, die Uhrzeit in den verschiedenen Zeitzonen und die Mondphasen. Manchmal kommt es auch zu Sonnen- und Mondfinsternissen.

Sonne, Mond und Erde bilden ein System. Die Elemente dieses Systems können sich gegenseitig beeinflussen.

Sonnensystem

Unser Sonnensystem besteht aus mehreren Einzelteilen: Zu unserem Sonnensystem gehören die Sonne, die acht Planeten und kleinere Gesteinsbrocken. Die Sonne bildet das Zentrum unseres Sonnensystems. Die Gravitationskraft der Sonne ist so groß, dass die Planeten um die Sonne herum angeordnet sind.

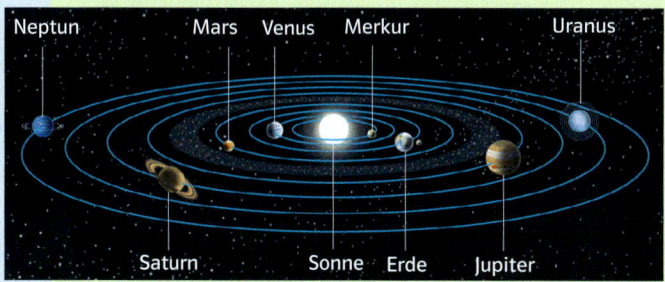

Die Sonne ist ein wichtiger Bestandteil unseres Sonnensystems.

AUFGABEN

1. ○ a) Zeichne einen Stromkreis aus einer Batterie, einer Glühlampe, einem Schalter und Kabeln.
   ◐ b) Begründe, warum es sich dabei um ein System handelt.

2. ○ Nenne die Planeten unseres Sonnensystems.

3. ◐ Beschreibe anhand der verschiedenen Stellungen von Sonne, Mond und Erde die Entstehung von Tag und Nacht, Jahreszeiten sowie Mond- und Sonnenfinsternissen.

4. ● Erkläre an einem Beispiel den Begriff System.

Energie

Alle Elektrogeräte zu Hause benötigen elektrische Energie. Im Auto wird die chemische Energie des Treibstoffs durch Verbrennungsvorgänge in kinetische Energie umgewandelt. Bei radioaktiven Kernumwandlungen spielt die Kernenergie eine wichtige Rolle.

Alle Lebewesen benötigen Energie zum Leben. Menschen und Tiere nehmen diese mit der Nahrung auf. Pflanzen nutzen die Energie des Sonnenlichts, um ihren Energiebedarf zu decken.
Energie kann von einer Form in eine andere Form umgewandelt werden. Die Energie selbst wird aber nicht produziert oder verbraucht.

Sonnenenergie

Die Sonne ist für uns Menschen nicht nur ein Himmelskörper von vielen, sondern unser wichtigster Energielieferant. Ihr Licht und ihre Wärme haben die Bedingungen geschaffen, durch die das Leben auf der Erde möglich wurde.
Fast jede Energieform, die die Menschen nutzen, ist umgewandelte Sonnenenergie. Die Sonne lässt die Pflanzen wachsen. Solarzellen auf den Dächern der Häuser wandeln Sonnenenergie direkt in elektrische Energie um. Sonnenkollektoren nutzen die Sonnenenergie bei der Erwärmung von Wasser.

Energieträger

Kohle, Erdöl und Erdgas sind Energieträger. Sie haben Energie gespeichert, die sie beim Verbrennen abgeben können.
Der Verbrennungsmotor im Auto wandelt die chemische Energie des Kraftstoffs in Bewegungsenergie um. Auch Nahrungsmittel sind Energieträger. Wenn wir Nahrung essen, nutzen wir die darin gespeicherte Energie.

Parkscheinautomat mit Solarzellen

Im Kraftstoff steckt chemische Energie. Der Verbrennungsmotor im Auto wandelt sie Bewegungsenergie um.

Windräder

Regenerative Energien

Heutzutage nutzen wir verstärkt so genannte regenerative (sich erneuernde) Energieträger. Dazu gehören z. B. die Energieträger Wasser, Wind und Sonne. Windräder und Solarzellen prägen schon heute das Erscheinungsbild unserer Umwelt.

Der Generator

In vielen Kraftwerken wird Bewegungsenergie mithilfe von großen Generatoren in elektrische Energie umgewandelt.
Kleine Generatoren werden mit Verbrennungsmotoren betrieben. Sie werden bei einem Stromausfall z. B. in Krankenhäusern als Notstromaggregat eingesetzt. Auch der Fahrraddynamo ist ein Generator.

Generator im Kraftwerk

Gewinnung elektrischer Energie

Die elektrische Energie wird in Kraftwerken durch Umwandlung aus anderen Energieformen gewonnen. In vielen Kraftwerken werden fossile Energieträger verbrannt. In Wasserkraftwerken wird die Bewegungsenergie des Wassers zur Gewinnung elektrischer Energie genutzt. Heutzutage wird es immer wichtiger, erneuerbare Energiequellen aus Wasser, Wind und Sonne zur Versorgung mit elektrischer Energie zu nutzen. Windkraftanlagen sind überall im Land zu sehen. Auch Solarmodule findet man auf vielen Dächern oder in Solarparks zur Gewinnung elektrischer Energie.

Wasserkraftwerk

AUFGABEN

1 ○ Gib drei Kraftwerkstypen an. Nenne jeweils auch den verwendeten Energieträger.

2 ○ Haushaltsgeräte wandeln elektrische Energie in verschiedene Energieformen um. Nenne diese „neuen" Energieformen. Zähle für jede „neue" Energieform ein Gerät auf.

3 ◒ Erstelle eine Mind-Map zum Thema Energie. Nutze dazu die Texte dieser Doppelseite.

4 ● Beschreibe, welche Energieformen bei einem Trampolinspringer auftreten. Beginne mit der Energie, die er hat, wenn er sich im höchsten Punkt befindet.

1 Magnetismus

1 Ferromagnetische Stoffe (z.B. Eisen, Nickel) sind Stoffe, die von einem Magneten angezogen werden.

2 a) Nordpol und Südpol
b) Die Magnetpole sind die Bereiche an einem Magneten mit der stärksten Anziehungskraft.

3 a) Zwei Südpole stoßen einander ab.
b) Nordpol und Südpol ziehen einander an.

4 Man kann einen Eisendraht folgendermaßen magnetisieren: Man streicht mit einem Magneten mehrmals in weitem Bogen über den Eisendraht.

5 Eine Kompassnadel zeigt immer in Nord-Süd-Richtung.

6 a) Ein Modell ist eine vereinfachte Darstellung der Wirklichkeit. Modelle werden dazu benutzt, etwas Kompliziertes einfach beschreiben und erklären zu können. Ein Modell kann auch kleiner oder größer als das Original sein. Wichtige Eigenschaften werden hervorgehoben.
b) Alle Magnete und magnetisierbare Stoffe bestehen aus Elementarmagneten. Elementarmagnete sind kleinste, nicht mehr teilbare Magnete. In nicht magnetischen Körpern liegen die Elementarmagnete ungeordnet. In Magneten (z.B. magnetisiertem Eisen) sind die Elementarmagnete geordnet.

7 Das Magnetfeld merkt man zum Beispiel daran, dass ein Magnet schon aus der Ferne Eisennägel anziehen kann, ohne sie zu berühren. Mit einem Magneten kann man eine Kompassnadel ausrichten, ohne dass sich der Magnet und die Kompassnadel berühren müssen. Man kann ein Magnetfeld auch mit Eisenfeilspänen sichtbar machen.

8 Die Skizze könnte aussehen wie Bild 4 auf Seite 17. Magnetfeldlinien verlaufen im Bogen vom Nordpol zum Südpol des Magneten. An den Polen ist die Magnetkraft am stärksten, dort liegen die Feldlinien am dichtesten. In der Mitte des Magneten hebt sich die Magnetkraft auf.

9 Die Skizze wird ähnlich aussehen, wie das zentrale Bild auf der Seite 22/23 im Schülerbuch.

10 Wenn man einen Magneten halbiert, dann entstehen zwei neue Magnete. Jeder neue Magnet hat einen eigenen Nordpol und einen eigenen Südpol. Dies kann man mit dem Modell der Elementarmagnete begründen: Wenn ein Magnet geteilt wird, sorgt nämlich die Ausrichtung der Elementarmagnete dafür, dass an der Bruchstelle ein neuer Nordpol und ein neuer Südpol entstehen. Deshalb kann niemals ein einzelner Magnetpol entstehen.

11 Der Magnet wird so an einen Faden gehängt, dass er sich frei drehen kann. Die Seite des Magneten, die in Richtung Norden zeigt, ist der Nordpol des Magneten.

12 Der Nordpol der Kompassnadel zeigt zum magnetischen Südpol der Erde. Der magnetische Südpol der Erde liegt in der Nähe des geographischen Nordpols. Daher zeigt der Nordpol der Kompassnadel nach Norden zum geographischen Nordpol.

2 Sehen und Hören – Optik und Akustik

1 Das Licht breitet sich geradlinig in alle Richtungen aus.

2 Eine Lochkamera besteht aus einer Lochblende und einem Schirm.
Hält man einen Gegenstand (z.B. eine Kerze) vor die Lochblende, dann kann man ein Bild des Gegenstands auf dem Schirm sehen. Die Größe des Bilds auf dem Schirm hängt vom Abstand zwischen Gegenstand und Blende sowie zwischen Blende und Schirm ab. Warum das Bild auf dem Schirm auf dem Kopf steht, kann man am einfachsten mit einer Skizze erklären.
Die Skizze könnte so ähnlich aussehen wie Bild 1 auf Seite 35.

3 Die Skizzen sollte ähnlich aussehen wie Bild 1 auf Seite 38.
Die Größe des Schattens hängt ab von:
– Abstand zwischen beleuchteten Gegenstand und Schirm
– Abstand zwischen Lampe und beleuchteten Körper
Es sollte daher in der Skizze der

Abstand zwischen Gegenstand und Schirm verändert werden. Außerdem sollte auch der Abstand zwischen Lampe und Schirm verändert werden. Es sollten also mindestens 3 Skizzen gezeichnet werden, z. B.:
– Skizze 1: kleiner Abstand zwischen Lampe und Gegenstand, kleiner Abstand zwischen Gegenstand und Schirm
– Skizze 2: kleiner Abstand zwischen Lampe und Gegenstand, großer Abstand zwischen Gegenstand und Schirm
– Skizze 3: großer Abstand zwischen Lampe und Gegenstand, kleiner Abstand zwischen Gegenstand und Schirm
Aus den Skizzen kann man erkennen, dass gilt:
– Desto größer der Abstand zwischen Gegenstand und Schirm, umso größer der Schatten.
– Desto größer der Abstand zwischen Lampe und Gegenstand, umso kleiner der Schatten.

4 a) Scharfe Schatten stören bei der Arbeit am Schreibtisch. Wenn man z. B. auf einem Blatt Papier etwas zeichnen möchte, würde es sehr stören, wenn die Hand und der Stift einen scharfen Schatten werfen würden.
b) Störende Schatten am Schreibtisch kann man mithilfe einer flächenförmigen Lichtquelle verhindern.

5 Die Skizze könnte so ähnlich aussehen wie das Hauptbild auf

Seite 40/41. Allerdings dürfen nur die beiden Mondpositionen für Vollmond und Halbmond eingezeichnet werden.

6 Damit ich für Autofahrer gut sichtbar bin, trage ich am besten helle Kleidung mit Reflexionsfolien.

7 Die Skizze sollte ähnlich aussehen wie Bild 1 auf Seite 44.

8 Das Licht von seinen Beinen wird an der Grenzfläche zwischen Wasser und Licht gebrochen. Dadurch wirken seine Beine etwas verkürzt. Dies bezeichnet man als optische Hebung.

9 Die Skizze sollte ähnlich aussehen wie Bild 2 auf Seite 56.

10 Beim Glasprisma wird das Licht zweimal hintereinander in die gleiche Richtung gebrochen (beim Übergang von Luft nach Glas und beim Übergang von Glas nach Luft). Wie stark das Licht gebrochen wird, hängt von seiner Farbe ab. So entsteht hinter dem Prisma ein Farbspektrum.

11 Schallquelle: Gegenstände, die einen Ton erzeugen, bezeichnet man als Schallquelle. Dazu muss eine Schallquelle schwingen.
Schallträger: Schall kann sich nicht allein ausbreiten. Er braucht deshalb einen Schallträger. Schallträger können Gase (z. B. Luft), feste und flüssige Stoffe sein.
Schallsender: Schallsender ist ein ander Begriff für Schallquelle.
Schallempfänger: Schallempfänger sind unsere Ohren, die Ohren eines Tiers oder ein Mikrofon.

12 Mit zwei Lichtquellen erhält man immer zwei Schatten. Daher ist es nicht möglich, mit zwei Lichtquellen einen einzigen Schatten zu erhalten. Selbst wenn man die beiden Lichtquellen hintereinander stellt und den Gegenstand davor, ergeben sich zwei unterschiedlich große Schatten, die sich überlagern.
Man erhält so wieder Kern- und Halbschatten.

13 Individuelle Lösung. Es bietet sich an, eine Tabelle (Bild 1) auf das Poster zu zeichnen:

	Licht	Schall
Sinnesorgan	Auge	Ohr
Quelle	Lichtquelle z. B. Lampe, Sonne, Kerze	Schallquelle, z. B. Stimmbänder, Lautsprecher, Musikinstrument
Ausbreitung	Auch im Weltraum	Schallträger, z. B. Luft, Eisen, Wasser
Geschwindigkeit	300 000 km/s	340 m/s
Reflexion	Ja	Ja

1 Zu Aufgabe 13

205

3 Elektrische Stromkreise

1 Körper können elektrisch geladen werden, indem man sie aneinanderreibt und wieder voneinander trennt. Nach dem Trennen ist ein Körper elektrisch positiv, der andere Körper ist elektrisch negativ geladen.

2 Elektrische Leiter leiten den elektrischen Strom gut. Isolatoren leiten den elektrischen Strom nicht. Metalle sind gute elektrische Leiter (z. B. Kupfer, Eisen). Glas, Holz, Kunststoff oder Gummi sind Isolatoren.

3 Gefahren können z. B. entstehen, wenn elektrische Leitungen defekt sind. Es ist gefährlich, die Anschlüsse der Steckdose zu berühren. Gefahren können auch durch Kurzschlüsse entstehen.

4 Wenn man im Auto sitzt, rutscht man immer ein wenig auf den Sitzen hin und her. Dadurch laden sich Person und Autositze elektrisch auf. Steigt man aus und berührt dann die Autotür, kommt es zu einer Entladung. Die Ladung fließt schnell über die Tür ab. Diese Entladung spürt man als „elektrischen Schlag".

5 Vor dem Reiben sind beide Luftballons elektrisch neutral. In den Atomen sind so viele Elektronen vorhanden, dass die positive Ladung im Atomkern genau ausgeglichen wird. Durch das Reiben und das anschließende Trennen laden sich die Luftballons elektrisch auf. Beim Reiben gehen einige Elektronen von einem Luftballon auf den anderen über. Danach sind die Ladungen nicht mehr gleich verteilt. Nachdem beide voneinander getrennt wurden, hat einer der beiden Luftballons einen Elektronenüberschuss, er ist elektrisch negativ geladen. Der andere hat Elektronenmangel, er ist elektrisch positiv geladen.

6 Elektrische Geräte funktionieren nur dann korrekt, wenn sie an eine geeignete Spannungsquelle angeschlossen sind und der Stromkreis geschlossen ist.

7 Batterie:

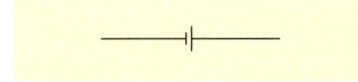

Glühlampe:

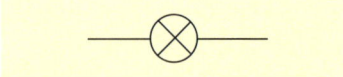

Motor:

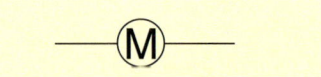

Schalter:

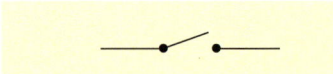

LED:

8 a) Der Schaltplan sieht ähnlich wie Bild 5 auf Seite 97 aus. Dabei muss das Schaltzeichen einer Lampe durch das Schaltzeichen für einen Motor ersetzt werden.
b) Eine mögliche Lösung für den Schaltplan sieht ähnlich aus wie Bild 6 auf Seite 97. Das Schaltzeichen einer Lampe muss dabei durch das Schaltzeichen eines Motors ersetzt werden.

9 a)
– Wird die Lampe A herausgedreht, leuchten noch die Lampen B und C: Diese Bedingung wird bei allen drei Schaltungen erfüllt.
– Dreht man die Lampe B heraus, leuchtet nur noch Lampe A: Diese Bedingung wird nur von der Schaltung 3 erfüllt.
Es muss sich daher um die Schaltung 3 handeln.
b) Beide Bedingungen werden von der Schaltung 1 im Bild 1 auf Seite 105 erfüllt.

4 Körper und Bewegung – Kinematik

1 Es gibt unterschiedliche Bewegungsarten:
– die gleichförmige Bewegung (Geschwindigkeit bleibt gleich)
– die beschleunigte Bewegung (Geschwindigkeit nimmt zu)
– die verzögerte Bewegung (Geschwindigkeit nimmt ab)
– die Kurvenfahrt (die Richtung der Bewegung ändert sich)

2 a) … Geschwindigkeit.
b) …Strecke (oder Weg) …

3 Gegeben: v = 50 km/h
gesucht:
Geschwindigkeit in m/s
Rechnung:
1 km = 1 000 m, 1 h = 3 600 s
v = 50 · 1000 m/3 600 s
v = 13,9 m/s
Der PKW hat eine Geschwindigkeit von 13,9 m/s.

4 $s = v \cdot t$
$v = s/t$
$t = s/v$

5 a) Damit die Geschwindigkeit
möglichst genau berechnet
werden kann, sucht man aus
dem Diagramm möglichst einfache Zahlenwerte.
Fahrzeug 1:
Aus der Tabelle abgelesene
Werte:
t = 20 s und s = 300 m
$v = s/t$
v = 300 m/20 s
v = 15 m/s
Fahrzeug 2:
Aus der Tabelle abgelesene
Werte:
t = 20 s und s = 200 m
$v = s/t$
v = 200 m/20 s
v = 10 m/s
Fahrzeug 3:
Aus der Tabelle abgelesene
Werte:
t = 20 s und s = 50 m
$v = s/t$
v = 50 m/20 s
v = 2,5 m/s
b) siehe Tabelle, Bild 2

6 Gegeben: Geschwindigkeit =
80 km/h
gesucht: Bremsweg
Formel: Bremsweg =
Geschwindigkeit^2/ 100

	Fahrzeug 1	Fahrzeug 2	Fahrzeug 3
5 s	75 m	50 m	13 m
12 s	180 m	120 m	30 m
20 s	300 m	200 m	50 m

2 Zu Aufgabe 5b)

Rechnung:
Bremsweg = 80^2/100 = 64
Der Bremsweg beträgt nach der
Faustformel 64 m.

7 Es handelt sich um eine gleich-
mäßige Bewegung. Man erhält
daher ein Zeit-Weg-Diagramm
ähnlich wie in Bild 1 auf Seite
130.

8 a) Wenn das Kind auf die Straße
läuft, muss der Fahrer zunächst
reagieren und anschließend das
Bremspedal betätigen. Bis die
Bremswirkung einsetzt, vergeht
ungefähr 1 s. Danach wird das
Auto langsamer, bis es schließlich steht.
Der Anhalteweg setzt sich aus
dem Reaktionsweg und dem
Bremsweg zusammen.
b) Wenn das Auto eine Ge-
schwindigkeit von 30 km/h hat,
dann sind das ungefähr 8,3 m/s.
Während der Reaktionszeit
fährt der Pkw gleichförmig weiter. Es gilt die Formel $v = s/t$.
Man erhält also für den Reaktionsweg:
$s = v \cdot t$
s = 8,3 m/s · 1,5 s
s = 12,5 m
Der Reaktionsweg beträgt
12,5 m.

5 Kräfte und einfache Maschinen

1 – Eine Kraft kann einen
Gegenstand verformen.
Eine Kraft kann einen Gegenstand beschleunigen oder
abbremsen.
– Eine Kraft kann die Bewegungsrichtung eines Gegenstandes verändern.

2 Formelzeichen der Kraft: F
Einheit der Kraft: Newton (N)

3 Der Unterschied von Masse und
Gewichtskraft lässt sich gut in
einer Tabelle darstellen:

Masse	Gewichtskraft
ortsunabhängig	ortsabhängig
wird mit Balkenwaage gemessen	wird mit Federkraftmesser gemessen

4 Ein 1 kg hat einen Gewichtskraft
von 10 N. Also haben 10 kg eine
Gewichtskraft von 100 N. Leas
neues Rennrad hat also eine
Gewichtskraft von 100 N.

5 Eine mögliche Lösung für den
Flaschenzug sieht ähnlich aus
wie der Flaschenzug in Bild 2
auf Seite 154. Allerdings besteht
er aus 3 festen Rollen und 3
losen Rollen.

6 Wenn ich den Bogen spanne, dann verbiegen sich der Bogen und die Bogensehne.
Die Verformung ist aber nicht dauerhaft.
Wenn ich den Pfeil loslasse, dann schnellt die Bogensehne nach vorn.
Die Bogensehne übt eine Kraft nach vorn auf den Pfeil aus.
Der Pfeil wird durch diese Kraft nach vorn beschleunigt.

7 Der Radmutterschlüssel ist ein einseitiger Hebel. Bei einem Hebel gilt: Je länger ein Hebelarm ist, desto kleiner wird der Kraftaufwand. Mit dem Rohr wird der Hebelarm verlängert. Der Kraftaufwand wird also kleiner.

8 Einseitiger Hebel: Beide Hebelarme befinden sich auf derselben Seite vom Drehpunkt. Zweiseitiger Hebel: Der Drehpunkt befindet sich zwischen den beiden Hebelarmen.

9 Mit loser Rolle und Flaschenzug kann ich Kraft einsparen. Wie viel Kraft ich jeweils aufwenden muss, hängt von der Zahl der tragenden Seilstücke ab. Die feste Rolle lenkt Kräfte nur um. Mit ihr kann daher keine Kraft eingespart werden.

10 Beim Abschleppen eines Fahrzeugs muss der Fahrer die Trägheit beachten. Das stehende Fahrzeug möchte nämlich in Ruhe verbleiben und wird sich einer Bewegungsänderung widersetzen. Wenn der Fahrer des vorderen Fahrzeugs also zu schnell anfährt, kann das Ab-schleppseil reißen. Aus diesem Grund muss der Fahrer langsam anfahren.

11 Theoretisch hat Svenja recht. Umso mehr lose Rollen der Flaschenzug hat, umso kleiner wird auch die Zugkraft. Die Gewichtskraft der Rollen und des Seils sowie die Reibungskräfte an den Rollen wird dabei nicht berücksichtigt. Diese Kräfte werden aber mit der Anzahl der losen und festen Rollen auch entsprechend größer, sodass die Ausage nicht stimmt.

12 Individuelle Lösung.
Ein mögliches Beispiel ist eine Masse von 200 g, die mit einer losen Rolle 1 m hochgehoben werden soll.
Die Goldene Regel der Mechanik lautet: Wird Kraft eingespart, muss man entsprechend mehr Weg zurücklegen.
Die Goldene Regel der Mechanik gilt für alle einfachen Maschinen.
Ohne lose Rolle wird eine Zugkraft von 2 N benötigt.
Man muss 1 m am Seil ziehen, um die Masse 1 m nach oben zu ziehen. Mit der losen Rolle wird nur noch die Hälfte der Kraft benötigt, die Masse nach oben zu ziehen, also 1 N. Allerdings muss man 2 m am Seil ziehen, um die Masse um 1 m zu heben. Da die lose Rolle eine einfache Maschine ist, gilt für sie die Goldene Regel der Mechanik.

13 Karl hat recht. Berufskraftfahrer sind häufig weit unterwegs. Eine Werkstatt oder ein Reparaturdienst ist unter Umständen nicht schnell verfügbar. Aus diesem Grund sollten Berufskraftfahrer kleinere Reperaturen selbst ausführen können.

6 Energie

1 Formelzeichen: E
Einheit: J

2 Möglich Beispiele sind: elektrische Energie, thermische Energie, Bewegungsenergie.

3 Mithilfe eines Energieflussdiagramms kann man grafisch die Umwandlungen von Energieformen in andere Energieformen darstellen.

4 Die Formel für die Lageenergie lautet: $E = m \cdot g \cdot h$. E ist dabei die Energie, m die Masse des Körpers, g der Ortsfaktor und h die Höhe des Körpers.

5 – Wasserkocher: elektrische Energie in Wärme
– Staubsauger: elektrische Energie in Bewegungsenergie des Motors
– Aufladbare Batterie: elektrische Energie in chemische Energie

6 – Ein Auto fährt auf einen Hügel: Bewegungsenergie in Lagenergie
– Windrad: Bewegungsenergie des Winds in elektrische Energie
– Ein Auto bremst: Bewegungsenergie in thermische Energie

7 Bei jeder Energieumwandlung wird ein Teil der Energie in thermische Energie umgewandelt. Da thermische Energie häufig nur noch schlecht weiter genutzt werden kann, spricht man von Energieentwertung.

8 Um den Wirkungsgrad zu berechnen, benutzt man die folgende Formel:
Wirkungsgrad =
genutzte Energie/eingesetzte Energie
Um den Wirkungsgrad einer Maschine zu bestimmen, muss man also die eingesetzte Energie und die genutzte Energie messen.

9 Paul hat die falsche physikalische Einheit verwendet. Das Watt ist die Einheit der Leistung.
Ein Heizlüfter mit einer Leistung von 500 W gibt pro Sekunde eine thermische Energie von 500 J ab.

10 Ein Pumpspeicherkraftwerk besteht aus einem unteren und einem oberen See.
Wird nur eine geringe elektrischer Leistung benötigt, wird Wasser aus dem unteren See in den oberen See gepumpt. Es wird also elektrische Energie in Lageenergie des Wassers umgewandelt.
Wird viel elektrische Leistung benötigt, kann man das Wasser aus dem oberen See in den unteren See ablassen. Das Wasser fließt dabei nach unten und treibt eine Turbine an. Die Turbine treibt einen Generator. Die Bewegungsenergie des Wassers wird in elektrische Energie umgewandelt. Dies kann in Sekunden passieren. So kann man leicht Schwankungen im Stromnetz ausgleichen.

11 Chemische Energie (z. B. aus Kohle) wird im Dampferzeuger dazu genutzt, um Wasser zu verdampfen. Die innere Energie des Wasserdampfes wird genutzt, um eine Turbine anzutreiben. Die erzeugte Bewegungsenergie der Turbine treibt den Generator an, der elektrische Energie erzeugt.
Bei allen Umwandlungen kommt es zu Verlusten in Form von thermischer Energie, die an die Umgebung abgegeben wird.

12 In der Turbine wird das Kerosin verbrannt. Dabei wird chemische Energie in thermische Energie umgewandelt. Die Verbrennungsgase dehnen sich aus und beschleunigen das Flugzeug. Es wird thermische Energie in Bewegungsenergie umgewandelt. Das Flugzeug hebt ab und steigt. Dabei wird Bewegungsenergie in Lageenergie umgewandelt.

13 Der Elektromotor wandelt elektrische Energie in Bewegungsenergie und thermische Energie um. Bei dieser Umwandlung geht also keine Energie verloren. Es gilt der Energieerhaltungssatz. Allerdings kann die thermische Energie nicht mehr von uns weiterverwendet werden. Daher spricht man von Energieentwertung.

14 Ein Wirkungsgrad von 100 % besagt, dass die eingesetzte Energie vollständig für den gewünschten Zweck genutzt werden kann. Da aber alle Geräte nicht vollständig die eingesetzte Energie umwandeln können, ist der Wirkungsgrad immer kleiner als 100 %.

15 Gegeben: m = 20 kg, h = 30 cm und t = 60 s
gesucht: P
Formel: $P = W \cdot t$
Rechnung: In 60 s wird ein Höhenunterschied von insgesammt h = 5 · 0,3 m = 1,5 m überwunden.
Die Masse von 20 kg hat eine Gewichtskraft von F = 200 N.
$W = F \cdot h$
$W = 200\,N \cdot 1,5\,m$
$W = 300\,Nm$
$W = 300\,J$
$P = W/t$
$P = 300\,J/60\,s$
$P = 5\,J/s$
$P = 5\,W$
Die Leistung der Sportlerin war also 5 W.

Hilfe zu den Arbeitsaufträgen

Jede Aufgabe enthält einen klaren Arbeitsauftrag an dich, du musst ihn nur richtig erkennen. Je nach Formulierung erwartet deine Lehrerin oder dein Lehrer ganz unterschiedliche Antworten von dir. Diese Liste hilft dir, Arbeitsaufträge richtig zu verstehen und zu bearbeiten.

angeben/aufschreiben/aufzählen/nennen
Begriffe, Informationen oder Aussagen zusammentragen

auswerten
Ergebnisse und Schlüsse zum Beispiel aus einem Text oder Diagramm ziehen

begründen
Ursachen, Gesetze oder Beweise für etwas anführen

benennen/beschriften
Begriffe zuordnen

beschreiben
eine Sache durch Fachbegriffe und in eigenen Worten wiedergeben

beurteilen
erkennen, ob eine Aussage zutrifft, und das Ergebnis begründen

bewerten/Stellung nehmen
dir eine eigene Meinung bilden, begründen und äußern, wie du zu dem Sachverhalt stehst (gut oder schlecht)

darstellen
ein Ergebnis umfassend präsentieren

diskutieren
Meinungen austauschen, einander gegenüberstellen und abwägen

dokumentieren/protokollieren
alles Wichtige zu einem Thema oder Versuch aufschreiben und aufzeichnen

eine Vermutung formulieren
überlegen, was das Ergebnis sein könnte

einen Versuch planen
überlegen, wie ein Versuch aufgebaut, durchgeführt und ausgewertet werden könnte

erklären
eine Sache mit Regeln, Gesetzmäßigkeiten oder Ursachen darstellen

erläutern
eine Sache nachvollziehbar und verständlich darstellen

interpretieren/deuten
eine Information, die in einem Sachverhalt steckt, herausarbeiten

ordnen/zuordnen
verschiedene Sachen wie Gegenstände, Geschehnisse usw. in eine richtige Reihenfolge bringen

präsentieren
ein Referat, ein Plakat oder das Ergebnis einer Gruppenarbeit vorstellen

recherchieren
zu einem bestimmten Thema Informationen sammeln

skizzieren
eine Zeichnung erstellen, die nur das Wichtigste enthält

vergleichen
Dinge in Beziehung setzen und erkennen, was gleich, ähnlich oder unterschiedlich ist

zusammenfassen
das Wichtigste herausschreiben oder wiedergeben

Vorsilben für Vielfache und Teile von Einheiten

Vorsilbe	Bedeutung	Beispiel	Vorstellung zum Beispiel
Femto f	$10^{-15} = 0,000\,000\,000\,000\,001$	$1\,fm = 10^{-15}\,m$	Größe von Protonen und Neutronen
Pico p	$10^{-12} = 0,000\,000\,000\,001$	$1\,pPa = 10^{-12}\,Pa$	Luftdruck im erdnahen Weltraum
Nano n	$10^{-9} = 0,000\,000\,001$	$1\,nm = 10^{-9}\,m$	Größe von Molekülen
Mikro μ	$10^{-6} = 0,000\,001$	$1\,\mu g = 10^{-6}\,g$	Masse eines größeren Staubkorns
Milli m	$10^{-3} = 0,001$	$1\,mm = 10^{-3}\,m$	Körperlänge eines Fadenwurms (Caenorhabditis elegans)
Zenti c	$10^{-2} = 0,01$	$1\,cl = 10^{-2}\,l$	Volumen von einem Kaffeelöffel Flüssigkeit
Dezi d	$10^{-1} = 0,1$	$1\,dm = 10^{-1}\,m$	Handbreite
	$10^{0} = 1$	$1\,A$	Stromstärke bei einem Zitteraal-Angriff
Deka da	$10^{1} = 10$	$1\,dam = 10\,m$	Breite einer Straße
Hekto h	$10^{2} = 100$	$1\,hl = 10^{2}\,l$	Volumen eines größeren Koffers
Kilo k	$10^{3} = 1000$	$1\,kA = 10^{3}\,A$	Stromstärke bei einer Elektrolokomotive
Mega M	$10^{6} = 1\,000\,000$	$1\,MHz = 10^{6}\,Hz$	Frequenz elektrischer Schwingungen im Radio
Giga G	$10^{9} = 1\,000\,000\,000$	$1\,GW = 10^{9}\,W$	Leistung eines Kernkraftwerks
Tera T	$10^{12} = 1\,000\,000\,000\,000$	$1\,TW = 10^{12}\,W$	Leistung eines Gewitterblitzes
Peta P	$10^{15} = 1\,000\,000\,000\,000\,000$	$1\,Pm = 10^{15}\,m$	Weg, den das Licht in einem Monat zurücklegt

Größen und Einheiten

Größe	Zeichen	Einheit	Zeichen	Größe	Zeichen	Einheit	Zeichen
Länge	s, l	Meter	m	Kraft	F	Newton	N
Fläche	A	Quadratmeter	m²	Arbeit	W	Joule, Wattsekunde	J, Ws
Volumen	V	Kubikmeter	m³	Energie	E	Joule, Wattsekunde	J, Ws
Masse	m	Kilogramm	kg	Leistung/ Energiestromstärke	P	Watt	W
Dichte	ϱ		$\dfrac{kg}{m^3}, \dfrac{g}{cm^3}$				
Stoffmenge	n	Mol	mol	Temperatur	T	Grad Celsius	°C
						Kelvin	K
Molare Masse	M		g/mol	Ladung	Q	Coulomb	C
Zeit	t	Sekunde	s	Stromstärke	I	Ampere	A
Geschwindigkeit	v		$\dfrac{m}{s}, \dfrac{km}{h}$	Spannung	U	Volt	V
Frequenz	f	Hertz	Hz	Widerstand	R	Ohm	Ω

Umrechnungen

Umrechnung von Masseneinheiten

Tonne t	Kilogramm kg	Gramm g	Milligramm mg
1 t	= 1000 kg		
	1 kg	= 1000 g	
		1 g	= 1000 mg

Umrechnung von Volumeneinheiten

Kubik-meter m³	Kubikdezi-meter dm³	Kubikzenti-meter cm³	Kubikmilli-meter mm³
1 m³	= 1000 dm³		
	1 dm³ (l)	= 1000 cm³ (ml)	
		1 cm³	= 1000 mm³

Eigenschaften verschiedener Stoffe

Feste Stoffe	Dichte bei 20 °C in g/cm³	spezifische Wärmekapazität in kJ/(kg · K)	Ausdehnung eines 1-m-Stabes bei 20 °C und Erwärmung um 10 K in mm	Schmelz-temperatur in °C	Siede-temperatur in °C
Aluminium	2,70	0,896	0,238	660	2400
Beton	2,2–2,5	0,879	0,11		
Blei	11,35	0,129	0,294	327	1750
Eis (−4 °C)	0,92	2,090	0,37		
Eisen	7,86	0,452	0,116	1535	2800
Gold	19,30	0,129	0,142	1063	2660
Kochsalz	2,16	0,854	0,48	808	1461
Kupfer	8,93	0,385	0,168	1083	2582
Silber	10,50	0,237	0,193	961	2180
Zinn	7,30	0,226	0,27	232	2680
Flüssigkeiten			**Ausdehnung von 10 l bei 20 °C und Erwärmung um 1 K in ml**		
Alkohol (Ethanol)	0,789	2,40	11,0	−114	78
Quecksilber	13,546	0,138	1,8	−39	357
Wasser	0,998	4,18	2,1	0	100
Gase	**in g/l**				
Helium	0,179	5,23		−273	−269
Kohlenstoffdioxid	1,977	0,837		−78	−57
Kohlenstoffmonoxid	1,25	1,05		−204	−191
Luft	1,293	1,005		−213	−193

U1.1 plainpicture GmbH & Co. KG (Hans Berggren), Hamburg; U1.2 plainpicture GmbH & Co. KG (Ulrich Mertens), Hamburg; 2.1 Getty Images (Photographer's Choice/Yuri Arcurs), München; 2.2 Getty Images (Moment/Santiago Bañón. 2012), München; 3.1 plainpicture GmbH & Co. KG (Mint Images/Simon Potter), Hamburg; 3.2 plainpicture GmbH & Co. KG (STOCK4B/ilubi), Hamburg; 4.2 plainpicture GmbH & Co. KG (OJO/Anthony Lee), Hamburg; 4.1 plainpicture GmbH & Co. KG (Elektrons 08), Hamburg; 5.1 plainpicture GmbH & Co. KG (Cultura/Leon Harris), Hamburg; 5.2 Getty Images (Corbis Documentary), München; 6.1 Getty Images (Science Photo Library), München; 6.2 Getty Images (Stockbyte), München; 7.3 Getty Images (E+/nazdravie), München; 7.4 Getty Images (Westend61), München; 8.1 Klett-Archiv, Stuttgart; 9.1 Glow Images GmbH (Superstock RM), München; 10.4 Ciprina, Heinz-Joachim, Dortmund; 10.1 Klett-Archiv (Zuckerfabrik digital), Stuttgart; 12.1 Klett-Archiv, Stuttgart; 13.2 MEV Verlag GmbH, Augsburg; 14.1 shutterstock (DAN559), New York, NY; 14.2 Klett-Archiv (Anke Mendez), Stuttgart; 16.2 Klett-Archiv (Anke Mendez), Stuttgart; 17.3 Klett-Archiv (Ginger Neumann), Stuttgart; 18.1 Zuckerfabrik Fotodesign, Stuttgart; 18.2 Zuckerfabrik Fotodesign, Stuttgart; 19.1 Klett-Archiv (Anke Mendez), Stuttgart; 19.2 Klett-Archiv (Anke Mendez), Stuttgart; 21.5 Thinkstock (WaltStoneham), München; 21.3 Klett-Archiv, Stuttgart; 25.3 Fotolia.com (MIR), New York; 25.4 shutterstock (Roman Krochuk), New York, NY; 28.2 Getty Images (EyeEm), München; 28.1 plainpicture GmbH & Co. KG (Aurora Photos/Christopher Kimmel), Hamburg; 29.3 plainpicture GmbH & Co. KG (BY), Hamburg; 29.4 Getty Images (Stone), München; 30.1 dreamstime.com (Hans Jacob Solgaard), Brentwood, TN; 33.3 NASA, Washington , D.C.; 33.1 Thinkstock (iStockphoto), München; 33.2 Klett-Archiv, Stuttgart; 39.5a Fotolia.com (jannoon028), New York; 39.5b Fotolia.com (Jaroslav Machacek), New York; 39.4 Klett-Archiv (Wilhelm Bredthauer, Peter Wessels), Stuttgart; 42.1 Fotolia.com (Frog 974), New York; 43.2 MEV Verlag GmbH, Augsburg; 45.1 iStockphoto (Plus), Calgary, Alberta; 46.2 MEV Verlag GmbH, Augsburg; 46.1 Thinkstock (Hemera), München; 47.1 Fotolia.com (Hellen Sergeyeva), New York; 47.2 Mauritius Images (Alamy), Mittenwald; 48.3a Klett-Archiv (Ciprina), Stuttgart; 48.3b Klett-Archiv (Ciprina), Stuttgart; 48.1 Klett-Archiv (Fabian H. Silberzahn), Stuttgart; 50.1 Klett-Archiv (Michael Maiworm), Stuttgart; 51.4 Mauritius Images (Science Source / GIPhotoStock), Mittenwald; 51.3 Wurm, Johanna, Donnerskirchen; 53.3 Klett-Archiv (Zuckerfabrik digital), Stuttgart; 53.4 Georg Trendel, Unna; 55.2 shutterstock (PeoGeo), New York, NY; 55.3 Klett-Archiv (Zuckerfabrik Digital), Stuttgart; 58.1 Fotolia.com (Mike & Valerie Mille), New York; 60.2 FLIR Systems GmbH, Frankfurt/Main; 60.1 FLIR Systems GmbH, Frankfurt/Main; 63.1 shutterstock (S.Rimkuss), New York, NY; 64.1 Fotolia.com (Monkey Business), New York; 65.2 fotogloria (Martin Geene), Hamburg; 66.2 Thinkstock (dolgachov), München; 66.1 Corbis (Neal Preston), Berlin; 70.1 shutterstock (Efired), New York, NY; 71.1 shutterstock (Zastol`skiy Victor Leonidovich), New York, NY; 72.2 Barthelmes & Co GmbH, Tuttlingen; 72.1 shutterstock (Luke Schmidt), New York, NY; 73.5 Klett-Archiv, Stuttgart; 73.3 Thinkstock (istockphoto), München; 75.2 Fotolia.com (MARK BOND), New York; 75.1 Fotolia.com (focus finder), New York; 78.1 Imago (Niehoff), Berlin; 78.2 Avenue Images GmbH (amanaimages), Hamburg; 79.3 plainpicture GmbH & Co. KG (STOCK4B/Camillo Buechelmeier), Hamburg; 79.4 plainpicture GmbH & Co. KG (Gallery Stock/Trevor Hart), Hamburg; 80.2 Ulrich Niehoff Fotoproduktionen und Bildarchiv, Bienenbüttel; 80.1 Ciprina, Heinz-Joachim, Dortmund; 81.1 Klett-Archiv (Zuckerfabrik digital), Stuttgart; 82.1 Klett-Archiv, Stuttgart; 82.2 Klett-Archiv (Ute Schuhmacher), Stuttgart; 84.2 Klett-Archiv (Zuckerfabrik Digital), Stuttgart; 85.3 Klett-Archiv (Zuckerfabrik digital), Stuttgart; 88.3 Klett-Archiv (Heinz Joachim Ciprina), Stuttgart; 88.2 Georg Trendel, Unna; 90.2 shutterstock (psamtik), New York, NY; 90.3 iStockphoto (egdigital), Calgary, Alberta; 96.1 Thinkstock (StefiRaich), München; 96.2 shutterstock (Selin Aydogan), New York, NY; 99.1 shutterstock (IKO), New York, NY; 100.1 Klett-Archiv (Johann Leupold), Stuttgart; 102.2 Klett-Archiv (Johann Leupold), Stuttgart; 102.3 Klett-Archiv (Heinz Joachim Ciprina), Stuttgart; 106.1 Getty Images (Tetra images), München; 106.2 Getty Images (Brand X Pictures), München; 107.4 plainpicture GmbH & Co. KG (Maskot), Hamburg; 107.3 Getty Images (Hulton Archive), München; 108.2 Thinkstock (iStockphoto), München; 108.1 Fotolia.com (Andrew Barker), New York; 110.2 Thinkstock (moodboard), München; 113.4 Getty Images (Gallo Images/Federico Veronesi), München; 113.5 dreamstime.com (Grosremy), Brentwood, TN; 114.1 Getty Images (Taxi/Denis Boissavy), München; 115.6 Klett-Archiv (Marion Barmeier), Stuttgart; 116.1 Imago (Schöning), Berlin; 116.2 Picture-Alliance (Marius Becker dpa/lnw), Frankfurt; 117.2 shutterstock (Jacek Chabraszewski), New York, NY; 118.1 Deutsche Bahn AG (Claus Weber), Berlin; 122.1 Imago (LAT Photographic), Berlin; 124.1 Thinkstock (iStock / katana0007), München; 125.2 Astrofoto (NASA), Sörth; 125.1 akg-images, Berlin; 128.1 Thinkstock (iStockphoto), München; 132.1 plainpicture GmbH & Co. KG (Fancy Images/Neumann & Rodtmann), Hamburg; 132.2 plainpicture GmbH & Co. KG (Maskot/Håkan Jansson), Hamburg; 133.3 plainpicture GmbH & Co. KG (Stephen Shepherd), Hamburg; 133.4 Getty Images (EyeEm), München; 133.5 Getty Images (Mint Images), München; 134.2 ADAC, München; 134.1 iStockphoto (Silvrshootr), Calgary, Alberta; 135.4 Fotolia.com (Nicole Effinger), New York; 135.6 Fotolia.com (Jacek Chabraszewski), New York; 135.5 shutterstock (FlashStudio), New York, NY; 137.3 Getty Images (Photo Researchers/GIPhotoStock), München; 138.2 Thinkstock (iStock/Kenneth Sponsler), München; 139.6 Getty Images (Aurora Open), München; 144.1 Thinkstock (Toby Burrows), München; 146.1 Ullstein Bild GmbH (Hansa-Press), Berlin; 146.2 shutterstock (fabiodevilla), New York, NY; 147.1 Daimler AG (Tobias Eble), Stuttgart; 147.3 BigStockPhoto.com (arosoft), Davis, CA; 147.4 PantherMedia GmbH (Ute Esch), München; 147.2 Klett-Archiv (Foto Geuther, Rötha), Stuttgart; 148.1 iStockphoto (TommL), Calgary, Alberta; 148.2 Klett-Archiv (Hartmut Fahrenhorst), Stuttgart; 151.4 Ulrich Niehoff Fotoproduktionen und Bildarchiv, Bienenbüttel; 153.5 Fotolia.com (photo 5000), New York; 154.3 Fotolia.com (Sigurd), New York; 156.1 Karl Wiedemann Wachswarenfabrik GmbH, Deggemdorf; 157.1 shutterstock (Anton Havelaar), New York, NY; 160.1 Fotolia.com (vschlichting), New York; 161.2 Imago, Berlin; 161.3 Picture-Alliance (dpa/Wolfgang Thieme), Frankfurt; 164.2 plainpicture GmbH & Co. KG (Image Source), Hamburg; 164.3 Getty Images (E+/Bosca78), München; 164.1 plainpicture GmbH & Co. KG (Lumi Images/Hudolin-Kurtagic), Hamburg; 165.4 plainpicture GmbH & Co. KG (amanaimages/Yasuno Sakata), Hamburg; 165.5 Getty Images (fStop), München; **166.1** iStockphoto (code6d), Calgary, Alberta; **166.2** Fotolia.com (Andreas P), New York; **167.3** shutterstock (Maxim Petrichuk), New York, NY; **168.1** Fotolia.com (Dmitry Ersler), New York; **168.2** shutterstock (John Wollwerth), New York, NY; **169.3** PantherMedia GmbH (Im_Mangfalltal), München; **169.4** shutterstock (WERAYUTH PIRIYAPORNPRAPA), New York, NY; **171.2** Thinkstock (Photos.com/Getty Images), München; **172.1** PantherMedia GmbH (Ortrun), München; **174.1** Imago (Winfried Rothermel), Berlin; **176.1** shutterstock (ppart), New York, NY; **177.1** Cycling Promotion Fund, Vic; **178.1** 123rf (Taweesak Attanak), Nidderau; **179.6** shutterstock (Zorandim), New York, NY; **180.3** shutterstock (Uroż Medved), New York, NY; **180.2** Getty Images RF (Photodisc/

Richard Lewisohn), München; **182.1** Fotolia.com (Manuel Schönfeld), New York; **183.1** Georg Trendel, Unna; **184.1** Thinkstock (Da1621), München; **184.2** Fotolia.com (eyeidea), New York; **189.4** Thinkstock (iStockphoto), München; **190.1** Fotolia.com (DeVIce), New York; **192.1** Thinkstock (iStock / vschlichting), München; **192.2** Imago (imagebroker), Berlin; **192.4** PantherMedia GmbH (Ralph Rösch), München; **192.3** laif (Paul Langrock/Zenit), Köln; **193.8** Action Press GmbH (AUFWIND), Hamburg; **193.5** Fotolia.com (Hardy), New York; **193.7** Thinkstock (Hemera), München; **193.6** VISUM Foto GmbH (Panos Pictures/M. Redondo), Hannover; **193.9** Thinkstock (iStock / esuslo), München; **194.2** Fotolia.com (fineart-collection), New York; **194.1** Thinkstock (Wavebreak Media),

München; **195.3** Thinkstock (Visdia), München; **195.2** Modular (Steinle), Stuttgart; **198.1** ADAC, München; **198.2** BigStockPhoto.com (kjwarden), Davis, CA; **199.2** Okapia (NAS/Charles D. Winters), Frankfurt; **199.3** Fotolia.com (Hellen Sergeyeva), New York; **202.1** iStockphoto (mbbirdy), Calgary, Alberta; **202.2** Fotolia.com (Andreas Karelias), New York; **203.1** Fotolia.com (Otmar Smit), New York; **203.2** Thinkstock (Digital Vision), München; **203.3** Thinkstock (Hemera), München;

Sollte es in einem Einzelfall nicht gelungen sein, den korrekten Rechteinhaber ausfindig zu machen, so werden berechtigte Ansprüche selbstverständlich im Rahmen der üblichen Regelungen abgegolten.